AF458082

L'ÉDUCATION

DE NOS FILS

PAR

LE Dr JULES ROCHARD

ANCIEN INSPECTEUR GÉNÉRAL DU SERVICE DE SANTÉ DE LA MARINE.
MEMBRE DE L'ACADÉMIE DE MÉDECINE
GRAND OFFICIER DE LA LÉGION D'HONNEUR.

PARIS
LIBRAIRIE HACHETTE ET Cie
79, BOULEVARD SAINT-GERMAIN, 79

1890

L'ÉDUCATION DE NOS FILS

COULOMMIERS. — IMP. P. BRODARD ET GALLOIS

L'ÉDUCATION

DE NOS FILS

PAR

LE Dr JULES ROCHARD

ANCIEN INSPECTEUR GÉNÉRAL DU SERVICE DE SANTÉ DE LA MARINE,
MEMBRE DE L'ACADÉMIE DE MÉDECINE
GRAND OFFICIER DE LA LÉGION D'HONNEUR.

PARIS
LIBRAIRIE HACHETTE ET Cie
79, BOULEVARD SAINT-GERMAIN, 79

1890

PRÉFACE

Depuis vingt ans les questions d'éducation sont à l'ordre du jour parmi nous. Le pays s'en occupe avec une ardeur égale à l'indifférence qu'il leur a trop longtemps témoignée. La France s'était, en effet, attardée dans la voie de l'enseignement. Les nations qui marchent le plus résolument en avant ont de ces temps d'arrêt, pendant lesquels elles se reposent et laissent l'arrière-garde passer devant. Après avoir été le seul foyer intellectuel qui rayonnât sur le monde, elle se contentait d'en éclairer les sommets, et, tout en gardant le premier rang sur le terrain littéraire et scientifique, elle s'était laissé devancer par les nations du Nord sur celui de l'éducation.

Ses malheurs l'ont réveillée. Stupéfaite de son désastre et ne pouvant s'expliquer un pareil écrasement, elle a mieux aimé attribuer le triomphe des Allemands à leur savoir que d'en faire honneur à leur organisation militaire, à leurs innombrables armées et à la supériorité de leur état-major. Nous ne pouvons pas nous plaindre de cette erreur, puisqu'elle nous a conduits à faire chez nous la guerre à l'ignorance, puisqu'elle a suscité le plus splendide effort que jamais nation ait fait pour l'instruction de ses enfants.

En quelques années le pays s'est couvert d'écoles. Il en a surgi plus de trente mille, et la dépense totale s'est élevée à près de six cents millions. L'instruction a été rendue obligatoire et gratuite. Le recrutement des instituteurs a été assuré par la création des écoles normales de département.

Cette œuvre hâtive n'a certainement pas été parfaite. L'esprit d'exclusivisme qui y a présidé, et la prodigalité qu'on y a mise sont choses regrettables; mais tout cela peut se réparer. Les injustices ne sont jamais de longue durée dans les pays de liberté, et les peuples laborieux comblent rapidement les vides de leurs finances lorsque leurs gouvernements consentent à mettre un peu d'ordre dans la gestion de leurs affaires. L'organisation de l'instruction primaire, telle qu'elle a été instituée par la loi du 28 mars 1882, n'en sera pas moins un titre de gloire pour le gouvernement qui en a doté le pays.

L'enseignement supérieur a été tout aussi généreusement traité à la même époque. De nouvelles facultés ont surgi, les anciennes ont été restaurées. Paris a donné l'exemple. La Sorbonne, la Faculté de médecine, l'École de pharmacie, sont agrandies ou reconstruites sur des plans grandioses. Toutes les grandes villes de France se sont imposé des sacrifices considérables pour leur enseignement supérieur. Partout les édifices ont été améliorés : des musées, des bibliothèques, des laboratoires ont pris naissance, et les sciences expérimentales ont pu disposer enfin des moyens d'étude qui leur avaient jusqu'alors manqué et dont les universités d'outre-Rhin étaient depuis longtemps si largement pourvues.

Dans ce grand mouvement de régénération, on avait été au plus pressé, et l'enseignement secondaire était demeuré dans l'oubli. On ne tarda pas à le reconnaître. Les lycées, avec leurs vieux édifices, leur matériel délabré, leurs méthodes surannées, ressemblaient à des institutions d'un autre âge, à côté des facultés monumentales, des écoles élégantes et confortables qui venaient de surgir, en présence des formes nouvelles que le haut enseignement venait de revêtir dans notre pays.

On s'aperçut également que l'éducation qu'on y recevait offrait le même caractère de vétusté, qu'elle n'était plus en rapport avec les besoins de l'époque, et qu'on avait à ce point surchargé les programmes, qu'il fallait, pour les effleurer seulement, imposer aux élèves une somme de travail intellectuel incompatible avec leur développement physique et le soin de leur santé.

Ces réflexions s'étaient depuis longtemps

présentées à l'esprit des maîtres de l'enseignement; mais elles n'étaient pas sorties de leur sphère, lorsque les hygiénistes soulevèrent la question du surmenage, l'agitèrent dans la presse et la portèrent devant les sociétés savantes.

Ce fut une révélation. Il se produisit alors, dans l'opinion publique, un mouvement, plus limité dans sa sphère, mais tout aussi irrésistible que celui qui s'était manifesté, en 1871, en faveur de l'instruction primaire. L'Université s'y associa franchement. Le ministre fit appel à l'expérience des recteurs d'académie et nomma une commission pour étudier les améliorations à introduire dans le régime des lycées et des collèges.

Cette grande enquête est aujourd'hui terminée, mais elle n'a pas encore porté ses fruits. Les rapports des recteurs, les procès-verbaux de la commission ministérielle, ceux des comités fondés par l'initiative privée, les mémoires originaux, ont amené la question à un degré de maturité qui laisse peu de chose à désirer; mais ces documents sont pour la plupart entre les mains de l'administration et ne seront pas utilisés de sitôt. J'ai pensé qu'il serait possible de les mettre immédiatement à profit, de les coordonner et d'en extraire ce qui peut être appliqué sur-le-champ. C'est là le but que je me suis proposé en écrivant cet ouvrage, dans lequel j'ai souvent incliné mon opinion personnelle devant celle des hommes plus compétents dont j'ai eu l'honneur de partager les travaux.

Je l'ai divisé en quatre chapitres :

Dans le premier j'aborde l'étude de la réforme scolaire, en montrant sa nécessité, son but et les bases sur lesquelles elle doit reposer.

Le second est consacré à l'éducation physique. C'est le résumé de l'enquête dont j'ai parlé plus haut; c'est le point capital de la réorganisation désirée et celui sur lequel on s'entend le mieux.

Dans le troisième, l'éducation morale est envisagée au point de vue des devoirs, du caractère, des mœurs et du savoir-vivre.

Enfin l'éducation intellectuelle fait l'objet du dernier chapitre. La question de l'enseignement intégral, celles des programmes, des méthodes, du baccalauréat et des écoles spéciales y sont traitées dans le même esprit, c'est-à-dire avec la pensée de faire prévaloir les solutions qui ne brusquent rien, qui ménagent les transitions et permettent de réparer l'édifice scolaire sans le renverser de fond en comble.

J'espère que ce livre, écrit sans parti pris, à l'aide de documents émanant presque tous de l'Université, pourra rendre quelques services. S'il ne résout pas toutes les questions relatives à l'enseignement secondaire, il aura du moins le mérite de les poser sur leur véritable terrain et telles qu'elles se présentent aujourd'hui.

J. R.

L'ÉDUCATION DE NOS FILS

CHAPITRE I

LA RÉFORME SCOLAIRE

I. — L'éducation dans le passé.

L'éducation est l'art d'élever les enfants. Elle a pour but de développer simultanément leurs facultés physiques, morales et intellectuelles, de façon à donner à chacun d'eux la plus grande valeur possible [1].

Réduite à ses termes les plus simples, elle consiste à transmettre, aux générations qui

1. « La bonne éducation, dit Platon, est celle qui donne au corps et à l'âme toute la beauté, toute la perfection dont ils sont capables. » Les saint-simoniens définissaient ainsi l'éducation : « C'est l'ensemble des efforts employés pour approprier une génération nouvelle à l'ordre social auquel elle est appelée par la marche de l'humanité ».

débutent dans la vie, les connaissances accumulées par celles qui les y ont précédées. Plus le capital ainsi formé est considérable et plus l'enseignement se complique. Dans les sociétés primitives il se réduisait à bien peu de chose et n'avait trait qu'aux exigences matérielles de la vie. Plus tard, lorsque la civilisation eut franchi les premières étapes de la barbarie, c'est encore au côté physique de l'éducation qu'on s'attacha surtout. La force, personnifiée par Hercule, était le véritable Dieu de l'antiquité. L'adresse et le courage complétaient avec elle l'ensemble des qualités nécessaires à la défense de ces petits États toujours en guerre et toujours menacés. Ces mâles vertus avaient leurs solennités dans les jeux Olympiques, leurs écoles dans les gymnases, et ceux-ci tenaient une grande place dans les institutions du temps. Des exercices bien compris formaient la base d'un système régulier d'éducation physique que les peuples libres de la Grèce avaient porté à un haut degré de perfection et qui, chez eux, se conciliait sans effort avec le culte des arts, des lettres et de la philosophie, alors en pleine prospérité [1].

1. « Le jeune Athénien, qui, sur l'*agora*, pouvait s'arrêter aux conversations de Socrate, voir les statues de Phidias, écouter

Les républiques grecques transmirent aux Romains ce système d'éducation. Chez ces derniers, l'entraînement physique durait toute la vie. En sortant des gymnases, les jeunes citoyens, devenus soldats, retrouvaient les mêmes exercices, au champ de Mars et dans les armées, où les marches, les manœuvres militaires, les grands travaux publics entretenaient leur vigueur et leur activité.

A la chute de l'empire romain, tout système régulier d'éducation disparut avec la civilisation elle-même, mais la force musculaire conserva sa prépondérance, et les exercices ne firent que se transformer. Au moyen âge, les joutes, les tournois, les champs clos, avaient remplacé les jeux du cirque et du champ de Mars; l'équitation, l'escrime avaient succédé à la lutte, aux jeux du disque et du javelot. Quant aux lettres, elles s'étaient réfugiées dans les cloîtres, où la patience des moines s'exerçait à reconstituer, à

l'éloquence de Périclès, avant d'assister aux représentations de Sophocle ou d'Aristophane, trouvait partout des auxiliaires puissants de l'instruction des écoles et parvenait à réaliser un des plus beaux types que l'humanité ait jamais produits, l'homme à la fois robuste de corps et délicat d'esprit, l'homme beau et bon suivant les expressions grecques, καλὸς κἀγαθός. » (G. Compayré, *Histoire critique de l'éducation en France*, t. I, p. 35.)

traduire et à commenter les textes anciens, pour conserver aux générations de l'avenir ces trésors de l'esprit humain.

L'instruction proprement dite ne se releva que sous Charlemagne, dont le zèle fut secondé par Alcuin, son professeur et son ami. L'impulsion qu'il donna à l'enseignement, par son exemple et par la création de l'*École du Palais*, s'éteignit avec lui et ne se réveilla qu'au XIIe siècle, avec Abélard, dont les leçons constituèrent la première tentative d'émancipation intellectuelle et le premier essai d'éducation rationnelle. En dépit de ces lueurs qui éclairent de loin en loin le moyen âge, ce fut une longue époque d'ignorance et d'oppression, pendant laquelle la force prima le droit et tyrannisa l'intelligence.

L'invention de la poudre à canon porta le premier coup au despotisme de la vigueur musculaire, et celle de l'imprimerie acheva de la détrôner, en faisant prédominer définitivement l'esprit sur la matière et l'étude sur l'exercice. Enfin la réforme religieuse et les luttes qu'elle entraîna, la renaissance des lettres et des arts, le grand mouvement d'idées qui en fut la conséquence, imprimèrent à l'éducation une direction nouvelle. Les lettres et surtout le latin devinrent la base de l'instruction des jeunes gens qui aspiraient aux carrières libérales, des gentilshommes destinés à l'armée et aux grandes fonctions publiques.

L'enseignement des collèges resta longtemps dans cet état de simplicité. Au XVIe siècle, le latin en était encore la base à peu près unique. Tout lui était sacrifié, même la langue française. Les éléments du grec, quelques théorèmes de mathématiques, d'après Euclide, venaient à peine s'y joindre à la fin des études. Quant à la géographie, à l'histoire, à la physique, il n'en était pas question. C'est Richelieu qui les a fait entrer dans les programmes et qui a rendu à la langue nationale la place qu'elle devait occuper. A cette époque, les sciences, encore à l'état rudimentaire, étaient l'apanage exclusif de quelques adeptes. L'instruction professionnelle n'existait pas encore, ou du moins elle consistait uniquement dans des traditions qui se transmettaient directement du maître à l'apprenti dans les corps de métiers. Les exercices physiques avaient aussi perdu de leur importance. Ils se réduisaient, pour les gentilshommes, à l'équitation, l'escrime, la danse et au noble jeu de paume.

Dans le cours du siècle dernier, les encyclopédistes ouvrirent le feu contre ce vieux système d'éducation, en déclarant la guerre aux langues mortes. Dans le plan de Diderot, les sciences et surtout les mathématiques devinrent le pivot de l'enseignement. Malgré les paradoxes dont elles étaient accompagnées, ces idées, comme celles de J.-J. Rousseau, firent leur chemin dans l'opinion publique et préparèrent la transformation qui fut l'œuvre de la révolution de 1789. A cette époque, les sciences naturelles prirent un essor sans précédents, sous l'impulsion d'une pléiade d'hommes de génie. Les découvertes en physique et en chimie firent naître des industries nouvelles, perfectionnèrent celles qui existaient déjà et firent entrer de vive force, dans l'enseignement, les connaissances pratiques qui se rattachaient à ces formes nouvelles de l'activité sociale. L'instruction professionnelle, à son tour, se fit dogmatique, de traditionnelle qu'elle avait été jusqu'alors, et donna le jour aux écoles d'arts et métiers.

Tout se tient dans l'évolution des sociétés. Le mouvement industriel qui venait de naître modifia peu à peu les conditions économiques des différentes nations. Grâce à la facilité des communications, de nouveaux courants commerciaux s'établirent entre elles, pour satisfaire aux exigences d'une production plus abondante et plus variée. Rapprochés par la vapeur et l'électricité, les peuples sentirent plus vivement le besoin de se comprendre entre eux, et l'étude des langues vivantes s'imposa à son tour. Elles vinrent réclamer leur place dans l'enseignement littéraire, à côté du latin et du grec, qui avaient suffi aux générations antérieures. Enfin la participation croissante des citoyens à la gestion des affaires publiques rendit indispensables certaines notions de droit, d'administration, de jurisprudence, et la somme des connaissances scolaires s'accrut d'autant.

En fin de compte, chaque conquête intellectuelle s'est traduite par une surcharge dans les programmes de l'enseignement. Aujourd'hui nous sommes arrivés à la limite. Nos enfants ne peuvent plus apprendre tout ce qu'on persiste à vouloir leur enseigner. La charge qu'on leur fait porter est trop lourde pour leurs épaules, il faut ou la réduire ou la diviser. Je montrerai plus loin que ce dernier parti est celui qu'on doit suivre.

II. — Le surmenage et la sédentarité [1].

En imposant à l'adolescence un surcroît de travail intellectuel, on s'est mis dans la nécessité de négliger l'éducation physique au profit de cette culture exagérée, et nous sommes tombés dans un excès opposé à celui des anciens. Les jeux ont perdu leur intérêt, et les qualités extérieures leur prestige. Il y a un demi-siècle, les enfants s'entraînaient eux-mêmes aux exercices de corps. Ils étaient fiers de leur force, de leur agilité, de leur adresse. Ils se faisaient gloire de braver le danger et de mépriser la douleur. Aujourd'hui ils étalent complaisamment leur débilité, ne dissimulent pas leur crainte de la souffrance et leur amour du bien-être. Ils dédaignent les jeux d'adresse, et, dans les cours des lycées, on les voit se promener gravement en cercle, comme des péripatéticiens. Ils ont désappris à marcher et perdu le goût des excursions, des longues promenades. Tout conspire, en un mot, dans notre éducation, à énerver le corps et à surexciter l'intelligence.

1. Ce néologisme a été créé par J.-B. Fonssagrives et adopté depuis par tous les hygiénistes.

L'extension constante des programmes d'enseignement a entraîné la nécessité de commencer les études de trop bonne heure. Les enfants entrent au collège, en moyenne, à neuf ans; ils y sont soumis, à peu de chose près, au même régime que les adolescents qui sont à la veille de le quitter. On les maintient pendant dix heures par jour dans des classes ou dans des études, le plus souvent trop petites et dont l'atmosphère est toujours viciée; on les tient assis sur des bancs, courbés sur des livres; on leur commande l'immobilité, le silence, l'attention, trois choses qui leur sont interdites par leur organisation, et on les punit lorsqu'ils échappent à ce supplice par quelque espièglerie ou en prenant quelque distraction illicite.

Un pareil régime est aussi nuisible au corps qu'à l'esprit. Les enfants de cet âge ont besoin, avant tout, de grand air, d'agitation, de mouvement. L'enfant ne reste tranquille que quand il est malade ou lorsqu'il va le devenir. Tant qu'il se porte bien, il proteste à sa manière. L'instinct de la conservation, dont la nature a doué tous les êtres vivants, lui inspire une résistance salutaire. Il s'agite sur son banc, parle à l'oreille de son voisin, étouffe ses éclats de rire, s'amuse d'une mouche qui vole, et n'écoute pas; c'est là ce qui le sauve, ce qui lui permet de supporter ce régime insensé, pendant les neuf années qu'il doit en moyenne passer sur les bancs du collège.

Cette longue période scolaire comprend la seconde enfance et la majeure partie de l'adolescence; elle embrasse ce qu'on a coutume d'appeler les belles années de la vie. Elles le seraient, en effet, si les sévices d'une éducation forcenée ne venaient pas les assombrir. « Beaucoup d'hommes, dit M. Jules Simon, habitués à parler par cœur sans se soucier de ce qu'ils disent, vont répétant qu'ils regrettent le temps de leur enfance. Et moi aussi, je regretterais mon enfance, si j'en avais eu une. Mais nos collégiens ne sont enfants que deux jours par semaine, et deux heures par jour le reste du temps[1]. » « Le regret du temps de collège, dit M. Maxime Du Camp, ne m'a jamais visité. Encore à l'heure qu'il est, je ne puis voir passer une bande de lycéens sans être pris de tristesse, et, lorsque, par hasard, je rêve que je suis rentré au collège, je me réveille avec un battement de cœur. »

1. Jules Simon, *la Réforme de l'enseignement secondaire*. Paris, 1874, p. 122.

Pendant toute la durée de cette phase décisive de l'existence, la vie de l'écolier est la même. Toutefois le nombre d'heures consacrées au travail intellectuel va en augmentant progressivement. Il arrive, dans les classes préparatoires aux grandes écoles, à onze heures et demie par jour. D'après les calculs de M. Jules Simon, il faut compter sur une moyenne de douze heures de travail sédentaire et de contention d'esprit, pendant cinq jours par semaine. Encore convient-il, ainsi qu'il le fait observer, d'y ajouter le temps consacré aux arts d'agrément, les visites au parloir, et de tenir compte des retenues [1]. Il y a des jours où l'écolier est condamné à passer quatorze heures enfermé dans des classes ou des études malsaines, courbé sur son pupitre, livré à des travaux arides par leur nature, énervants par leur prolongation, astreint au silence et réduit à une immobilité qui finit par devenir de la douleur. C'est un régime auquel les prisonniers eux-mêmes ne sont pas soumis et que pas un homme libre de ses actions n'accepterait, dût-il s'ouvrir par là l'accès de la carrière la plus brillante.

1. Jules Simon, *la Réforme de l'enseignement secondaire*, p. 117.

Tous les gens de labeur intellectuel reconnaissent qu'il leur est impossible de fournir plus de huit heures de travail par jour, en moyenne, et l'on en exige un tiers de plus d'enfants dont le cerveau n'a pas encore acquis tout son développement. Je sais qu'un certain nombre d'élèves savent se soustraire à la servitude du corps par l'émancipation de l'esprit. Ils ont les yeux fixés sur leur livre, mais la pensée est ailleurs. Elle les promène dans les champs de l'avenir, dans le pays des rêves, et, comme le prisonnier, ils comptent les jours qui les séparent de l'émancipation définitive.

C'est l'argument que les partisans du système actuel d'enseignement opposent le plus volontiers aux gens qui s'efforcent de leur en faire sentir les inconvénients. Ils nous accuseraient volontiers d'avoir inventé le surmenage. L'excès du travail intellectuel, disent-ils, n'existe que parmi les élèves qui se préparent au grand concours, et les candidats aux écoles spéciales; les autres flânent à l'étude comme en classe, et en réalité travaillent assez peu. Le fait est exact, mais il n'en est que plus accablant pour le système pédagogique qui condamne des enfants à douze heures d'immobilité forcée, pour en obtenir une somme de travail inférieure à celle qu'ils pourraient fournir s'ils travaillaient avec ardeur et application pendant un temps moitié moindre. C'est justement, répond-on, pour compenser leur inattention et leur paresse qu'on les retient si longtemps à l'étude. C'est un cercle vicieux déplorable. En les mettant ainsi à la gêne, on n'obtient qu'un mauvais travail, fait à contre-cœur et qui ne profite pas. En semant la contrainte, on ne récolte que le dégoût. Après neuf ans de ces travaux forcés intellectuels, lorsque arrive l'heure de la délivrance, le sentiment qui domine chez l'élève affranchi, c'est l'horreur de l'étude. Il en est un grand nombre qui ne peuvent jamais se réconcilier avec elle et qui perdent ainsi l'une des plus douces, l'une des plus nobles jouissances de la vie.

Autrefois les parents avaient la ressource de l'externat pour soustraire leurs enfants à l'existence épuisante des lycées. Les devoirs terminés, les leçons apprises, l'écolier pouvait se distraire, se reposer à sa guise et se familiariser avec les exercices du corps. Aujourd'hui on a augmenté les devoirs à rédiger et les leçons à apprendre à la maison dans une mesure telle, que les externes qui veulent tenir leur rang sont obligés de faire comme leurs collègues de l'internat.

Ils sont toutefois placés dans de bien meilleures conditions. D'abord, ils n'ont pas à respirer le mauvais air des salles communes, ni à supporter le voisinage, souvent gênant, de leurs camarades. Ils sont mieux assis, plus confortablement installés; enfin et surtout, ils ne sont condamnés ni au silence ni à l'immobilité. « Il arrive rarement, dit le recteur de l'académie de Grenoble, qu'un externe même très studieux reste deux heures assis devant sa table de travail; il se lève, il se promène, il revient à sa table pour se relever encore, aller à la fenêtre; pendant ce temps, l'esprit suit son idée, lui donne une forme; il n'y a plus qu'à l'écrire quand on revient au bureau. Si l'idée est trop rétive, il peut attendre : rien ne le presse; il se couchera un peu plus tard le soir, ou se lèvera un peu plus tôt le lendemain matin. Si, au contraire, son devoir est vite fini, il ira jouer et véritablement jouer, avec cet entrain qu'on ne trouve que chez les externes et qui contraste si heureusement avec l'air morne et douloureux de l'interne dans sa cour de récréation [1]. »

1. Commission pour l'étude des améliorations à introduire dans le régime des établissements d'enseignement secondaire. Extraits des rapports de MM. les recteurs. Imprimerie nationale, Paris, 1888.

Malgré ces conditions plus favorables, les devoirs à faire à la maison sont tellement longs dans les hautes classes, qu'il en résulte une fatigue démesurée pour les bons élèves. Depuis que je m'occupe de cette question, j'ai entendu les plaintes de bien des pères de famille appartenant aux classes de la société dans lesquelles on connaît le prix du temps et la valeur du travail intellectuel. Tous m'ont déclaré que l'existence faite à leurs fils était devenue intolérable; qu'ils n'avaient plus un instant de loisir; qu'il leur fallait veiller jusqu'à une heure avancée de la nuit, et qu'on était obligé de les contraindre à sortir de temps en temps, pour prendre l'air. J'ai vu des mères, et des plus intelligentes, déplorer, les larmes aux yeux, l'état de santé dans lequel tombent leurs fils à la fin de l'année scolaire. Elles les voient maigrir, s'étioler, devenir nerveux, irritables, dyspeptiques; puis, lorsque l'heure des vacances a sonné, lorsqu'elles peuvent les emmener à la campagne, et les laisser vivre au grand soleil, en pleine liberté, la gaieté de leur âge leur revient comme par enchantement, avec le coloris et la fraîcheur de la jeunesse, avec l'appétit qu'on a d'ordinaire à quinze ans. Les vacances finies, il leur faut reprendre le collier de misère, s'étioler de nouveau et attrister encore leurs mères.

Il y a donc véritablement excès de travail intellectuel dans les hautes classes, même en dehors de la préparation aux écoles de l'État. Les bons élèves qui n'aspirent qu'au baccalauréat, mais qui tiennent à s'acquitter consciencieusement de la tâche qui leur est imposée, sont trop fatigués; et d'ailleurs, si le surmenage n'existe que pour les sujets d'élite, l'excès de *sédentarité* pèse indistinctement sur les écoliers de tout âge et sévit dans tous les lieux.

Pour compenser cette inertie musculaire, pour permettre aux élèves de se donner un peu de mouvement, on leur accorde quatre récréations par jour. La plus longue est d'une heure, la plus courte de dix minutes; leur durée totale s'élève à trois heures pour les basses classes et à deux pour les classes supérieures. Deux ou trois heures de mouvement pour onze ou douze d'immobilité, quel contresens! Encore si ces courts instants étaient bien employés, les écoliers pourraient en tirer quelque profit; mais, quand on entre dans la cour d'un lycée, on est surpris de la singulière façon dont ils en usent. Les plus jeunes crient et se bousculent, les grands se promènent autour de la cour, comme des prisonniers dans leur préau, ou causent par groupes dans les coins. On sent que cette récréation n'est ni un repos pour l'esprit ni un exercice salutaire pour le corps. C'est la continuation pure et simple des occupations fastidieuses dont se compose la journée. Les cours sont trop petites, les élèves trop nombreux, les récréations trop courtes, pour qu'on puisse organiser des parties sérieuses, et puis, au bout de quelque temps d'internat, le goût des jeux est passé.

La gymnastique, dont l'enseignement a été rendu obligatoire dans les lycées par le décret du 16 mars 1854, constituait une heureuse innovation; mais on est parvenu à la rendre insupportable aux élèves par la monotonie des exercices auxquels ils sont contraints de se livrer en silence et sous l'œil du maître. Il en est de même des promenades. Est-il rien de plus triste à voir que ces files lugubres de lycéens en uniforme qui passent dans les rues, marchant deux à deux, d'un pas languissant, au milieu de spectacles qu'il serait préférable de leur épargner? Cette morne déambulation ne plaît pas plus aux élèves qu'aux maîtres qui les conduisent. Les uns comme les autres ne demandent qu'à en abréger la durée et à rentrer au lycée, pour y remiser leur ennui.

Cette existence à rebours aigrit les caractères et fausse l'intelligence, en faisant fonctionner exclusivement la mémoire au détriment des autres facultés. Le système actuel d'éducation n'est propre qu'à faire des bacheliers; il ne confère aux enfants qu'une instruction de catalogue qui effleure tout et n'approfondit rien, et qui les déshabitue de penser, en les tenant, pendant dix ans, occupés à écouter, à copier et à réciter [1]. Il est tout aussi fâcheux au point de vue moral. La sédentarité exagérée, l'ennui, le défaut d'exercice, la promiscuité des dortoirs, les mauvaises lectures et les mauvais exemples font naître et entretiennent les habitudes vicieuses qui sont le fléau des lycées et des pensionnats. Tous les médecins qui se sont occupés de ce sujet ont reconnu que ce genre de dépravation est plus répandu parmi les internes que chez les jeunes gens élevés dans leurs familles.

Dans l'existence claustrale des lycées, la longueur des études et l'absence de distractions sont encore moins pénibles que la compression inces-

1. Jules Simon, *la Réforme de l'enseignement secondaire*, loc. cit.

sante sous laquelle il faut vivre et qui devient intolérable lorsqu'on avance en âge. Ne pas avoir un instant pour s'appartenir; accomplir tous les actes de l'existence sous la surveillance souvent inintelligente d'un maître, sous la menace d'une réprimande ou d'une punition, cela devient, à la longue, un véritable supplice. On comprend alors l'antipathie qui s'établit entre l'élève et le surveillant. Les maîtres répétiteurs se rapprochent trop, par leur âge, des jeunes gens qu'ils sont appelés à conduire, pour leur inspirer le respect. Ils n'ont pas encore acquis la patience et le tact qu'exigent leurs difficiles fonctions. Ils vivent avec les écoliers dans un état de lutte constante qui se traduit, d'un côté, par des froissements continuels et, de l'autre, par des punitions souvent exagérées. Lorsque, de part et d'autre, l'exaspération est arrivée à son comble, on voit éclater ces révoltes insensées dont les parents ne se rendent pas compte et dont ils subissent les conséquences, parce qu'elles se terminent toujours par l'expulsion de quelques-uns de leurs enfants. Et cependant les pères devraient se souvenir; ils devraient comprendre surtout que la responsabilité de ces désordres ne doit retomber ni sur les maîtres, ni sur les élèves, qu'elle incombe tout entière au déplorable système d'éducation dont les uns et les autres sont les victimes. Les conséquences de ce système sont encore plus désastreuses au point de vue de la santé des enfants, et c'est là le côté le plus sérieux de la question.

III. — Maladies scolaires.

Quand on veut se rendre un compte exact du préjudice que causent, à l'organisation physique des élèves de nos établissements d'instruction, l'abus du travail intellectuel et surtout la vie trop sédentaire qu'on leur fait mener, il faut, avant tout, se tenir en garde contre les exagérations de ceux qui attaquent ce système d'éducation et contre les dénégations de ceux qui le défendent. On est allé trop loin de part et d'autre. L'éducation des collèges n'est pas homicide [1]. La plupart des jeunes gens en réchappent, grâce à l'admirable flexibilité dont jouit l'organisme à cet âge de la vie et à la somme de résistance qu'il possède contre les causes de destruction; mais ils épuisent dans une lutte inutile cette

1. Victor de Laprade, *l'Éducation homicide*. Dans une édition ultérieure, l'auteur a retiré ou du moins expliqué ce mot trop sévère, qui avait fortement froissé le personnel universitaire.

force qu'il faudrait réserver pour les épreuves de l'avenir. Leur développement est souvent entravé; il en est même dont la constitution ne se relève jamais complètement. La statistique prouve que, parmi les jeunes gens exemptés du service militaire pour faiblesse de constitution, les bacheliers sont beaucoup plus nombreux que les autres [1].

La mortalité n'est pas considérable dans les lycées. En dehors des épidémies de fièvre typhoïde, de diphtérie, des maladies éruptives qui y passent de temps en temps, les décès sont rares, et les infirmeries ne sont pas encombrées. Cela tient, il est vrai, à ce que les parents s'empressent de rappeler leurs enfants lorsqu'ils tombent malades, et, quant à ceux qui sont atteints d'affections chroniques, on les renvoie chez eux aussitôt qu'elles prennent un caractère menaçant. Il résulte de ce fait qu'on ne peut pas tirer parti de la statistique pour établir le bilan de la mortalité dans les établissements d'éducation, et qu'il faut s'en rapporter à l'expérience des médecins qui y sont attachés. Or ils sont tous

1. Gustave Lagneau, *Du Surmenage intellectuel et de la sédentarité dans les écoles*, note communiquée en 1885 à l'Académie des sciences morales et politiques et à l'Académie de médecine.

convaincus qu'il meurt proportionnellement plus d'enfants parmi les internes des lycées que parmi les externes élevés dans leurs familles.

Les partisans de l'internat répondent que c'est une épreuve et que, s'il meurt quelques enfants de plus, il y en a d'autres qui prennent des forces au collège, alors qu'ils périclitaient dans la maison paternelle. Le fait est vrai, quoique exceptionnel; mais il demande une explication. Les enfants dont la santé se raffermit au lycée sont ceux qui étaient mal élevés par leurs parents, qu'on entourait de trop de soins et de précautions. La crainte exagérée de la contagion, des refroidissements, du croup, des accidents de toute sorte, porte beaucoup de mères à élever leurs enfants en serre chaude. On ne les fait sortir que lorsque le temps est sûr; on les couvre de vêtements trop chauds qui les font transpirer au moindre mouvement, les rendent impressionnables au plus léger abaissement de température. Ils s'enrhument s'ils sont exposés à un courant d'air; ils s'étiolent et se développent mal dans les appartements trop chauffés, trop peu aérés qu'habitent leurs familles. Soumis à une alimentation trop raffinée, bourrés de friandises et ne prenant pas d'exercice, ils perdent l'appétit et digèrent mal, comme les gens de lettres. Leur système nerveux s'exalte, tandis que leurs muscles restent grêles. Ils sont pâlots, chétifs, sujets à une foule d'indispositions, et, bien que doués d'une bonne constitution, ils ne parviennent pas à prendre le dessus.

Chez ceux-là, la vie de collège opère un changement favorable. Soumis à des habitudes régulières, n'étant plus dorlotés ni gâtés, ils se transforment. Ils font comme les plantes que l'on retire du salon pour les porter dans la cour et qui s'y épanouissent, parce que ce nouveau milieu leur est encore moins nuisible que l'autre. Mais, pour qu'il en soit ainsi, il faut qu'ils n'aient pas de tare organique. S'ils portent en eux le germe de la tuberculose par exemple, l'épreuve leur sera fatale. Cette maladie évolue, dans les lycées, avec une rapidité souvent effrayante. Il n'est pas de médecin qui n'ait eu l'occasion de voir des enfants un peu débiles, mais n'ayant jamais toussé et appartenant à des familles exemptes de toute diathèse, devenir phtisiques au collège.

Les maladies qu'on observe le plus souvent dans les lycées et qu'on est en droit d'attribuer au genre de vie qu'on y mène, sont les affections des voies respiratoires et celles du système neryeux. Ces dernières sont plus spécialement l'apanage des jeunes gens qui se préparent aux écoles spéciales. L'anémie s'observe chez un certain nombre de sujets pendant tout le cours des études; la myopie va s'aggravant, d'année en année, chez ceux qui en sont atteints.

J'ai dit plus haut que la phtisie se développe souvent sur les bancs des collèges et qu'elle y marche avec une vitesse très grande. Tout y favorise sa production, l'immobilité, l'encombrement et la claustration. Le défaut d'exercice met entrave à la libre expansion des poumons, à la mise en action de toutes les régions de ces organes délicats dont l'intégrité ne s'entretient que par un jeu régulier et complet. L'habitation presque continuelle des classes, des études, des dortoirs, où l'espace fait défaut, où l'air n'est pas suffisamment renouvelé, a été signalée par tous les médecins comme l'une des causes les plus actives de la tuberculose pulmonaire. Si l'on y joint l'ennui, la tristesse inséparables de cette existence à rebours, le défaut de précautions, les courants d'air froid dans les couloirs humides, à la sortie des classes et des études trop chauffées, on ne s'étonnera pas que les lycées soient un milieu favorable à l'éclosion de la phtisie. Il faut, de plus, tenir compte de la contagion à laquelle expose cet air banal et non renouvelé du dortoir que chacun respire et renvoie à son voisin douze cents fois par heure.

Les troubles digestifs sont beaucoup moins graves; cependant les médecins des lycées signalent la fréquence de la dyspepsie chez les internes des hautes classes. Ces jeunes gens perdent souvent l'appétit; ils digèrent mal et maigrissent. On attribue ces troubles si peu naturels à leur âge, à la précipitation avec laquelle ils prennent leurs repas, au défaut d'exercice et à la position assise à laquelle ils sont astreints tout le jour, penchés en avant, le tronc affaissé sur lui-même, les fausses côtes pressant sur les organes abdominaux.

Les affections cérébrales et les névroses ne sont pas l'apanage exclusif des candidats aux écoles spéciales, mais c'est chez eux qu'on les observe le plus souvent. Cela se conçoit. Tant qu'il n'est question que de se préparer à subir tant bien que mal des examens d'aptitude, comme les baccalauréats, les élèves peuvent en prendre à leur aise. Ceux qui sont dépourvus d'ambition se préservent, comme je l'ai dit, par l'inattention et la flânerie intellectuelle; mais quand il s'agit d'entrer dans les écoles de l'État, c'est autre chose. Il faut affronter des concours dans lesquels l'élite de la jeunesse du pays est engagée. Il faut arriver dans les premiers; l'avenir en dépend.

L'écolier insouciant et ennuyé qui assistait nonchalamment aux cours et sommeillait à l'étude, a fait place à un jeune homme ardent à la lutte, déployant toute son intelligence et toute son aptitude au travail, pour se faire sa place dans la carrière qu'il a librement choisie. A l'indifférence a succédé l'émulation passionnée. C'est la rivalité avec ses doutes, ses émotions, ses angoisses et les suprêmes efforts qui précèdent le combat. Tous ceux qui ont passé par les rudes épreuves des concours savent ce qu'elles coûtent. Les intelligences d'élite appuyées sur une constitution solide les traversent sans faiblir; le plus grand nombre en sortent fatigués, avec le besoin d'un long repos intellectuel; les faibles sont obligés de s'arrêter en chemin, ou tombent dans un état déplorable de névropathie.

Cela commence par un mal de tête, d'abord fugace, mais qui devient bientôt continu; le sommeil est troublé par des rêves dans lesquels le cerveau travaille encore; l'appétit se perd, l'anémie se prononce, la sensibilité s'exalte, et ces grands garçons, naguère énergiques et résolus, deviennent nerveux comme des femmes, tressaillent au plus léger bruit et sentent les larmes leur venir aux yeux à la moindre émotion. Alors l'inquiétude les prend. Ils sentent que le travail ne leur profite plus, qu'ils ont trop préjugé de leurs forces. Leur imagination surexcitée leur montre leur carrière brisée, leur avenir perdu. Un désespoir démesuré s'empare de ces pauvres têtes déséquilibrées. C'est alors que le danger sérieux commence; les lésions cérébrales ne sont pas loin, et, parmi ceux qui s'obstinent, plus d'un succombe à la peine. D'autres ne se relèvent jamais complètement, et beaucoup de jeunes gens qui donnaient sur les bancs de l'école les plus brillantes espérances ne tiennent pas, dans le cours de leur carrière, ce que promettaient leurs débuts.

Je n'ai pas l'intention de passer en revue toutes les maladies qu'on attribue, avec plus ou moins de raison, à la vie de collège. Ces questions sont plus particulièrement du ressort des ouvrages d'hygiène; je ne puis pourtant pas me dispenser de dire un mot d'une infirmité qui devient plus fréquente de jour en jour et qui est la conséquence directe de notre mode d'éducation. Je veux parler de la myopie. Elle est très rare au moment de la naissance, et, bien qu'il faille tenir un certain compte de l'hérédité, elle se produit sous l'influence des conditions fâcheuses dans lesquelles les enfants travaillent à l'école comme au lycée, et s'aggrave, d'année en année, pendant le cours des études. Cohn (de Breslau), en relevant les observations faites sur plus de 40 000 élèves, a trouvé que l'on comptait 1 myope sur 100 élèves dans les écoles rurales, 5 à 11 pour 100 dans les écoles élémentaires, 10 à 24 dans celles de filles, 20 à 40 dans les écoles réales, 30 à 55 dans les gymnases. « Le nombre des myopes, dit cet ophtalmologiste, oscille entre 35 et 60 pour 100 dans les deux dernières années de nos gymnases et de nos écoles réales, il monte à 64 pour 100 à Breslau, à 75 à Magdebourg, à 80 pour 100 à Erlangen et va jusqu'à 100 pour 100 à Heidelberg [1]. »

Des observations analogues ont été faites en France, et personne n'en conteste l'exactitude. Tout le monde a remarqué la fréquence de cette infirmité chez les élèves de l'École polytechnique

1. Conférence faite à la séance générale de la 53e réunion des naturalistes et médecins allemands, le 18 septembre 1880, par M. Hermann Cohn.

et j'ai toujours été frappé de son extrême rareté chez les marins et chez les pêcheurs de nos côtes, qui vivent en face de la mer et de ses grands horizons et dont la vue s'exerce sans cesse à reconnaître les navires et les bateaux qui passent au large.

La myopie scolaire résulte de l'effort d'adaptation que nécessite la vision à courte distance, lorsqu'elle s'applique à de petits caractères, à des lignes déliées, dont l'œil s'approche de plus en plus pour les mieux distinguer, surtout lorsque cet exercice se prolonge pendant de longues heures. L'exécution des épures, dans les classes de hautes mathématiques, est signalée, par les oculistes, comme particulièrement fatale à la vue, surtout lorsque les élèves s'y livrent dans des salles mal éclairées, ou à la lumière artificielle. Rien ne vient compenser l'influence fâcheuse de ces exercices, puisque les élèves n'ont habituellement d'autre horizon que les murs des classes ou ceux des cours dans lesquelles ils passent leurs trop courtes récréations.

La myopie est devenue tellement commune qu'on n'en fait plus de cas. Il n'est pas d'infirmité dont on prenne plus facilement son parti.

L'indifférence avec laquelle on traite cette demi-cécité est telle, qu'on a renoncé à en faire un motif d'exclusion pour les carrières où l'intégrité de la vue est le plus indispensable. On compose avec elle dans l'armée et dans la marine. On croit la pallier avec des verres concaves. On oublie à quel point ils rétrécissent le champ de la vision et combien leur emploi est sujet à caution lorsque la brume, la poussière ou la pluie en ternissent la transparence.

S'il est une profession qui exige impérieusement une acuité visuelle de premier ordre, c'est assurément celle de l'officier de marine, puisque la vie des hommes et la sécurité du navire dépendent de la justesse de son coup d'œil. Il suffit d'un moment d'inattention, il suffit de se tromper sur la couleur d'un feu, sur la direction ou sur la distance d'un navire qui vient à contre-bord, pour causer un de ces épouvantables abordages qui deviennent de plus en plus nombreux à mesure que la vitesse des navires augmente et depuis que, grâce à la vapeur, ils se croisent avec la rapidité de l'éclair sur ces grandes routes de la mer que l'expérience a tracées et qui n'ont que quelques lieues de large. Tout le monde se rend compte du danger qu'il y a à confier le commandement de pareils navires à des myopes, à des astigmates ou à des daltoniens; mais, malgré les observations incessantes des médecins de la marine, on s'est relâché peu à peu de la sévérité qu'on déployait autrefois, parce qu'on a reculé devant le nombre croissant des candidats qu'il fallait exclure.

En terminant cette revue incomplète, je tiens à répéter, pour qu'on ne m'accuse pas d'exagération, que les élèves qui succombent au régime des lycées sont très rares et que ceux qui en conservent l'empreinte toute leur vie sont l'exception; mais il est certain également que les jeunes gens qui ont parcouru le cercle complet des études scolaires n'ont pas la santé, la vigueur, l'adresse, la résistance vitale qu'ils auraient acquises s'ils n'avaient pas été élevés d'une façon aussi peu rationnelle.

Rien ne peut compenser de pareils inconvénients et il faudrait renoncer à un mode d'éducation aussi désastreux, même alors qu'il produirait les plus admirables résultats au point de vue intellectuel; mais il n'en est rien. Tant de travail, de dégoût et d'ennui n'aboutit, comme l'a dit M. Jules Simon, qu'à faire des bacheliers. Cette instruction encyclopédique qui ne fait fonctionner que la mémoire et ne laisse pas un instant à la réflexion, ne peut être d'aucune utilité dans le cours de la vie et ne peut produire que des médiocrités.

IV. — Nécessité d'une réforme dans l'éducation.

En insistant, comme je viens de le faire, sur les vices de notre éducation scolaire, je n'ai pas eu la prétention de révéler des faits nouveaux. Il y a longtemps que l'opinion publique est saisie de la question. L'Université elle-même s'en préoccupe, et les premières critiques sont parties de son sein : c'est un ministre de l'instruction publique qui a jeté le premier cri d'alarme. Il y a vingt-cinq ans, dans une instruction qu'il adressait aux recteurs d'académie, M. Duruy s'exprimait ainsi : « Nos enfants ont une journée de travail plus longue que celle de l'ouvrier adulte; c'est le contraire qui devrait exister [1] ». On connaît les efforts qu'il a faits pour diminuer leurs charges, pour spécialiser l'enseignement, et les résistances qu'il a rencontrées.

1. Duruy, *Instruction du ministre aux recteurs*, du 10 mai 1864, rapportée par Romuald Gaillard, *Hygiène des lycées*, 1868.

Quelques années plus tard, un membre de l'Académie française, un homme qui avait contribué pendant quatorze ans, comme il le dit lui-même, à la fabrication des bacheliers, Victor de Laprade, vint signaler les vices de l'éducation française, dans une brochure à laquelle j'ai déjà fait allusion et qui n'a pas peu contribué à émouvoir l'opinion, par la véhémence avec laquelle ses plaintes étaient formulées [1].

M. Jules Simon a plaidé la cause de l'enfance avec plus de mesure et autant de talent. Ses écrits, qu'on ne saurait trop relire quand on s'occupe d'éducation, ont projeté la lumière la plus vive sur tous les points de ce sujet et laissé bien peu de chose à dire à ceux qui sont venus après lui [2]. Pendant son passage au ministère de l'instruction publique il a pu réaliser quelques améliorations de détail. Ce n'était que le prélude d'une réforme progressive qu'il comptait effectuer peu à peu. Enfin M. Gréard, vice-recteur de l'académie de Paris, par ses rapports officiels, par ses communications à l'Institut et ses remarquables ouvrages [3], a démontré la nécessité de

1. Victor de Laprade, *l'Éducation homicide*. Paris, 1867.
2. Jules Simon, *la Réforme de l'enseignement secondaire*, 1 vol. in-8. Librairie Hachette et Cie, 1874.
3. Voir Gréard, *Rapports sur l'enseignement secondaire*. — En-

remédier à l'extension indéfinie des programmes, et d'établir dans l'enseignement des divisions en rapport avec la diversité des carrières que doivent suivre les jeunes gens en sortant du lycée.

Les représentants les plus autorisés de la pédagogie française avaient ainsi préparé le terrain, lorsque les hygiénistes sont venus le remuer à fond, en faisant toucher du doigt les conséquences désastreuses de notre régime scolaire, en montrant aux familles l'irrémédiable atteinte qu'il porte au développement, à la vigueur, à la santé de leurs enfants. Avec l'ardeur qui caractérise les hommes de notre profession, ils ont, ainsi que je l'ai déjà dit, porté la question devant les congrès et les sociétés savantes. Ils l'ont traitée à la tribune de l'Académie de médecine, dans la presse médicale et dans les revues qui sont entre les mains de tout le monde. J'ai moi-même pris part à la lutte et combattu pour la bonne cause en mainte circonstance [1].

seignement secondaire à Paris, *Journal de la Société de statistique de Paris*, 1880. — *Revue littéraire et politique*, décembre 1884. — La question des programmes de l'enseignement secondaire (*Comptes rendus de l'Académie des sciences morales*, 1885). — *Éducation et instruction*, t. I, *enseignement primaire*, *enseignement secondaire*, *enseignement supérieur*, 4 vol. in-16. Librairie Hachette et Cie, 1887.

1. Voir Jules Rochard, L'éducation hygiénique et le surmenage intellectuel (*Revue des Deux Mondes*, 15 mai 1887). —

Cette agitation n'a pas été stérile, et, cette fois, nous n'avons pas prêché dans le désert. L'opinion publique s'est émue et le surmenage est devenu une question d'actualité. On l'a discutée dans les journaux politiques, dans les cercles, dans les salons et même à la Chambre des députés. Des sociétés se sont formées pour la propagation des exercices physiques dans l'éducation. La première a pris naissance à l'école Monge, sous l'inspiration de son habile directeur M. Godard et par les soins de M. Pierre de Coubertin. Elle a tenu sa première séance le 1er juin 1888, sous le nom de *Comité pour la propagation des exercices physiques dans l'éducation*[1].

Les études auxquelles s'est livré ce comité ont produit des résultats dont le retentissement a suffi pour lui susciter une concurrence. Cinq mois après sa constitution définitive, une nouvelle société s'est formée sous le nom de *Ligue nationale de l'éducation physique*. Déjà préparée

L'éducation des filles (*Revue des Deux Mondes*, 1er février 1888). *Traité d'hygiène sociale*, chap. v. L'éducation rationnelle. Paris, 1888.

1. Le comité est composé d'un président (M. Jules Simon), de quatre vice-présidents (MM. G. Picot, Moutard, général Thomassin, Dr J. Rochard), d'un secrétaire général (M. de Coubertin), d'un trésorier (M. Claude Lafontaine), et de 37 membres, dont la liste se trouve dans l'ouvrage de M. de Coubertin, intitulé *l'Éducation anglaise en France*. Paris, 1889, p. 197.

par une série d'articles publiés dans le journal *le Temps* par M. Pascal Grousset, elle a surgi tout à coup, avec son vaste programme et son nombreux personnel de membres honoraires et de membres actifs, parmi lesquels figurent un grand nombre de membres de l'enseignement[1], de députés, de préfets, de maires, de magistrats, d'ingénieurs et de médecins.

Elle a tenu sa première réunion plénière le 31 octobre 1888, sous la présidence de M. Berthelot, et a approuvé les statuts qui lui ont été soumis par son secrétaire général[2]. Aux termes de ceux-ci, la ligue se propose de faire prévaloir les exercices physiques dans tous les ordres d'enseignement, de les introduire dans les établissements d'instruction primaire, secondaire et supérieure. Elle se propose d'intervenir, auprès des pouvoirs publics, pour obtenir qu'un nombre d'heures suffisant soit consacré aux jeux et aux

1. A la date du 1er juin 1889, la Ligue nationale de l'éducation physique comptait parmi ses membres : 15 recteurs et 66 inspecteurs d'académie, 54 proviseurs de lycée; 156 principaux de collège; 14 directeurs de lycée et 14 directrices de collège de jeunes filles; l'Union des instituteurs et institutrices de la Seine; le directeur de l'École normale supérieure d'enseignement primaire, 48 directeurs et 20 directrices d'école normale primaire.

2. Ces statuts ont été publiés dans le numéro de février 1889 du journal mensuel *l'Éducation physique, bulletin de la Ligue nationale de l'éducation physique.*

exercices du corps et d'étudier les moyens pratiques de rendre ces derniers aussi profitables que possible. Elle fait appel à toutes les bonnes volontés, pour constituer des groupes régionaux, départementaux et locaux, en leur laissant la plus entière autonomie.

Le comité présidé par M. Jules Simon n'a pas des visées aussi ambitieuses. Il borne son action aux établissements d'enseignement secondaire, mais il s'occupe du côté moral de la réforme pédagogique, que la Ligue semble laisser de côté, et s'efforce de propager les principes de liberté et de responsabilité qui doivent être la base de toute éducation vraiment digne de ce nom [1]. Pour atteindre plus sûrement le but et pour le préciser d'une manière plus nette, les membres du Comité ont constitué une *Association pour la réforme de l'éducation scolaire en France*, tandis que, de son côté, la Ligue a fondé une *École normale des jeux scolaires*, création parfaitement en rapport avec le but spécial qu'elle poursuit et qui pourra donner d'excellents résultats.

Il est rare qu'une idée neuve se produise sans appeler la presse à son secours. L'éducation sco-

1. Pierre de Coubertin, *l'Éducation anglaise en France*, librairie Hachette, 1889, p. 205.

laire a déjà deux organes de publicité : le premier en date est *l'Éducation physique, bulletin de la Ligue nationale de l'éducation physique*, dont le premier numéro a paru au mois de novembre 1888; le second est *l'Éducation athlétique*, dont l'apparition ne remonte qu'au 15 janvier de cette année.

L'Université, loin de se montrer hostile à ce mouvement de l'opinion, s'y est, comme je l'ai dit dans la préface, franchement associée. Ses représentants les plus élevés par leur position comme par leur valeur personnelle, M. Gréard, vice-recteur de l'académie de Paris, et M. Morel, directeur de l'enseignement secondaire[1], font partie des deux sociétés pour la propagation des exercices physiques et leur prêtent le concours le plus précieux. Le ministre de l'instruction publique avait, du reste, pris les devants. Par un arrêté en date du 12 juillet 1888, et par conséquent antérieur à la formation de ces sociétés, il avait nommé une *Commission pour l'étude des améliorations à introduire dans le régime des établissements d'enseignement secondaire*[2].

1. M. Morel a été promu, depuis cette époque, au grade d'inspecteur général.

2. Cette commission est présidée par M. Jules Simon, elle a pour vice-présidents MM. Berthelot, Gréard et Legouvé, et comprend en tout cinquante-six membres.

Cette commission, dont j'ai l'honneur de faire partie, n'a pas encore terminé ses travaux; mais la plupart des questions relatives à l'hygiène scolaire et aux exercices de corps y ont été traitées à fond et tranchées dans un sens favorable aux idées nouvelles, ainsi qu'on le verra lorsque j'aborderai cette partie de mon travail.

Elle a été puissamment aidée par l'enquête, que le ministre de l'instruction publique avait provoquée quatre mois auparavant et dont les résultats ont été mis sous nos yeux. Les rapports envoyés par les recteurs d'académie, en exécution de la circulaire du 28 mars 1888, prouvent l'excellent esprit dont le haut personnel de l'enseignement est animé et la bonne volonté avec laquelle il est disposé à se prêter aux réformes demandées, dans tout ce qu'elles ont de raisonnable et de pratique. Il justifie l'appréciation que M. le directeur de l'enseignement secondaire a exprimée au ministre, en lui soumettant ce grand travail et que je suis heureux de reproduire ici.

« Vous trouverez dans toutes ces pages, monsieur le Ministre, la trace de préoccupations déjà anciennes, le résultat d'expériences personnelles, l'accent d'une conviction lentement formée et solidement établie, vous y verrez que les professeurs et les chefs de l'enseignement secondaire ne demandent qu'à marcher, d'une allure décidée, dans la voie qui s'ouvre devant eux, car ce n'est pas d'aujourd'hui que la question est posée; vous connaissez et appréciez mieux que personne ce qu'ont voulu et essayé vos honorables prédécesseurs. S'ils n'ont pas été servis, comme ils le méritaient, par les circonstances, il est permis d'espérer que les idées dont ils cherchaient la réalisation rencontreront à présent moins d'obstacles sur leur chemin. Ainsi l'Université remplira sa plus chère ambition, qui est d'élever, pour le service du pays, des jeunes gens sains de corps et d'âme, équilibrés, résolus, prêts en un mot à tous les devoirs [1]. »

Il est impossible de mieux dire. J'ajouterai qu'il serait difficile de faire davantage pour mettre ses actes en rapport avec ses paroles, que ne l'a fait M. le directeur de l'enseignement secondaire, que nous avons toujours trouvé à nos côtés, animé du même zèle que nous et nous faisant profiter de son expérience.

1. J. Morel, directeur de l'enseignement secondaire, Rapport à M. le ministre de l'instruction publique et des beaux-arts. Paris, 3 novembre 1888.

L'Université, par cette grande enquête, par le concours qu'elle prête aux sociétés qui représentent le mouvement, par l'appui moral qu'elle donne aux écoles libres, fait ce qui dépend d'elle pour hâter la réalisation de la réforme dont elle a compris la nécessité. Elle ne peut pas aller plus loin et entrer immédiatement dans la voie des applications pratiques, parce qu'il ne lui est pas permis de courir les aventures. Lorsqu'on représente un des grands services de l'État, lorsqu'on est chargé d'intérêts si considérables, on ne doit rien donner au hasard; il faut procéder avec prudence et ne rien brusquer. Saint-Marc Girardin disait, il y a cinquante ans : « Gardons-nous, dans l'Université comme ailleurs, de démolir, tous les matins, la maison, sous prétexte de bâtir un palais ». M. Morel développe la même idée dans le rapport au ministre que j'ai cité plus haut : « C'est une grosse affaire, dit-il, que de mettre en mouvement un personnel aussi considérable que celui de nos lycées et de nos collèges, d'agir à la fois sur les maîtres, sur les élèves, sur les familles, de modifier le régime presque séculaire d'établissements si nombreux et souvent si encombrés, de transformer, en un mot, les mœurs scolaires par des innovations hardies et pratiques tout ensemble, et cela quand les exigences des grandes écoles et l'obsession des baccalauréats empêchent, pour ainsi dire, toute la jeunesse française de vivre et de respirer ».

Cette initiative que l'État ne peut pas se permettre, c'est à l'enseignement libre de la prendre, et c'est ce que l'école Monge a fait. Son habile directeur, M. Godard, a entrepris de réaliser complètement la réforme de l'éducation scolaire dans cette école modèle qui, par sa situation, ses installations toutes modernes et l'esprit même de ses fondateurs, s'y prête admirablement. Comme on ne peut pas tout faire à la fois, M. Godard a commencé par l'éducation physique, en retranchant au travail intellectuel un certain nombre d'heures dont il a fait bénéficier les jeux, les récréations et la promenade.

Malgré les belles dimensions et les heureuses dispositions de sa grande cour couverte, il a compris que rien ne valait l'exercice en plein air et il s'est décidé à transporter ses élèves au bois de Boulogne, où il les laisse se divertir en liberté. Tous les jours, une des divisions y est transportée par les omnibus de l'établissement. M. Godard a pris possession des plus riantes parties du bois. Chaque jour, cent de ses élèves montent à cheval dans le manège du Jardin d'Acclimatation; d'autres jouent au *criquet* ou au *foot-ball* sur les pelouses de Madrid; quelques-uns manient l'aviron sur une flottille de yoles qui sillonnent le grand lac, et les plus petits se divertissent aux jeux de leur âge, sous les ombrages du pré Catelan, pendant que leurs mères, assises sous les grands arbres, les surveillent en causant entre elles.

Toute cette jeunesse respire la santé, l'entrain et la bonne humeur, et cela fait plaisir à voir, quand on est habitué à l'aspect morne et ennuyé des élèves de nos lycées. Les membres du Comité, qui ont été comme nous témoins de ces ébats, en sont revenus ravis, convaincus, et le chef de l'État lui-même n'a pas dédaigné d'assister à ce spectacle consolant.

La cause de l'éducation physique a été gagnée par cette expérience, parce qu'elle a démontré, comme on devait s'y attendre, que les distractions, les jeux et les exercices, loin de nuire au travail intellectuel, ne font que le rendre plus profitable. « Les esprits chagrins, dit M. Jules Simon, prétendent qu'à tant chevaucher et tant canoter on perdra quelque chose de ses chances pour le baccalauréat. M. Godard n'en croit rien et je suis de son avis. Il a bien remarqué, dans les premiers jours de l'éducation athlétique, un peu de dissipation; on galopait par la pensée au bois de Boulogne, quand on aurait dû être absorbé par le binôme de Newton; mais l'équilibre s'est déjà rétabli, et M. Godard ne doute pas d'avoir, cette année, aux examens de la Sorbonne, autant de succès que l'année passée[1]. »

Ce résultat ne surprend pas les hygiénistes. Ils savent qu'en matière de travail la qualité vaut mieux que la quantité. Il y a bien des années que le plus illustre et plus âgé d'entre eux, le vénérable M. Chadwick, a prouvé, en Angleterre, que les élèves des écoles de *demi-temps* battaient les autres dans les examens. Il n'y a pas de raisons pour qu'il n'en soit pas de même dans l'enseignement secondaire. De quelque étude qu'il s'agisse, six heures d'application soutenue vaudront toujours mieux que douze heures de sédentarité paresseuse.

Le seul point sur lequel il puisse rester un doute, c'est la préparation aux écoles spéciales. On peut se demander encore si les jeunes gens

1. Jules Simon, préface de l'ouvrage de M. Pierre de Coubertin intitulé *l'Éducation anglaise en France.*

qui sacrifient quelques heures chaque jour aux distractions et aux exercices physiques, pourront lutter avec avantage contre ceux qui se livrent corps et âme à l'étude de leurs programmes et lui sacrifient jusqu'à leur santé. C'est une expérience à faire et je crois qu'elle tournera à l'avantage du mode d'éducation que nous voulons faire prévaloir. Au delà d'une certaine limite, le travail ne profite plus et ne fait plus que fatiguer le cerveau. L'élève surmené arrive au concours nerveux, fatigué, souffrant, et ne donne pas la mesure de sa force. Il est dans le cas d'un cheval de course auquel on ferait faire vingt fois le tour de l'hippodrome avant de courir le Grand Prix.

Celui qui a eu chaque jour quelque distraction au grand air se présente aux examens frais et dispos; il tire tout le parti possible des connaissances qu'il a acquises et qu'il a eu le temps de digérer. L'autre a peut-être appris davantage; mais tout est à l'état de chaos dans sa pauvre tête; il manque d'aplomb et de présence d'esprit. Épuisé par le travail, il n'a plus la force morale nécessaire pour supporter les péripéties émouvantes d'un concours d'où dépend son avenir. Il doit avoir le dessous. D'ailleurs, rien n'empêche les élèves dont l'éducation est hygiéniquement conduite, de consacrer plus d'heures au travail lorsque le moment des examens approche, et, si tant est qu'il faille donner un coup de collier à la fin de la période scolaire, le jeune homme dont les forces auront été ménagées jusque-là, sera bien mieux en état de supporter ce dernier labeur, que celui qu'on aura épuisé d'avance par une sédentarité inutile et forcenée.

Nous espérons bien, du reste, obtenir un jour la réforme des programmes pour l'admission aux écoles spéciales, en y faisant entrer les exercices physiques avec des coefficients assez élevés pour que les jeunes gens qui veulent parvenir aient intérêt à les cultiver, sous peine de courir à un échec certain.

L'exemple donné par l'école Monge n'a pas tardé à être suivi. L'école Alsacienne, dont le directeur fait partie du Comité des exercices physiques, est entrée la première dans le mouvement. Ses élèves vont, plusieurs fois par semaine, s'exercer aux jeux français dans le jardin du Luxembourg. Ceux de l'école Sainte-Barbe se livrent aux mêmes exercices dans la belle propriété qu'elle possède à Fontenay-aux-Roses. Le lycée Janson-de-Sailly, profitant de la proximité du bois de Boulogne, envoie, tous les jours, de midi et demi à deux heures et demie, ses élèves jouer à la *barrette*, à la *thèque*, à la *crosse*, sur une pelouse concédée par la ville. Le collège Chaptal a pris à bail, au Vésinet, un magnifique terrain avec bras de rivière pour les canots et piste toute faite pour les courses à pied. Le lycée Condorcet a formé une association de vingt-cinq élèves qui viennent s'exercer le dimanche sur la pelouse de la Ligue, et le collège Rollin s'apprête à suivre cet exemple. Sur la rive gauche, les lycées Louis-le-Grand, Saint-Louis et Henri IV vont alternativement le jeudi jouer dans le parc de Meudon.

Le ministre de l'instruction publique se prête de la meilleure grâce du monde à ces innovations. Par un arrêté en date du 16 janvier dernier, il a accordé à la *Ligue de l'éducation physique* l'autorisation d'occuper, à des heures déterminées, pour y exercer les élèves des écoles de Paris, à des jeux français de plein air, les allées latérales de la terrasse du bord de l'eau dans le jardin des Tuileries, le carré de verdure situé dans le même jardin à droite de l'allée de Solférino et une partie du jardin réservé du palais de Saint-Cloud.

Dans leur empressement à suivre le mouvement, les établissements d'instruction secondaire de Paris ont profité de tous les emplacements qu'on a bien voulu mettre à leur disposition. Il est évident toutefois que ces jardins, fréquentés par le public et ne présentant aucune disposition spéciale, ne sont pas l'idéal rêvé pour les exercices et pour les jeux scolaires. Il serait bien préférable de mettre à la disposition des lycées et des écoles des terrains isolés appropriés à leur mission et d'une étendue suffisante. Il faudrait, en un mot, créer des *parcs scolaires.* C'est la première question dont se soit occupé le Comité pour la propagation des exercices dans l'éducation. Il a chargé une commission de chercher, aux environs de Paris, de grands terrains gazonnés, à proximité des gares de chemins de fer qui desservent les lycées des deux rives, afin que ceux-ci puissent, sans perte de temps, y conduire leurs élèves et les y laisser jouer loin de la foule. C'est évidemment là qu'est la solution du problème.

La location des terrains, la construction de hangars couverts pouvant servir à la fois d'abri et de vestiaire, seront les seules dépenses indispensables, et la Compagnie des chemins de fer de l'Ouest a depuis longtemps déjà accordé une réduction de 50 pour 100, sur les lignes de la petite et de la grande banlieue de Paris, aux élèves et maîtres des lycées, pensions, etc., se rendant, par groupe de dix au moins, en promenade ou en excursion.

La province s'est empressée d'imiter Paris. Presque toutes les grandes villes de France ont suivi son exemple. Le *Bulletin national de l'éducation physique* citait, dans un de ses derniers numéros, trente-quatre lycées où les exercices de corps sont en faveur et ont pris des allures nouvelles [1].

Enfin, un Congrès pour la propagation des exercices physiques dans l'éducation, préparé depuis le mois d'octobre dernier, s'est ouvert le 15 juin de cette année et a tenu ses séances jusqu'au 22. L'escrime, l'équitation, les joutes nautiques, la longue paume, la natation y ont successivement trouvé place; l'habileté, la vigueur et l'entrain déployés par les élèves des lycées dans ces concours athlétiques nous ont donné la mesure de leur utilité ainsi que celle des progrès accomplis.

1. *L'Éducation physique, bulletin de la Ligue nationale,* numéro de mars 1889, p. 5.

La question a, comme on le voit, fait, en moins d'un an, de grands pas dans la voie des réalisations. L'impulsion est maintenant donnée en ce qui concerne les jeux et les exercices. Elle ne s'arrêtera plus; mais ce n'est là qu'un des côtés de la réforme scolaire, que la première étape dans la voie où nous sommes entrés, et c'était la plus facile à franchir : ce qui reste à faire appartient à un autre ordre d'idées. Ce sont les mœurs des lycées qu'il s'agit de transformer.

Il faut faire pénétrer l'air et la lumière dans ces établissements; mais il faut y faire entrer en même temps une sage liberté. Il faut diminuer cette contrainte, cette pression de tous les instants qui classent nos établissements d'instruction publique entre les casernes et les prisons. Il faut établir la confiance et l'affection entre les professeurs et les élèves, réconcilier le maître d'études avec l'écolier. Il s'agit en un mot d'amener l'existence scolaire à n'être plus que la continuation de la vie de famille, en sorte que le collège ne soit qu'une forme perfectionnée du foyer paternel [1]. C'est là le but vers lequel tend le directeur de l'école Monge. Les innovations

1. Extraits du rapport du directeur de l'école Monge à l'assemblée générale des actionnaires du 22 décembre 1888.

qu'il a tentées ne font à ses yeux qu'ouvrir une voie nouvelle qui conduira à un heureux et complet renouvellement de notre éducation scolaire.

On a trop confondu jusqu'ici l'éducation avec la culture intellectuelle. Notre régime scolaire est resté trop fidèle aux traditions du XVIIe siècle. Rollin définissait l'éducation : *l'art de manier et de façonner les esprits*; nous en sommes restés là. Tout le monde comprend aujourd'hui qu'il s'agit de faire davantage, qu'il y a dans l'enfant autre chose qu'une intelligence à former, et que, pour en faire un homme, il faut lui donner la vigueur et la santé, sans lesquelles tout est stérile, la droiture et la force d'âme, qui sont encore plus nécessaires au bonheur de l'individu et à la prospérité de la nation.

Ainsi comprise, la réforme scolaire est une œuvre difficile et de longue haleine. Pour la mener à bonne fin, on doit s'attendre à rencontrer sur sa route des obstacles matériels et des difficultés morales de plus d'un genre.

La réforme de l'éducation physique est entravée, dans la plupart des lycées et des collèges, par leurs mauvaises conditions hygiéniques. Ils sont le plus souvent situés au centre des villes, dans l'atmosphère viciée des quartiers populeux. Ils se composent de vieux bâtiments serrés les uns contre les autres; les cours sont trop étroites pour qu'on puisse y jouer à l'aise; les classes sont trop petites, les dortoirs trop insuffisants pour qu'on y respire un bon air; enfin, dans beaucoup d'entre eux, le nombre des élèves est trop considérable pour que les maîtres puissent donner, à chacun d'eux en particulier, l'attention qu'exige la culture morale qui leur est si nécessaire. Ce côté de l'éducation dont l'importance est si grande, exige un tact, une vigilance, une sollicitude de tous les instants, et le personnel enseignant n'en a pas contracté l'habitude. Il faudrait commencer par faire d'abord sa propre éducation. Or ces choses-là ne s'apprennent pas sur les bancs des écoles : c'est dans la pratique de la vie. Il n'est pas plus possible de transformer en un jour un personnel aussi considérable, de lui faire abandonner ses vieilles habitudes pour en contracter de nouvelles, qu'on ne peut songer à abattre nos vieux lycées et nos vieux collèges pour les reconstruire à la campagne.

L'Université comprend mieux que personne la difficulté de la transformation qu'elle reconnaît indispensable et la nécessité de marcher avec prudence dans une voie semée d'obstacles. Il faut d'abord étudier et préparer le terrain. Lorsqu'on sera bien d'accord sur les mesures à prendre, l'application s'en fera progressivement. Les vieux lycées tombent peu à peu pour faire place à d'autres; de nouvelles générations de professeurs surgissent; elles sont imbues des idées nouvelles, disposées à se prêter à leur réalisation; mais avant d'en venir là il faut bien s'entendre sur le but et sur les moyens. Il faut procéder comme on le fait pour la transformation et l'assainissement des villes. On arrête d'abord un plan de reconstruction générale, et on l'exécute ensuite par portions, à mesure que s'écroulent les quartiers condamnés et les maisons frappées de rescindement. Il faut faire de même pour l'éducation, et c'est dans le but de préparer le plan de cette réforme scolaire, que j'ai écrit cet ouvrage.

V. — L'éducation privée et l'éducation publique.

La comparaison des deux modes d'éducation a donné lieu à des controverses sans nombre. Depuis Quintilien jusqu'à Mgr Dupanloup, les avis se sont partagés et la question n'a pas fait un pas, parce qu'on l'a toujours traitée d'une façon trop absolue et plutôt théorique que pratique. Les philosophes, les pédagogues et les hygiénistes sont arrivés à des conclusions opposées, parce qu'ils se sont placés à des points de vue différents.

Le problème est trop complexe, il comprend des éléments trop divers, pour qu'on puisse le résoudre par une seule et même formule applicable à tous les cas. « L'éducation, dit Fonssagrives qui a traité toutes ces questions avec une hauteur de vues peu commune, l'éducation se compose de quatre éléments essentiels : 1° les mœurs ; 2° l'intelligence ; 3° le caractère ; 4° la santé. Un système d'éducation qui ne se préoccupe pas suffisamment de l'un d'eux est par cela même imparfait. Ce n'est pas un corps, ce n'est pas une âme qu'il lui faut former : c'est un homme, et cette pensée de Montaigne doit toujours être présente à l'esprit des personnes qui ont charge d'éducation [1]. » Or il est certain que, de ces quatre éléments, il en est un auquel on sacrifie les trois autres dans l'éducation en commun, et cela parce que c'est le seul auquel l'enseignement collectif puisse s'appliquer.

1. J.-B. Fonssagrives, *l'Éducation physique des garçons*, Paris, 1870, p. 90.

Internat. — L'internat ne profite qu'à la culture intellectuelle. On peut démontrer les mathématiques et les sciences naturelles, faire apprendre les langues, l'histoire et la géographie à cinquante élèves réunis; mais quand il s'agit de former leur moral, il faut exercer une action individuelle; il faut parler au cœur et à l'esprit de chacun en particulier, et cela n'est pas possible dans des établissements peuplés comme des casernes, et avec le personnel insuffisant dont on dispose.

En ce qui concerne les mœurs, il est évident qu'elles courent plus de dangers dans l'éducation en commun que dans la vie de famille. « Si l'on veut comprendre, dit M. Bréal, de quels éléments se compose l'atmosphère intellectuelle et morale d'un lycée, il faut songer qu'aucune partie de la société n'est exclue de cette jeune population qui représente en petit notre France moderne. L'égalité le veut ainsi et il serait aussi injuste que malséant de procéder à un triage préalable. Mais il faudrait se faire une idée bien optimiste de la nature humaine pour croire que ces enfants, recrutés dans des familles très différentes par leur valeur morale, apporteront tous au lycée l'innocence du jeune âge, ou qu'en présence de l'honnêteté du plus grand nombre, se dissiperont ou se cacheront les mauvais instincts dont quelques-uns ont déjà contracté le germe. Ce sont les mauvais fruits, comme on sait, qui attaquent les bons, et non les fruits intacts qui guérissent ceux que la corruption a déjà entamés. En supposant que la moralité de l'enfant résiste à la contagion d'un tel voisinage, en tout cas il laissera au collège cette pureté de l'esprit qui sied si bien à la jeunesse [1]. »

Pour le caractère, c'est autre chose : il s'y trempe, mais il y prend de faux plis. C'est l'apprentissage de la vie, dit-on, c'est le commencement de la lutte pour l'existence, soit; mais c'est un apprentissage un peu prématuré. Il est certain que l'éducation isolée ne saurait donner à l'enfant une idée suffisamment juste de l'existence commune. La destinée qui l'attend exige qu'il apprenne à vivre avec les autres; mais pour lui fournir cette notion, il n'est pas nécessaire de l'enfermer entre les quatre murs d'un lycée, dans lesquels il finira par oublier la famille, qui peu à peu se désintéressera elle-même du petit

1. *Quelques mots sur l'instruction publique en France*, par Michel Bréal, membre de l'Institut, professeur au collège de France, Paris, 5e édition, p. 304.

abandonné. Rien, à mon sens, ne peut compenser cette désaffection réciproque, et ce serait un argument sans réplique contre l'éducation publique si elle impliquait la nécessité d'un pareil délaissement; mais il est possible d'éviter ce sacrifice, ainsi que je le montrerai bientôt.

L'éducation en commun reprend l'avantage quand il s'agit de la culture intellectuelle. La régularité des habitudes et des heures de travail, l'émulation que font naître les compositions, la correction des devoirs et les récitations devant les camarades, l'absence de distractions extérieures, tout cela contribue à entretenir l'enfant dans le courant de travail qui doit l'emporter pendant sa période scolaire, et lui donne le stimulant qui lui ferait complètement défaut s'il était isolé. Cet entraînement est surtout indispensable quand il s'agit de la préparation aux écoles de l'État, où il faut que l'élève développe toute la force dont il peut disposer, pour se mesurer avec des compétiteurs ardents et entraînés comme lui.

Quant à la santé, le quatrième des éléments dont l'éducation se compose pour Fonssagrives, j'ai montré ce qu'elle devenait dans les lycées, et n'ai pas besoin d'y revenir.

En somme, rien ne peut pour l'enfant remplacer le foyer de la famille. C'est le pivot social sur lequel tout doit rouler et qui doit servir de base à toutes les institutions. Pour que l'homme s'y rattache, il ne faut pas qu'il en soit prématurément écarté, et lorsque la nécessité force les parents à éloigner leur fils de la maison qui l'a vu naître, il faut l'y ramener le plus souvent possible et atténuer autant qu'on le peut les inconvénients de la séparation.

L'éducation complètement privée n'est guère possible aujourd'hui. Au temps où J.-J. Rousseau écrivait son *Émile*, les grands seigneurs donnaient à leurs fils un *gouverneur* pour le diriger dans tous les actes de la vie, et des professeurs pour lui enseigner ce qu'il était convenable qu'il sût. Cet héritier futur d'une grande situation n'avait pas en perspective de luttes à soutenir; sa voie était toute tracée, et pourvu qu'on en fît un gentilhomme accompli, qu'on lui apprît à soutenir dignement le nom qu'il portait, qu'on le rendît à peu près apte à remplir les hauts emplois auxquels sa naissance le destinait, il n'en fallait pas davantage. Son éducation, absolument individuelle, dépendait de la valeur du précepteur entre les mains duquel il était remis.

Aujourd'hui les conditions ne sont pas les mêmes. Grâce au niveau égalitaire qui a passé sur la société, tous les enfants ont à supporter les mêmes charges et doivent subir les mêmes épreuves pour s'y préparer.

La noblesse elle-même est obligée de jeter les siens dans le moule commun. Pendant longtemps elle s'est tenue en dehors des fonctions publiques et des professions dans lesquelles s'exerce l'activité du pays. La carrière des armes était la seule qu'elle consentît à suivre, parce que, suivant ses idées, c'était la seule façon dont elle pût servir la France sans déroger. Lorsque le moment est venu de la défendre, elle a fait noblement son devoir; mais, en fin de compte, il est plus agréable de payer sa dette comme officier que comme soldat, et puisqu'il faut opter aujourd'hui, puisque la loi contraint tout le monde à passer sous les drapeaux, les écoles spéciales qui ouvrent la porte des carrières militaires sont assiégées par la plupart des fils de famille. Ils sont dès lors obligés de passer comme les autres par les cours préparatoires et les établissements d'instruction publique.

Ce n'est pas un mal. Eux-mêmes ne le regrettent pas et le dernier de nos rois leur en a donné l'exemple en envoyant ses fils suivre les cours du lycée Henri IV.

Externat. — L'éducation publique est ainsi devenue la loi commune; mais elle n'impose pas aux parents la nécessité de se séparer de leurs enfants d'une manière complète. L'externat permet de supprimer la plus grande partie des inconvénients de l'instruction en commun. C'est, comme le dit Fonssagrives, un système à la fois scolaire et familial. Il concilie les avantages de l'émulation et de la règle avec ceux de l'éducation morale, qui ne se fait bien que dans la famille [1]. A Paris même, dit M. Gréard, c'est l'externat seul qu'il convient de développer et ce sera le régime des établissements à venir. Malheureusement tous les enfants ne peuvent pas jouir de ses avantages. Il y a d'abord ceux dont les parents vivent à la campagne ou dans des villes dépourvues de lycées; il y a ceux qui ne peuvent pas être surveillés par leurs pères, tantôt parce que ceux-ci n'en ont pas le loisir, tantôt parce qu'ils n'en ont pas le goût, ou que l'aptitude nécessaire leur fait défaut.

L'intensité toujours croissante de la vie mon-

1. J.-B. Fonssagrives, *l'Éducation physique des garçons*, Paris, 1870, p. 99.

daine, les nécessités qu'elle crée et que tout le monde subit, parfois à regret, portent à la vie de famille de continuelles atteintes et transforment souvent l'intérieur le plus honnête en un milieu trop agité pour qu'un enfant puisse y trouver le calme et le recueillement qu'exigent les études suivies. Dans beaucoup de familles on est forcé d'interner les garçons quand arrive pour eux le moment de se préparer aux écoles spéciales. Dans certains cas on peut prendre un moyen terme. La *demi-pension* en fournit les moyens. L'externat surveillé les offre également, puisqu'il permet à l'enfant de participer à tous les exercices du lycée sans renoncer à la vie de famille, et qu'il rentre chez lui le soir, après sa journée de travail. Cette forme d'enseignement, inaugurée au lycée Charlemagne en 1860, s'est rapidement développée. Il y avait déjà, en 1887, 2 107 externes surveillés dans les lycées et collèges de Paris. On peut, enfin, donner à son fils un *précepteur*, tout en lui faisant suivre les cours des lycées. Ce dernier système est sans contredit le meilleur, mais il est très dispendieux et c'est un véritable luxe, que les familles riches peuvent seules se permettre.

Système tutorial. — Il est encore un expédient

qu'on peut employer pour épargner aux enfants les dangers de l'internat. C'est le *régime tutorial*, pour lui donner le nom sous lequel on le désigne en Allemagne et en Angleterre. Il n'est pas appliqué de la même façon dans les deux pays.

En Allemagne, les parents éloignés des centres d'enseignement cherchent, dans celui qui se rapproche le plus du lieu de leur résidence, une famille de bonne volonté, jouissant d'une réputation honorable et qui veuille bien, moyennant rémunération, donner à l'enfant le vivre, le couvert et les soins qu'exige son âge. On s'applique en général à trouver un intérieur qui soit du même niveau social que la maison paternelle. On y réussit facilement de l'autre côté du Rhin. Beaucoup de familles bourgeoises, de modestes rentiers, de petits employés, de veuves ayant elles-mêmes des enfants à élever, trouvent ainsi le moyen d'accroître leur mince revenu. La rétribution est faible; mais le nouveau venu augmente si peu la dépense. Il devient alors l'enfant de la maison, le camarade des garçons et des petites filles, et souvent des liaisons durables de reconnaissance et d'affection s'établissent entre l'élève et ceux qui lui ont donné place à leur foyer.

Dans ce système d'éducation, c'est la mère adoptive qui joue le rôle essentiel. Il lui faut du tact et de la vigilance lorsqu'elle a des filles et que le jeune pensionnaire grandit; mais c'est un danger que nous nous exagérons probablement en France.

Le régime *tutorial* s'est tellement répandu en Allemagne, que c'est à peine si l'on y trouve encore quelques gymnases composés exclusivement d'internes et un nombre tout aussi restreint d'établissements recevant à la fois des internes et des externes. Ce sont d'anciennes fondations qu'on a eu raison de respecter et qui ne forment qu'une minime exception à la règle générale [1].

Il existait autrefois quelque chose d'analogue en France, au moins en Bretagne. Lorsque je faisais mes études au petit collège communal de Saint-Brieuc, la plupart des élèves provenaient des petites localités voisines. Un grand nombre d'entre eux étaient des fils de paysans qui faisaient leurs classes pour entrer au séminaire. Ils demeuraient dans les faubourgs, chez des ouvriers ou des cultivateurs qui en logeaient un

1. Jules Simon, *la Réforme de l'enseignement secondaire*, p. 127.

certain nombre, souvent dans leur grenier, et qui les recevaient à leur table très frugale, moyennant une rétribution on ne peut plus modérée.

Ces grands garçons, qui avaient souvent dix-huit à vingt ans, coûtaient à leur famille, tout compris, de 20 à 25 francs par mois. Il est vrai qu'à cette époque les vivres n'étaient pas chers à Saint-Brieuc et que ces enfants de la campagne n'étaient pas difficiles sur la nourriture. Il est inutile de dire qu'ils étaient absolument libres et que les gens illettrés qui les accueillaient sous leur toit ne songeaient pas à leur imprimer une direction quelconque. Ils avaient même, pour leurs pensionnaires, la considération presque respectueuse qu'inspiraient alors, en Bretagne, tous ceux qui aspiraient à entrer dans l'Église. Le séminaire étendait sur eux, par avance, son aile protectrice.

Fonssagrives a retrouvé à Vannes les mêmes habitudes quarante ans plus tard. Je ne sais pas si elles y ont persisté.

En Angleterre, le système tutorial fonctionne d'une façon moins intime et plus dispendieuse. Ce sont des professeurs, souvent munis du titre d'agrégé, qui remplissent les fonctions de maitres de pension. Ils reçoivent chez eux les élèves et en dirigent l'éducation, pendant que leurs femmes se chargent du côté matériel de l'existence de ces pensionnaires. Les *private schools* sont très répandus en Angleterre. On en trouve partout, à la campagne, sur les bords de la mer, près et loin des villes. On ne reçoit dans chacun d'eux qu'un petit nombre d'élèves. La moyenne est de dix à vingt, et le maximum dépasse rarement trente. Au delà de ce chiffre, la surveillance devient difficile. Le professeur est alors forcé de se départir de quelques-unes de ses fonctions, de partager son autorité avec des sous-maîtres (*ushers*) qui ne valent pas mieux en Angleterre qu'en France, mais qui y sont beaucoup moins répandus.

Ces petits pensionnats se multiplient autour des grands centres d'enseignement. Ainsi Eton, qui a près de 700 élèves, ne renferme que 70 internes. Ce sont des boursiers qui obtiennent leurs places au concours et qui, une fois admis, ne coûtent que 20 livres par an à leurs familles, grâce à une fondation qui remonte à Henri VI. Il en est de même dans la plupart des collèges[1].

1. A Harrow, tous les élèves sont logés chez les professeurs. En 1887, sur 400 élèves, Rugby n'en comptait que 70 qui

Les jeunes gens élevés dans les *private schools* y jouissent d'une liberté dont on n'a pas d'idée en France. Ils entrent et sortent quand bon leur semble, et travaillent quand il leur plaît. Ils ont des chambres séparées, et personne ne les y contraint à l'étude. Ils mènent, en un mot, une existence assez semblable à celle des étudiants dans nos facultés et qui n'a rien de commun avec celle des internes des lycées. On les traite comme des jeunes gens maîtres de leur destinée et on leur laisse la responsabilité de leurs actes. Les professeurs sous la direction desquels ils sont placés s'attachent plutôt à former leur caractère qu'à cultiver leur esprit. Ils s'efforcent d'en faire des hommes, de développer leurs qualités morales et de leur donner cette distinction de manières qui caractérise le gentleman anglais.

Ce mode d'éducation n'a pas toujours été suivi en Angleterre. Il y a un demi-siècle, il régnait dans les écoles de ce pays une anarchie complète. M. Gladstone, en faisant appel à ses souvenirs d'enfance, a fait à cet égard à M. Pierre de Coubertin des aveux qui ne laissent aucun

fissent partie du *school house*. A Winchester, en 1879, il n'y avait que 70 *foundationers* vivant dans le collège. Les autres étaient répartis dans 9 *boarding houses*, qui en renfermaient chacun 35. (Pierre de Coubertin, *l'Éducation en Angleterre*. Paris, 1888.)

doute sur les vices de l'éducation qu'on y recevait alors [1]. C'est Thomas Arnold, un simple clergyman, qui a opéré l'heureux changement dont nos voisins s'applaudissent aujourd'hui. Lorsqu'il arriva, en 1828, au collège de Rugby, en qualité de *head master*, le niveau moral et social de cet établissement n'était pas plus élevé que celui de tous les autres, et Arnold commença par mécontenter tout le monde lorsqu'il entreprit ses réformes impopulaires; mais il avait véritablement le génie de l'éducation; il devint bientôt l'idole de ses élèves et transforma complètement l'établissement dont il était chargé.

Sa réputation se répandit rapidement dans tout le Royaume-Uni, et de là dans les colonies anglaises; ses doctrines y furent portées par ses élèves enthousiasmés et s'y implantèrent sans effort. Cela fut l'affaire de quatorze années, au bout desquelles Arnold mourut, sans avoir un seul instant jeté les yeux hors de l'enceinte de son école, sans avoir fait le moindre appel à l'opinion, sans s'être préoccupé de ce qui adviendrait après lui [2].

1. Pierre de Coubertin, *Une Conférence à l'école Monge* (*l'Éducation athlétique*, numéro du 15 janvier 1889, p. 8).
2. Pierre de Coubertin, *Une Conférence à l'école Monge*, loc. cit., p. 9.

Je reviendrai sur les avantages de l'éducation anglaise lorsque j'aborderai le côté moral de la question. Pour le moment, je ne l'envisage qu'au point de vüe du *régime tutorial* et comme un moyen d'échapper aux rigueurs de l'internat. Ce système est assurément bien supérieur à nos lycées d'internes et à nos grands pensionnats qui sont tout aussi peuplés et qui ont la même organisation et les mêmes défauts. Compris comme en Allemagne, il a les avantages de l'externat, mais aussi ses inconvénients : c'est le foyer de la famille, sans l'affection; c'est l'existence libre et le travail facultatif. Les garçons studieux et de bonne conduite peuvent ainsi faire des études passables; les autres courent le danger de perdre leur temps et même de se dévoyer. Dans tous les cas, il faut des dispositions bien peu communes pour subir, dans ces conditions, l'entraînement qu'exige la préparation aux écoles spéciales.

Le système des *private schools* peut donner d'excellents résultats en Angleterre. Il est propre à faire des gentlemen destinés à succéder à leurs pères dans leurs dignités, leurs fonctions publiques, à les remplacer à la tête de leurs usines ou de leurs maisons de commerce; mais en France, et pour les raisons que j'ai déjà plusieurs fois indiquées, il ne pourrait convenir qu'à un très petit nombre de jeunes gens. Il est difficile d'acquérir avec ce genre de vie une somme de connaissances suffisante pour aborder les carrières qui sont l'objectif forcé de nos enfants. Tout le monde sait qu'à cet âge de la vie on ne se livre pas à l'étude pour son plaisir. Il faut y être contraint par la règle, par l'émulation ou par l'ardeur de la lutte. Rien de cela ne peut exister dans des écoles où chacun fait à peu près ce qu'il veut.

Il y a encore une différence dont il faut tenir compte. Cette vie libre n'est possible que loin des grandes villes, dans des centres spéciaux autour desquels l'Université fait bonne garde, où elle ne laisse pas s'introduire d'éléments de corruption. Chez nous on ne trouve que dans les localités importantes les moyens d'instruction nécessaires et des professeurs capables. Les jeunes gens élevés ailleurs ne pourraient jamais lutter contre ceux qui auraient été chauffés à blanc dans ces fournaises intellectuelles.

Lorsque nous admirons, comme elle le mérite, l'éducation anglaise, nous la voyons toujours représentée par les *public schools* d'Eton, de Harrow, de Rubgy, de Wellington, de Winchester, etc. Il y en a une dizaine de ce genre. Le prix de la pension, les dépenses obligatoires, s'y élèvent en moyenne à 3 000 francs par an (3 725 à Eton), abstraction faite de toutes les dépenses accessoires. Celles-ci doivent s'élever à un chiffre des plus respectables, dans ce milieu fréquenté par les familles les plus riches d'Angleterre et où les occasions de dépense se rencontrent à chaque instant.

Chacun de ces centres d'enseignement compte de 400 à 500 élèves [1]. En supposant qu'il y en ait dix, cela fait 5000 jeunes gens tout au plus. Or, s'il y a en Angleterre, proportion gardée, autant d'enfants à recevoir l'instruction secondaire qu'en France, le chiffre doit s'en élever à 78 000 environ, et les établissements aristocratiques que nous venons de passer en revue ne représentent pas le quinzième de cette population. Le reste n'est évidemment pas élevé de la même manière, et, sans invoquer le témoignage de Dickens, si l'on s'en rapporte aux journaux

1. Eton en compte 700, Marlborough 575, Harrow 520, Winchester 385, Hasleybury 362, Wellington 306, etc. (*l'Éducation en Angleterre*, par Pierre de Coubertin, loc. cit.).

anglais, et même à certaines discussions qui s'élèvent de temps en temps à la Chambre des communes, les écoles anglaises, prises dans leur ensemble, ne sont pas des modèles à citer.

Le système tutorial aurait besoin de modifications profondes pour se généraliser en France. Nous tendons plutôt à nous en écarter. Les grands pensionnats absorbent partout les petits, comme les grandes maisons de commerce étouffent les petites et pour les mêmes raisons.

Les frais généraux sont d'autant moindres qu'ils se répartissent sur une plus grande surface. Ce n'est là pourtant qu'un des côtés de la question. Si le régime tutorial n'existe pas en France comme en Angleterre, cela tient surtout à ce que les règlements universitaires ne permettent pas aux professeurs de tenir pension. Ils ne peuvent pas avoir chez eux plus de quatre élèves à la fois.

L'administration paraît toutefois disposée à revenir sur cette interdiction et à favoriser le régime tutorial. Elle l'a déclaré au sein de la commission de l'enseignement secondaire, et, lors de l'ouverture du lycée Lakanal, elle a engagé les professeurs à ouvrir de petits pensionnats dans le voisinage. Ce sont eux qui ne s'y prêtent pas. C'est chose regrettable, car s'ils voulaient entrer dans cette voie, il en résulterait un grand avantage pour les familles; et quant à leur situation personnelle, loin de décroître, elle grandirait, notablement par les profits qu'ils réaliseraient, par la considération dont ils deviendraient l'objet et par les relations durables qui s'établiraient entre eux et leurs pupilles.

Lorsque le père, pour une raison quelconque, ne peut pas se charger de l'éducation de son fils, c'est le professeur qui est son suppléant naturel. Il a pour réussir dans ce rôle le savoir et l'expérience; lorsqu'il y joint l'amour des enfants, la connaissance de leur caractère, il réalise le type de l'éducateur accompli, parce que sa bienveillance est exempte des faiblesses et des compromis avec lesquels il faut compter dans l'éducation familiale. De plus, restant en rapport avec les élèves qui lui sont confiés, pendant toute la durée de leurs études, il peut leur imprimer une direction toujours la même et compenser les inconvénients du changement continuel de professeurs.

Un pensionnat, quel qu'il soit, ne vaudra jamais la famille; mais c'est le système tutorial, compris comme je viens de le dire, qui s'en rapproche le plus, à la condition que chaque professeur n'ait pas plus d'une vingtaine d'élèves, condition indispensable pour pouvoir s'occuper suffisamment de chacun d'eux.

Au point de vue moral et intellectuel, ce mode d'éducation laisse peu de chose à désirer; mais il n'en est pas de même sous le rapport physique. Les professeurs habitant dans les villes, près des lycées, ne peuvent pas donner aux élèves qu'ils reçoivent sous leur toit le bénéfice de la vie à la campagne, des exercices et des jeux de plein air qui constituent le côté le plus séduisant de l'éducation anglaise; aussi a-t-on songé à réaliser complètement chez nous le système des *public schools.*

M. Maneuvrier, dans le livre remarquable qu'il a publié l'an dernier, a tracé le plan complet d'une cité scolaire sur le modèle de celle de Harrow, d'Eton, de Rugby ou de Winchester, et il convie l'État à la faire élever sans attendre l'initiative privée. Le devis qu'il a dressé se monte à deux millions[1].

M. Pierre de Coubertin a, de son côté, fait un

1. Édouard Maneuvrier, *l'Éducation de la bourgeoisie sous la République.* Paris, 1888, p. 208.

projet dont il a exposé les bases, le 11 mars 1889, devant l'Association pour la réforme de l'éducation scolaire en France, et qui diffère quelque peu du précédent. M. Maneuvrier a complètement adopté le système anglais. Sa cité scolaire se compose d'un établissement central d'éducation, entouré d'habitations pouvant chacune abriter une famille, avec ses domestiques et une dizaine de pensionnaires. M. de Coubertin, au contraire, se propose de créer un collège pour 260 élèves de douze à dix-huit ans, avec un directeur, 10 tuteurs et 20 maîtres. Il compte le placer sur le littoral méditerranéen, entre Cannes et Fréjus, et, d'après ses calculs, le prix de la pension n'excédera que de 400 ou 500 francs celui des lycées de Paris.

Un pareil établissement ne serait en somme qu'un grand pensionnat et ne réaliserait pas l'idée qu'il faut se faire du système tutorial; mais cela n'a pas d'importance, et de toute façon on ne peut qu'encourager de pareilles entreprises. La cité scolaire de M. Maneuvrier, comme le collège Saint-Michel de Roquebrune que projette M. de Coubertin, seraient, à tous les points de vue, d'excellentes créations; mais le prix de la pension y serait inévitablement plus élevé qu'on ne le pense et de beaucoup supérieur à celui des lycées, à l'entretien desquels le ministère de l'instruction publique contribue pour une large part et où les frais généraux sont au minimum. On peut en dire autant des petites pensions tenues dans les villes par les professeurs. Tous ces systèmes d'éducation sont dispendieux et ne sont accessibles qu'aux familles riches, c'est-à-dire à une très faible minorité.

En France, il ne faut pas l'oublier, le problème se pose ainsi : il s'agit de donner l'instruction secondaire à 84 000 enfants qui sont destinés pour la plupart à gagner leur vie par leur travail. Dans ce nombre il y en a environ 39 000 qui sont pensionnaires ou demi-pensionnaires [1];

1. Statistique de l'enseignement secondaire.

	INTERNES				EXTERNES			
	Boursiers.	Pensionnaires.	Demi-pensionnaires.	Total.	Libres.	En pension.	Total.	Total général.
Lycées	3 134	15 268	5 016	23 418	19 917	1 901	21 818	45 236
Collèges communaux ...	1 200	12 092	2 195	15 487	22 377	612	22 989	38 476
Totaux..	4 334	27 360	7 211	38 905	42 204	2 513	44 807	83 712

(*Annuaire statistique de la France*, année 1883, p. 264 et 266.)

l'internat s'impose donc d'une manière fatale. C'est un mal nécessaire, pour lequel les établissements privés seront sans doute un palliatif, mais ce serait se faire illusion que de croire qu'ils pourront le remplacer complètement. Il faut donc, puisqu'on ne peut pas le supprimer, en améliorer les conditions. C'est chose possible. Les moyens d'y parvenir sont connus et je vais les exposer brièvement.

Nos lycées sont mal situés, renferment trop d'élèves et n'ont pas assez de maîtres. Voilà le premier obstacle qu'on rencontre sur sa route quand on veut entrer dans la voie des réformes. Je ne reviendrai pas sur ce que j'ai déjà dit de l'étroitesse de nos établissements d'instruction et de leur insalubrité; mais il est nécessaire d'insister sur la nécessité de ne plus avoir d'internats dans les grandes villes. Il faut élever les nouveaux lycées en dehors de leur enceinte, au milieu des champs et des jardins. A la campagne, l'air est vif et pur, le terrain n'est pas cher; on peut espacer les bâtiments, en diminuer la hauteur et réserver de grands emplacements pour les jeux et les exercices. Les élèves n'ont pas besoin, pour aller respirer le grand air, de traverser la ville; on leur épargne ainsi beaucoup de spectacles qui ne peuvent que leur nuire, et ils ne sont pas exposés, en sortant du lycée, à tomber en pleine fête foraine, comme cela arrive tous les jours à ceux du collège Rollin.

Le séjour des grandes villes ne convient aux enfants à aucun titre. Le professeur Brouardel a bien mis ce fait en lumière, dans une de ses communications à l'Académie de médecine [1]. « Suivant moi, a-t-il dit, l'étiolement physique et intellectuel qui atteint une partie des élèves de nos lycées, n'a pas seulement pour cause le *surmenage* et la *sédentarité*; il faut y joindre le *séjour dans les grandes villes*, que celui-ci résulte de l'immigration des jeunes gens de la campagne dans les internats des grandes villes, ou de ce que les enfants sont nés et ont été élevés dans les grandes agglomérations urbaines. »

A cet égard, les hygiénistes ont déjà partie gagnée. On ne construira plus d'établissements scolaires dans les centres populeux; mais nous avons en France 84 lycées et 244 collèges communaux, dont la plupart sont situés intra muros. Pour les reconstruire à la campagne, ou pour les transformer, il faudrait dépenser au bas mot

1. *Bulletin de l'Académie de médecine*, séance du 21 juin 1887.

150 ou 200 millions, et cela en faisant modestement les choses et sans vouloir prendre modèle sur les splendeurs de Vanves ou de Lakanal. Or le pays a fait pour l'enseignement primaire de tels sacrifices qu'il ne peut pas les recommencer pour l'enseignement secondaire. Je me hâte d'ajouter que ce dernier n'y a pas les mêmes droits. L'instruction secondaire n'est pas obligatoire, et si les lycées reçoivent 84 000 élèves, les écoles primaires en comptent cinq millions et demi [1]. Nous sommes donc forcés, pour le moment, de nous contenter de nos vieux collèges, en cherchant à les élargir un peu, à y faire entrer plus d'air, de lumière et de confort.

Nos grands lycées renferment trop d'élèves. Certains d'entre eux n'en comptent pas moins de 1 200, 1 300, et même 1 900 [2]. Ceux de Paris en ont un millier en moyenne. Que faire avec une population semblable? Pour maintenir l'ordre dans cette armée, il faut renchérir sur les sévérités de la discipline. Dans les études on ne l'obtient qu'au prix du silence et de l'immo-

1. Au recensement de 1881 on comptait en France 74 441 écoles publiques ou libres, laïques ou congréganistes pour les deux sexes, et au 1er janvier 1886 le nombre des élèves inscrits était de 5 585 836.

2. Oct. Gréard, *Éducation et Instruction*, loc. cit., p. 215.

bilité. Dans les classes, le professeur, qui a trop d'élèves, ne s'occupe que des meilleurs et laisse aller les autres, qui, ne se sentant pas conduits, travaillent le moins qu'ils peuvent. Toute action individuelle est impossible, on n'y songe même pas. Ces grands établissements sont conduits comme des casernes.

Le vice d'un pareil état de choses a frappé tous les membres du haut enseignement; ils ont été surtout bien mis en relief par M. Gréard, au sein de la sous-commission de la discipline, qui, sur sa proposition, a émis le vœu de réduire considérablement l'effectif des lycées. Dans l'intérêt de l'ordre, de la direction morale à imprimer aux enfants, il ne faudrait pas que les lycées d'internes en continssent plus de 300, les externats plus de 500, et les établissements mixtes 400 au maximum[1].

Le personnel n'est pas suffisant pour diriger les lycées tels qu'ils sont aujourd'hui. Le proviseur, qui en est le chef suprême, est absorbé par l'administration, par la direction de l'enseignement, de la discipline et du matériel. Il doit, aux termes des règlements, visiter, tous

1. Procès-verbaux de la troisième sous-commission, séance du 6 février 1889.

les jours, toutes les parties du lycée. Il faut qu'il confère avec les parents, avec l'économe. Il est en outre responsable des finances et surveillant de la comptabilité. Quel temps peut-il lui rester pour s'occuper de chaque élève en particulier?

Le censeur est chargé de la discipline. Il surveille la conduite, les mœurs, le travail et les progrès des internes; il exerce une police particulière sur les externes; il préside aux repas, au lever et au coucher des élèves, aux récréations et aux promenades. Le parloir, le réfectoire, la bibliothèque, les collections scientifiques, sont dans ses attributions. Ses rapports avec la jeunesse du lycée se bornent en général à confirmer les punitions, à les faire subir et à prononcer quelques paroles banales de blâme ou d'approbation.

Le maître répétiteur est la pièce principale du mécanisme de l'internat. C'est lui qui suit partout les collégiens, c'est à sa garde qu'ils sont confiés[1]. Il est leur commensal et leur compagnon; il devrait être leur guide et leur ami, tandis qu'il n'est que leur geôlier.

1. Michel Bréal, *Quelques mots sur l'instruction publique en France*, loc. cit., p. 297.

Autrefois les maîtres d'étude se recrutaient parmi les fruits secs des écoles, les bacheliers besogneux, et l'on avait de la peine à en trouver; aujourd'hui beaucoup de jeunes gens intelligents et instruits, mais sans fortune, sont heureux d'occuper ces modestes emplois, pour suivre les cours des facultés et se faire une position dans l'enseignement ou dans les carrières libérales. Ce sont, pour la plupart, d'honnêtes jeunes gens, dont quelques-uns deviennent plus tard des professeurs distingués; mais leur position n'est pour eux qu'un expédient provisoire; ils ne prennent pas goût à leurs fonctions et ne songent qu'à les quitter.

La façon dont on les traite n'est pas faite pour les retenir. Leur genre de vie les condamne à n'avoir aucune distraction, aucune relation. Ils n'obtiennent de leurs chefs qu'une politesse froide. Il ne leur est pas permis d'avoir de la familiarité avec les élèves, auxquels ils ne s'attachent pas et qui les ont en aversion. Ils vivent au milieu d'indifférents et d'ennemis, sans compensations d'aucune sorte. En France, le corps enseignant n'a pas la haute situation que devraient lui assurer son savoir admiré de tous, son zèle à toute épreuve et les fonctions importantes dont il est investi. En ce qui concerne les maîtres répétiteurs, il faudrait les rétribuer davantage et les mieux traiter, pour pouvoir les bien choisir et les conserver. S'ils étaient plus âgés, s'ils restaient plus longtemps en place, ils finiraient par se former. Ils pourraient alors exercer une heureuse influence sur le caractère des élèves, gagner leur confiance, au lieu de leur inspirer l'antipathie haineuse qui les en éloigne aujourd'hui.

Il faudrait également en avoir un plus grand nombre. Ils ne peuvent pas suffire à leur tâche. A Paris il n'y en a que 245, pour les 6 912 élèves qui peuplent les sept lycées ou collèges. Cela fait à peine 1 maître d'étude pour 30 élèves. C'est absolument insuffisant [1].

Avec des lycées peu nombreux, situés à la campagne, des proviseurs capables comme ils le sont en général, débarrassés du fardeau de l'administration et bien pénétrés de la pensée qu'un lycée n'est pas un atelier de préparation aux examens, avec un personnel subalterne mieux recruté et plus convenablement traité, on arriverait, j'en suis convaincu comme l'émi-

1. Oct. Gréard, *Éducation et Instruction*, loc. cit.

nent vice-recteur de l'académie de Paris, à faire disparaître une partie des inconvénients de l'internat. J'indiquerai plus tard les moyens d'atténuer les autres; mais il importe d'établir tout d'abord que ces améliorations ne se réaliseront pas sans augmentation de dépense.

Plus les lycées ont d'élèves et moins la pension de chaque élève coûte cher, parce que les frais de premier établissement et d'entretien n'augmentent pas proportionnellement au chiffre des pensionnaires. Il en coûterait donc davantage pour avoir un grand nombre de petits lycées. Pour améliorer le sort des écoliers et la condition des maîtres, il faudrait également augmenter les dépenses. Tout progrès social se traduit en fin de compte par une question d'argent; mais la fortune publique s'accroît en même temps, et, même dans des temps difficiles comme celui que l'Europe traverse, un pays qui a des ressources peut, sans trop grand effort, faire face à ses exigences croissantes, pourvu que ses finances ne soient pas trop mal gérées.

Pour réaliser les réformes que l'enseignement secondaire réclame impérieusement, il ne s'agirait pas d'ailleurs de dépenser les millions par centaines, comme si l'on se mettait en tête de reconstruire les deux tiers de nos lycées. Les frais de personnel ne vont jamais bien loin. L'État d'ailleurs pourrait faire supporter aux familles une partie de la dépense. Si la plupart des lycées ont besoin de ses secours, si le plus grand nombre des collèges est une charge pour les communes, cela tient à ce que la rétribution universitaire n'est pas assez élevée. On l'a augmentée il y a quelques années, et cela a soulevé des réclamations sans nombre. On n'en a pas tenu compte et on a bien fait, car il faudra l'accroître encore. L'instruction secondaire est un objet de luxe, et, comme telle, elle doit se payer. L'État n'a aucun intérêt à la développer outre mesure. Il y a bien assez de déclassés, sans qu'il soit nécessaire d'en augmenter le nombre, et quand l'Université ferait chaque année quelques bacheliers de moins, il ne faudrait pas pour cela se voiler la face.

Je sais qu'on recule devant cette mesure, dans la crainte de faire les affaires de l'enseignement libre; mais nous avons en France une telle prédilection pour tout ce qui vient de l'Etat, qu'il lui suffira de faire à peu près aussi bien que ses concurrents, pour qu'on lui donne la préférence. Ce qui fait la fortune des pensionnats et des institutions ecclésiastiques, ce sont précisément les vices de notre éducation officielle. Il suffira de les faire disparaître, même en partie, pour que la concurrence devienne facile à soutenir, malgré l'augmentation de la rétribution universitaire.

VI. — L'emploi du temps.

Il est un point, comme nous l'avons vu, sur lequel les pédagogues et les hygiénistes se sont aujourd'hui mis d'accord : c'est qu'il faut faire une plus grande part, dans l'éducation, à la vie au grand air et aux exercices, qu'il faut, en un mot, soustraire le corps à la tyrannie de l'esprit. Cette tyrannie, il l'a exercée de tout temps. Démocrite s'en plaignait déjà : « Si le corps mettait l'âme en procès et l'appelait en justice en matière de réparations de dommages, jamais elle ne se sauverait qu'elle ne fût condamnée à l'amende [1] ».

M. Jules Simon, auquel j'emprunte cette citation, disait il y a quinze ans : « Ce sont les programmes qui empêchent le corps de se déve-

1. Plutarque, *Œuvres morales*, 44 : *les Règles et Préceptes de la santé*, t. II, p. 817.

lopper et de se bien porter, qui surchargent la mémoire aux dépens du jugement et qui entassent, dans les jeunes esprits, toutes sortes de notions mal digérées, ne laissant après elles, quand l'examen est subi, que de l'orgueil, de l'épuisement et peu d'attrait pour le travail, si ce n'est dans les esprits d'élite qui ont pu entrevoir, dans ce chaos et dans cette immensité, le genre spécial de travail pour lequel ils ont été créés et mis au monde ».

Pour développer la vie physique, il faut lui accorder plus de temps et par conséquent en soustraire quelque peu à la vie intellectuelle; mais une des plus grandes difficultés du problème scolaire consiste précisément à répartir d'une manière équitable les vingt-quatre heures dont se compose la journée, entre le sommeil, le travail intellectuel et tout le reste. C'est là que les dissentiments commencent. Les représentants de l'enseignement officiel reconnaissent la nécessité de diminuer un peu le nombre des heures de classe et d'étude; les rapports des recteurs d'académie en font foi; mais il est facile de voir à quel point cette concession leur coûte et combien ils seraient désireux de la réduire aux plus faibles proportions. Cela se comprend, lorsqu'on songe à l'immensité des programmes dont ils sont obligés de faire parcourir le cercle à leurs malheureux écoliers; mais, pour tous ceux qui réclament une réforme scolaire, il est bien entendu que ces programmes seront réduits à des proportions plus raisonnables.

Aujourd'hui le maximum réglementaire des heures de classe est de vingt par semaine, sauf pour les classes de rhétorique, de philosophie, de mathématiques élémentaires et de mathématiques spéciales, qui ont des heures supplémentaires. Le nombre des heures d'étude varie suivant les établissements. Au lycée Louis-le-Grand, qui a été pris pour type par le vice-recteur de l'académie de Paris dans son rapport au ministre, les élèves du petit lycée ont six heures et demie d'étude par jour, ceux du grand sept heures et demie pendant l'hiver, et huit heures pendant l'été. Les petits ont donc dix heures par jour de travail intellectuel, et les grands de onze heures et demie à douze heures, auxquelles il convient d'ajouter, pour ces derniers, une veillée facultative d'une heure en hiver et d'une demi-heure en été, à laquelle ils se rendent presque tous, dit M. Gréard, et qu'il faut prendre sur le sommeil. Le reste de la journée est ainsi employé : les petits ont en été neuf heures de sommeil et trois heures vingt de récréation, en hiver neuf heures et demie de sommeil et deux heures cinquante-cinq de récréation, en toute saison une heure dix pour les repas et vingt-cinq minutes pour la toilette; les grands ont huit heures de sommeil l'été et six heures l'hiver, quand ils n'assistent pas à la veillée facultative; ils ont deux heures et demie de récréation l'été, et deux heures l'hiver; en toute saison, une heure dix pour les repas et vingt minutes pour la toilette[1].

Ainsi les enfants de sept à treize ans sont astreints à un travail sédentaire de dix heures par jour; ceux de treize ans et au-dessus en ont douze, et même davantage quand ils assistent à la veillée facultative. C'est véritablement à n'y pas croire; mais la force de l'habitude est telle, que les recteurs d'académie et les proviseurs de lycée, tout en convenant que cette proportion est à changer, ne sont pas frappés, comme nous, de ce qu'elle a d'épouvantable. Ils ont été habitués, toute leur vie, à voir de petits malheureux

1. Voir le tableau de l'emploi de la journée au lycée Louis-le-Grand dans *Extraits des rapports de MM. les recteurs d'académie*, loc. cit., p. 81.

cloués sur des bancs pendant dix à douze heures par jour, et cela ne leur paraît pas monstrueux. Enfin ils conviennent qu'il y a lieu de modifier cet état de choses. Il faut prendre acte de cette concession et ne pas leur demander davantage.

Il s'agit maintenant de savoir quelle formule il convient de substituer à celle-là. Nous avons déjà des termes de comparaison. La commission instituée en 1888 par le ministre de l'instruction publique pour la revision de l'enseignement primaire renfermait tout le haut personnel de l'enseignement et un petit nombre d'hygiénistes. Bien que nous fussions loin de nous y trouver en majorité, nous avons cependant obtenu une fixation raisonnable du temps à consacrer chaque jour à l'étude.

Dans les écoles primaires, la commission a proposé de fixer la durée des classes à trois heures et demie pour le cours élémentaire (enfants de sept à neuf ans), à quatre heures et demie pour le cours moyen (enfants de neuf à onze ans), et à cinq heures et demie pour le cours supérieur (enfants de onze à treize ans)[1]. Pour les écoles primaires supérieures (enfants de treize à

1. Rapport de la première sous-commission, p. 3.

seize ans, qui restent dans l'établissement de huit heures du matin à huit heures et demie du soir), elle a proposé de consacrer cinq heures et demie aux travaux intellectuels, une heure et demie à la musique, au dessin et aux travaux manuels, une demi-heure à la gymnastique, une heure aux repas et quatre heures aux récréations[1]. Enfin, dans les écoles normales d'instituteurs, les élèves auront par jour, si l'on accepte les propositions de la commission, huit heures de sommeil, neuf heures de travail intellectuel et deux heures de travaux manuels. Il leur restera cinq heures pour la toilette, les repas, les récréations et les exercices physiques[2].

Ces écoles, prises dans leur ensemble, renferment des élèves de tous les âges et peuvent, par conséquent, servir de terme de comparaison pour l'emploi du temps dans les lycées. Il faut pourtant tenir compte des exigences plus grandes de l'instruction secondaire en matière de travail intellectuel. C'est ce qu'a fait la commission[3] in-

1. Rapport de la deuxième sous-commission (voir les tableaux A et B, p. 8).
2. Voir le rapport de la troisième sous-commission, p. 1.
3. Commission pour l'étude des améliorations à introduire dans le régime des établissements d'enseignement secondaire (arrêté ministériel du 12 juillet 1888).

stituée par l'arrêté du 12 juillet 1888, aux travaux de laquelle j'ai pris part. Les hygiénistes ont, pour la plupart, adopté comme règle générale la formule américaine qui consiste à partager la journée en trois parties égales : la première consacrée au sommeil, la seconde aux travaux intellectuels, la troisième aux soins de propreté, aux repas, aux exercices physiques et aux récréations. Cette formule ne représente qu'une moyenne. Il est impossible de soumettre au même régime des élèves d'âge aussi différent que ceux qui peuplent nos lycées.

Sommeil. — Huit heures de sommeil ne suffisent pas aux enfants. L'aphorisme de l'école de Salerne est radicalement faux quand on l'applique à cet âge de la vie. La règle suivie dans les lycées et que j'ai mentionnée plus haut ne fait pas une part suffisante à la satisfaction de ce besoin, du moins pour les élèves des classes supérieures. Ils n'ont que huit heures de sommeil pendant l'été, et si l'on en retranche le temps perdu, les veillées facultatives, il est évident qu'ils ne dorment pas plus de sept heures en moyenne dans cette saison, et qu'ils doivent s'assoupir à l'étude.

La commission demande dix heures pour les

classes primaires élémentaires et pour celles de grammaire, c'est-à-dire pour les enfants au-dessous de quinze ans, et neuf heures pour la division supérieure. C'est peut-être se montrer un peu libéral, surtout pour cette dernière, qui renferme des jeunes gens de quinze à vingt ans et qui sont arrivés au moment du coup de collier; mais la veillée facultative leur donne le moyen de prendre un peu sur leur sommeil, tandis que le chiffre fixé par la commission donne satisfaction aux élèves qui ont besoin de dormir plus longtemps que les autres.

Travail sédentaire. — Les jeunes élèves ont besoin de plus de récréation que les grands. Il serait insensé d'exiger d'eux huit heures de travail intellectuel. Pour les enfants des basses classes, il faut abaisser notablement ce chiffre. La commission estime que le travail sédentaire, comprenant les classes, les études, les conférences, les interrogations, les compositions et même le dessin, ne doit pas dépasser cinq heures pour les classes primaires et huit ou neuf pour celles de mathématiques spéciales. Ce dernier chiffre n'est pas en désaccord avec ce que j'ai dit précédemment de l'impossibilité de fournir plus de huit heures de travail intellectuel effectif par jour, parce qu'il faut faire la part du temps perdu, des instants de distraction, de somnolence qui reposent l'esprit.

Les chiffres qui précèdent doivent être considérés comme un maximum au delà duquel le cerveau se fatigue, s'épuise et ne profite plus. « Le grand défaut de l'immobilité prolongée, dit le recteur de l'académie de Chambéry, c'est que la somme réelle de travail est en raison inverse de sa durée. L'esprit y prend des habitudes de rêverie souvent malsaines. La paresse et l'irréflexion de beaucoup d'élèves n'ont pas d'autre cause [1]. »

Je sais que tous les élèves n'ont pas la même facilité pour comprendre et pour retenir, qu'il y a, dans toutes les classes, des esprits lents à concevoir, nonchalants, distraits, qui flânent à l'étude et ont besoin de plus de temps que les autres pour achever leurs devoirs; mais la nécessité de soumettre tous les enfants au même régime intellectuel est précisément l'inconvénient principal de l'éducation collective. On l'exagère encore, en réglant la marche du travail sur les

1. Extraits des rapports de MM. les recteurs.

natures les plus rebelles. Il faudrait du moins prendre un moyen terme et ne pas forcer un bon élève qui ne perd pas un instant et travaille avec activité, à rester en étude pendant une heure ou deux alors qu'il a terminé sa besogne, pour attendre le bon plaisir de ceux qui se sont attardés ou qui ne sont pas capables de suivre.

La durée des classes est de trois heures et demie pour les divisions élémentaires, et de quatre heures pour les divisions supérieures, partagées en deux séances égales, qui ont lieu, l'une le matin, l'autre le soir. Dans l'enquête que j'ai eu déjà l'occasion de citer, les proviseurs des lycées ont été, pour la plupart, d'avis de conserver les classes de deux heures; mais une minorité importante s'est prononcée en faveur de leur réduction à une heure et demie. M. Jules Simon l'avait déjà proposée en 1874, en s'appuyant sur l'exemple de l'École normale, dont les conférences ne durent qu'une heure et demie, sur celui des écoles anglaises, où les classes de deux heures sont inconnues, et sur les gymnases d'Allemagne, où les leçons ne durent jamais plus d'une heure. Dans tous les établissements libres de France, sans exception, on a adopté la classe d'une heure et demie. La commission ministérielle s'est prononcée en sa faveur [1] et elle a bien fait, à mon sens.

Il est impossible que des enfants prêtent une attention soutenue pendant deux heures de suite; la dernière demi-heure est à peu près perdue. Dans l'enseignement supérieur même, il est très fatigant de suivre deux cours d'une heure l'un après l'autre et sans interruption.

Les mêmes observations peuvent s'appliquer à la durée des études. Elles sont trop longues pour tous les élèves, mais surtout pour les commençants. Maintenir six heures et demie par jour à l'étude les enfants des petits lycées, lorsqu'ils ont déjà trois heures et demie de classe, c'est de la barbarie et du temps perdu.

Dans la divison élémentaire, les professeurs ne donnent jamais pour plus de deux heures de devoirs à faire et de leçons à apprendre; les externes n'y mettent pas plus de temps que cela. Dans les classes plus élevées, quatre heures suffisent aux externes pour s'acquitter de leur tâche quotidienne, et même en rhétorique, en philosophie, dans les hautes classes d'enseignement classique ou spécial, les élèves qui ne perdent

1. Procès-verbal de la séance du 12 janvier 1889.

pas leur temps au début de l'étude ont fini leurs devoirs bien avant qu'elle cesse ; pourquoi les y garder plus longtemps? Je sais bien qu'on leur impose cette contrainte parce qu'il est plus facile de les surveiller à l'étude que partout ailleurs, mais cette raison ne me satisfait pas.

Trois heures d'étude pour les plus petits et cinq pour les plus grands me paraissent un maximum à ne pas dépasser. Il faudrait, de plus, espacer les séances de manière qu'elles ne soient pas trop longues. Des stations de deux heures et demie et de trois heures devant un pupitre sont intolérables ; la grande étude du soir est surtout à supprimer, à moins qu'on ne la coupe dans son milieu, par un repos de vingt à trente minutes. Le ministre a pris, il y a quatre ans, sur la proposition du Conseil supérieur de l'instruction publique, le parti d'accorder une récréation d'un quart d'heure à ce moment, mais seulement pour les classes de grammaire à partir de la quatrième. On se réservait d'en faire autant, plus tard, pour les classes supérieures ; mais on y a renoncé, bien à tort à mon avis.

Repas, toilette, récréations. — Le temps accordé aux repas, à la toilette et aux récréations est beaucoup trop court. Une heure et dix minutes ne suffisent pas pour faire quatre repas. Cela conduit les enfants à manger avec une gloutonnerie malséante. Ils ne mâchent pas et ne font qu'avaler, surtout quand c'est leur tour, à une table de huit, de se servir les derniers. Dans ces conditions, ils digèrent mal, et c'est là, sans nul doute, les causes principales des gastralgies dont quelques-uns d'entre eux sont atteints. Enfin, ils contractent, de cette façon, l'habitude de mal se tenir à table, d'y manger comme on ne le fait pas dans leurs familles, et ils ont de la peine ensuite à adopter de meilleures façons.

A Louis-le-Grand, que je prends toujours pour type, on donne pour s'habiller et se nettoyer vingt minutes aux élèves du grand lycée et vingt-cinq minutes à ceux du petit. C'est trop peu. Dans le milieu social auquel appartiennent les élèves des lycées, les hommes soucieux de leur personne consacrent beaucoup plus de temps que cela à leur toilette du matin, et pourtant ils sont plus exercés que les enfants aux menus soins qu'elle exige.

Lorsqu'on aura compris que le collège doit être l'image de la vie de famille, qu'il faut apprendre aux enfants à avoir soin de leur persomme et leur donner des habitudes de bonne tenue, alors on leur fournira les moyens de se nettoyer d'une façon convenable et le temps nécessaire pour cela. En accordant une heure et demie pour les repas et une demi-heure pour la toilette, on ne ferait que rigoureusement les choses et il resterait encore sept heures aux petits et cinq aux grands pour les récréations, les exercices de corps et les arts d'agrément. C'est un minimum, mais on peut s'en contenter.

Les propositions qui précèdent se rapprochent beaucoup de celles de la quatrième sous-commission du régime des lycées, qui sont résumées dans le tableau ci-dessous.

DIVISIONS	AGE MOYEN	TRAVAIL SÉDENTAIRE	REPAS	SOMMEIL	RÉCRÉATIONS EXERCICES SOINS DE PROPRETÉ
	Ans.	Heures.	Heures.	Heures.	Heures.
Classes primaires	7 et 8	5	1,25	10	7,35
Classes élémentaires	9 à 10	6	1,25	10	6,35
Classes de grammaire...	11,12,13	7	1,25	10	5,35
Troisième, seconde, mathém. préparatoires....	14 à 15	8	1,25	9	5,35
Rhétorique, philosophie, mathém. élémentaires..	16 à 17	8	1,25	9	5,35
Mathém. spéciales	18 à 19	9	1,25	9	4,35
		Maxim.			Minimum.

Après avoir jeté ce coup d'œil d'ensemble sur l'éducation telle qu'on la comprend aujourd'hui, je vais aborder l'examen plus détaillé des réformes qu'elle nécessite en l'envisageant sous les rapports physique, moral et intellectuel.

CHAPITRE II

L'ÉDUCATION PHYSIQUE

Si je commence par celle-là, ce n'est pas que je lui accorde la supériorité sur les autres, mais tout simplement pour suivre l'ordre naturel de succession. C'est en effet par le développement des facultés physiques que commence l'éducation de l'enfant, et il faut s'en préoccuper tant qu'elle dure. C'est le terrain sur lequel la pédagogie et l'hygiène se rencontrent, et il est absolument nécessaire qu'elles se mettent d'accord, fallût-il pour cela qu'elles se fissent des concessions réciproques.

Il est un premier point sur lequel tout le monde s'entend, du moins en principe, c'est que l'éducation a pour but de former pour le pays des hommes solides, bien équilibrés et qui puissent lui être utiles. Or on doit pour y arriver éviter un double écueil. Il ne faut pas propager la race des petits savants à lunettes, myopes, chétifs, bourrés de chiffres et de formules, dont l'éducation actuelle nous a déjà donné trop de spécimens; mais il ne faut pas les remplacer par des clowns ou des athlètes, ne rêvant que sport, que courses de tout genre, ne reconnaissant d'autre supériorité que celle de l'adresse, de la force et de l'agilité et qui seraient aussi inutiles, aussi déplacés au milieu du mouvement d'idées qui nous emporte, que les autres l'auraient été au sein des sociétés du moyen âge.

Il est un autre danger plus redoutable à notre époque et contre lequel l'éducation publique a surtout pour devoir de réagir : c'est celui de trop gâter les enfants, de leur rendre la vie trop confortable, trop douce, trop facile, et d'en faire de petits sybarites, incapables de supporter les épreuves de la vie et de s'acquitter des rudes devoirs qu'elle leur tient en réserve. La nécessité d'un endurcissement raisonnable s'impose surtout à une époque où tous les hommes doivent passer sous les drapeaux et connaître la vie de caserne. Il faut, lorsqu'ils y arrivent, qu'ils soient habitués par avance à supporter les privations, la fatigue et la souffrance au besoin, sous peine de passer tout leur temps entre l'infirmerie, l'hôpital et le congé de convalescence.

« L'endurcissement est le pivot de l'éducation physique des jeunes gens, dit Fonssagrives. Ses pratiques inaugurées de bonne heure, avec la suite et les ménagements nécessaires, ont pour résultat : d'émousser l'impressionnabilité aux causes de maladies, de diminuer la tyrannie des besoins et de fonder la véritable liberté[1]. »

Il ne s'agit pas, bien entendu, de former des Spartiates, des Perses ou des légionnaires romains, et ce n'est pas dans la *Cyropédie* de Xénophon que nous irons chercher nos préceptes. Nous ne les demanderons pas davantage à l'*Émile* de J.-J. Rousseau. Il faut être de son temps. Le nôtre a ses exigences comme il a ses habitudes, et rien n'est plus insensé que de se mettre en contradiction formelle avec les mœurs de son époque. Voilà pourquoi les formules toujours un peu théoriques des philosophes ne peuvent pas être suivies à la lettre et échouent presque toujours dans l'application.

Je ferai une exception pour celle de Montaigne,

1. Fonssagrives, *l'Éducation physique des garçons*, Paris, 1870, p. 50.

qui est aussi vrai, aussi pratique aujourd'hui qu'il y a trois cents ans. « Endurcissez votre enfant, disait l'auteur des *Essais*, à la sueur et au froid, au vent, au soleil et aux hasards qu'il lui faut mépriser; ôtez-lui toute mollesse et délicatesse au vestir et au coucher, au manger et au boire; accoutumez-le à tout; que ce ne soit pas un beau garçon et dameret, mais un garçon vert et vigoureux. Enfant, homme, vieil, j'ai toujours cru et jugé de même. »

Le système de Locke, qui est venu cent ans après, n'a fait que développer ces excellents principes [1]. Il a eu sur les esprits de son temps une influence considérable [2]. Il n'était pourtant pas irréprochable, et son idéal ne saurait être le nôtre. « Mon traité de l'*Éducation physique des enfants*, disait-il, peut se résumer dans cette maxime : Que les gens de qualité devraient traiter leurs enfants comme les bons paysans traitent les leurs. » Ce conseil prouve que Locke

1. Le traité de Locke sur l'*Éducation des enfants* a paru en 1693, et les *Essais* de Montaigne avaient été publiés en 1580, à Bordeaux.

2. Au siècle dernier, le plan d'éducation des enfants de France fut tracé d'après ses idées. Coste nous a laissé de curieux détails à ce sujet dans sa traduction de Locke, et Fonssagrives les a reproduits dans ses *Entretiens familiers sur l'hygiène*, Paris, 1867, p. 143.

ne connaissait pas très bien l'hygiène des campagnes. Il se faisait sur les hommes des champs les illusions que J.-J. Rousseau devait partager plus tard. Ils les apercevaient, l'un et l'autre, à travers les conventions de leur époque. Nous qui les voyons comme ils sont, nous connaissons la déplorable façon dont leurs enfants sont élevés, et nous savons à quoi nous en tenir sur leur vigueur et leur santé.

Il y a cependant beaucoup à prendre dans le système de Locke. Son principal défaut, c'est de ne pas avoir fait de différence entre les enfants sains et vigoureux, qui n'ont pas besoin de ménagements, et les garçons qui naissent débiles, faibles, souvent entachés d'un vice héréditaire et qui ont besoin d'être soignés pendant la première partie de leur existence. Ceux-là ne résistent pas à l'épreuve de l'endurcissement, et c'est une sélection dont les parents ne se soucient pas et les médecins pas davantage.

Le défaut de tous les systèmes, c'est d'être trop absolus. Le même régime ne saurait convenir à des enfants de constitution, de provenance et d'âge différents. C'est à l'hygiène à apprécier ces nuances à propos de chaque élève en particulier. Il y a cependant des règles générales qu'il est indispensable d'observer pour que la vie en commun soit possible, et je vais les exposer, en passant successivement en revue les différents éléments dont se compose la vie matérielle de l'écolier et plus particulièrement de l'interne.

I. — Habitation.

Les lycées doivent remplir les mêmes conditions d'hygiène que les casernes et les hôpitaux. Ce n'est assurément pas trop leur demander. Ils doivent s'élever, comme eux, hors de l'enceinte des villes, mais il ne faut pas qu'ils en soient trop éloignés, sous peine d'augmenter les dépenses, en exagérant les frais de transport, et de rendre les communications pénibles pour les professeurs et pour les parents, qui n'aiment pas à se déplacer. Ainsi, le lycée Lakanal, qui a coûté des sommes considérables et qu'on peut citer comme un modèle d'établissement scolaire, est redouté des maîtres et délaissé par les familles, à cause de la distance à franchir. Il ne faut assurément pas se laisser arrêter par ces résistances; mais il est inutile d'aggraver la gêne que cause l'éloignement.

Il faut, autant que faire se peut, choisir un coteau et s'établir sur l'une de ses pentes; mais il faut surtout éviter la proximité des marécages, des étangs, des rivières, des prairies où stagnent les eaux, et, si le sol n'est pas complètement exempt d'humidité, il faut l'assainir par le drainage. Il est indispensable de s'éloigner des cimetières et des hôpitaux; il y a avantage à se tenir à distance des casernes, des prisons, des usines et des quartiers où grouille une population nombreuse. Le mieux, lorsqu'on le peut, c'est de placer les collèges au milieu des champs, et cet idéal est facile à réaliser dans les petites villes.

Les règles qui doivent présider à la construction de ces établissements n'ont été tracées nulle part; mais la question a été traitée à fond pour les écoles primaires, et l'on peut faire aux lycées l'application des principes qui ont été établis pour elles [1].

Il faut que les bâtiments scolaires soient suffisamment espacés, qu'ils n'aient pas trop de hauteur et surtout qu'ils soient largement aérés.

1. Voir le règlement du 17 juin 1880, pour la construction et l'ameublement des maisons d'école, la circulaire du ministre de l'instruction publique qui lui fait suite, et le commentaire explicatif qui l'accompagne. (*Cours de construction civile*, 2e partie. Paris, 1881.)

Quant aux détails de construction, nous renverrons, pour ce qui les concerne, au règlement du 17 juin 1880, au commentaire qui le suit et au rapport de la commission d'enquête instituée par un arrêté du ministre de l'instruction publique en date du 24 janvier 1882. Ce rapport est une des meilleures études d'hygiène scolaire que nous possédions [1]. Certaines parties des lycées doivent cependant m'arrêter un instant, en raison de leur importance pour l'éducation physique.

I. *Classes et études.* — Ces pièces dans lesquelles les enfants se tiennent si longtemps réclament une attention particulière. Elles doivent être vastes, claires, bien aérées et convenablement chauffées. Le règlement du 17 janvier 1880 fixe la hauteur des classes à 4 mètres et la superficie à 1 m. 25 ou 1 m. 50 par élève, ce qui donne pour chacun d'eux un cube d'air de 5 à 6 mètres [2]. On ne peut, je crois, accepter cette fixation pour les lycées, parce que les élèves sont plus âgés et consomment plus d'oxygène.

1. *Hygiène des écoles primaires et maternelles*, Rapport d'ensemble par le Dr Javal. Imprimerie nationale, Paris, 1884.

2. Le cube d'air a été notablement augmenté. Le décret du 21 mars 1855 ne demandait que 2 mètres cubes d'air par enfant dans les salles d'asile. Les circulaires du 30 juillet 1858 et du 14 mars 1872 n'en exigeaient que 4 pour les écoles.

Il faudrait porter le cube d'air à 8 mètres au moins, et encore à la condition que les classes soient bien ventilées.

Éclairage. — L'éclairage n'a pas moins d'importance. Il faut que la lumière puisse pénétrer dans toutes les parties de la salle. Quant au sens dans lequel elle doit arriver, je n'y attache pas d'importance. Qu'elle vienne de gauche, comme le veut M. E. Trélat, des deux côtés, comme le demande M. Gariel, ou d'en haut, comme le préfère M. Javal, peu m'importe, pourvu qu'elle soit largement répandue partout. On s'accorde généralement à reconnaître que l'éclairage d'une classe n'est pas suffisant lorsque, dans l'endroit le plus sombre, on ne peut pas lire aisément, à une distance de cinquante centimètres, un texte composé de caractères dits *diamant*.

Pour que l'éclairage des classes et des études soit assuré, la commission du régime des lycées recommande de les placer aux étages, en consacrant le rez-de-chaussée aux pièces où les élèves ne séjournent pas longtemps, et d'éviter le voisinage des arbres et des grands murs, qui projettent trop d'ombre[1].

1. Rapport sur les travaux de la quatrième sous-commission, par M. Maneuvrier, secrétaire.

L'éclairage artificiel doit remplir les mêmes conditions. Tous les modes sont bons, à la condition de fournir une lumière suffisante. On ne peut pas s'attendre à ce qu'elle égale celle du soleil, qui, d'après les évaluations les plus modérées, équivaut à cent mille bougies placées à un mètre de distance. L'éclairage artificiel ne peut pas, d'après M. Javal, dépasser la force de trois ou quatre bougies. On s'en contente dans le cours de l'existence, on peut bien faire de même au collège. Seulement il faut que les foyers lumineux soient placés en avant et au-dessus des tables de travail, qu'ils soient pourvus d'abat-jour et protégés par des verres dépolis, s'ils sont vacillants.

Lorsqu'on se sert du gaz, il faut que les becs soient suffisamment éloignés de la tête des élèves, pour ne pas l'échauffer. Il faut, de plus, que chaque bec soit ventilé, pour éviter la viciation de l'air et l'élévation de la température, qui deviennent gênantes au bout de deux heures, quand on ne prend pas cette précaution. La lumière électrique est destinée du reste à remplacer le gaz à bref délai dans tous les établissements publics. Ses appareils se perfectionnent et son prix s'abaisse de jour en jour. Déjà elle peut s'obtenir au même prix que celle du gaz, lorsqu'on la produit sur place. Elle n'exige pas de ventilation comme l'autre, mais il faut protéger les yeux des élèves contre son éclat, à l'aide de globes dépolis.

Aération. — L'aération des classes et des études est un point capital. Pour l'assurer, il faut avoir de très grandes fenêtres divisées en deux parties, dont l'inférieure s'ouvre à battants, et dont la supérieure, formée de panneaux mobiles, s'ouvre à l'intérieur [1]. Elles doivent être largement ouvertes, dans le jour, pendant l'intervalle des classes. Tout au plus doit-on les fermer une heure avant dans l'hiver, afin de permettre de les chauffer, et alors la ventilation s'opère par le chauffage même.

Dans les vieux établissements où des fenêtres de ce modèle n'existent pas, on peut y suppléer avec des vitres perforées, des jours munis de toiles métalliques, placés assez haut pour que les enfants ne soient pas incommodés par les courants d'air. Dans les classes et dans les études encombrées, ainsi que dans les dortoirs, il est indispensable d'établir des tuyaux d'aérage

1. Voir ce modèle de fenêtres dans le règlement sur la construction et l'ameublement des écoles primaires, p. 8, fig. 4.

dans lesquels un appel d'air continu est assuré par le moyen d'un bec de gaz qui brûle constamment.

Chauffage. — Les classes des lycées doivent être chauffées au même titre que celles des écoles primaires, pour lesquelles le règlement du 17 juin 1880 en fait une obligation. Nous ne sommes plus au temps dont M. Jules Simon évoque le souvenir, d'une façon si charmante, lorsqu'il nous parle de ce vieux collège de Vannes dans lequel il a fait ses premières études, et qui n'avait qu'une seule pièce de chauffée, « le cabinet du principal ». Nos enfants ont contracté d'autres habitudes. Ils ont bénéficié, comme leurs pères, des progrès que le confortable a faits dans tous les pays; ils ne feraient qu'une mauvaise besogne et s'enrhumeraient certainement dans les classes sombres, humides et froides des vieux collèges qui ont abrité notre enfance.

Le règlement du 17 juin 1880 prescrit de maintenir la température des classes à 14 degrés au minimum et à 16 au maximum à l'aide de poêles[1]. Ce moyen de chauffage est, en effet, le plus pratique et le moins dispendieux. Dans

1. Règlement du 17 juin 1880, article 33 : Poêles, conditions à remplir, p. 10.

quelques grands établissements de Paris on y a substitué les calorifères, à air chaud, à eau chaude ou à vapeur. Les premiers sont insalubres, les seconds ne peuvent pas se régler à volonté, les calorifères à vapeur sont les seuls qui se prêtent à un chauffage intermittent, comme celui des classes et des études; mais les installations qu'exigent les appareils, de quelque type qu'ils soient, sont dispendieuses et ne peuvent pas s'appliquer aux vieux édifices. Il faut se contenter des poêles, comme dans les écoles primaires, en ayant soin de les prendre d'un bon modèle, d'en surveiller l'emploi et d'assurer le renouvellement de l'air extérieur par une ventilation active dont ils sont eux-mêmes les agents[1]. Les vieux poêles en fonte, chauffés au bois ou à la houille et surtout les *poêles mobiles* seront rigoureusement proscrits, à cause des dangers d'intoxication par l'oxyde de carbone auxquels ils exposent.

Mobilier. — Le mobilier scolaire a son importance, surtout au point de vue de la myopie, et il a été, comme le chauffage, l'objet de travaux

1. Voir les commentaires de l'article 33 du règlement du 17 juin 1880 : Chauffage et ventilation (*Cours de construction civile*, 2e partie, loc. cit., p. 55).

importants de la part des hygiénistes. On a renoncé aux anciennes tables-bancs à 8, 10, 12 places. Celles d'aujourd'hui n'en ont que deux. Il vaudrait mieux qu'elles fussent individuelles. Elles sont de forme un peu différente, suivant les écoles, mais toutes sont construites d'après les mêmes principes. La table est fixe et légèrement inclinée, de façon à offrir un plan perpendiculaire au rayon visuel. Son bord arrive au niveau du banc, qui est muni d'un dossier un peu renversé et d'un appui pour les pieds. La distance entre la tablette et le siège doit être telle que l'élève y soit à l'aise pour écrire et pour lire. Comme tous les enfants n'ont pas la même taille, on a des types différents pour les différents âges[1].

Pour prévenir la myopie chez les élèves qui y sont disposés, il est bon de munir la table d'un *avertisseur automatique* du docteur Perrin. C'est un cadre rectangulaire, dont la traverse horizontale est à la hauteur du front de l'enfant et l'empêche de trop baisser la tête pour se rapprocher de son cahier ou de son livre.

1. Voir le règlement du 17 juin 1880, IV : Mobilier, article 90; Types adoptés. Il en prévoit quatre qui peuvent servir à tous les enfants de 1 m. 11 à 1 m. 50.

II. *Dortoirs.* — La dimension des pièces où les élèves passent la nuit doit être plus considérable que celle des classes. Il faut que chaque élève ait au moins vingt mètres cubes d'air à respirer, et que les lits soient largement espacés. Il serait préférable que chacun d'eux ait, sinon sa chambre, comme au collège Rollin, du moins son compartiment dans le dortoir. C'est le système en usage en Angleterre, dans beaucoup de collèges. On désigne sous le nom de *cubicles* ces cases formées par des cloisons qui ne s'élèvent pas jusqu'au plafond et qui permettent l'aération comme la surveillance, tout en laissant à l'élève l'illusion d'une pièce à part et le moyen de s'isoler pendant sa toilette. A Wellington, les élèves ont le droit de meubler à leur guise ces cubicles; c'est là qu'ils se tiennent en dehors des heures de classe et qu'ils font leurs devoirs.

De pareilles mœurs ne seraient pas admises dans nos lycées, où tout doit être uniforme et régulier; mais on pourrait donner à chaque élève, dans son compartiment, une chaise, une armoire pour ses vêtements et une tablette pour ses objets de toilette[1].

1. Dans la commission instituée au ministère de l'instruction publique pour l'étude des améliorations à introduire dans

Les dortoirs doivent être, comme les classes, aérés pendant le jour et la nuit ; leur ventilation doit être assurée par des cheminées d'appel, munies au besoin d'un bec de gaz pour produire le tirage ; enfin, ils doivent être munis de water-closets, pour que les enfants ne soient pas obligés de courir, à demi vêtus, dans les cours et les couloirs. Ces pérégrinations nocturnes ne sont pas sans danger, surtout en hiver.

III. *Infirmerie.* — De toutes les dépendances d'un lycée, l'infirmerie est celle qu'on doit installer avec le plus de soin, car, si le directeur doit se préoccuper d'empêcher les enfants de tomber malades, sa sollicitude augmente avec sa responsabilité quand ils le sont devenus.

Les infirmeries doivent être spacieuses, bien éclairées, largement ventilées et chauffées avec soin. Elles doivent avoir des dimensions suffisantes pour qu'il y ait de 30 à 40 mètres cubes d'air par lit. Elles doivent renfermer, indépendamment de la salle commune, deux cabinets d'isolement pour les maladies contagieuses, un

le régime des lycées, la sous-commission des exercices physiques s'est prononcée pour l'adoption de ces séparations incomplètes, pour la proscription de la table de nuit, des boîtes et des armoires fermant à clef. (Procès-verbal de la 4e séance, 22 janvier 1889.)

cabinet pour la sœur ou l'infirmière, une petite salle de bains et une petite pharmacie. Elles doivent être munies de tous les ustensiles nécessaires pour le traitement des malades. Il serait à désirer qu'il pût y avoir dans le voisinage une pièce convenable, pour donner l'hospitalité au père ou à la mère d'un élève atteint d'une maladie grave et ne permettant pas le transport. Cela se fait dans quelques établissements libres, et la responsabilité du directeur s'en trouve notablement allégée.

Il est inutile d'ajouter que l'infirmerie doit être tenue avec la propreté méticuleuse qu'on réclame à si juste titre, aujourd'hui, de tout local où sont renfermés des malades.

Quant à la visite des enfants, aux affections qui exigent l'isolement ou le renvoi dans la famille; quant aux précautions à prendre pour laisser rentrer les contagieux après guérison, aux délais qu'il faut leur imposer, tout cela n'appartient pas à mon cadre et rentre dans les attributions du médecin de l'établissement. Je ne puis m'empêcher toutefois de faire des vœux pour que les lycées et les collèges soient soumis à l'inspection hygiénique et médicale, telle qu'elle a été instituée dans les écoles primaires du département de la Seine, par l'arrêté préfectoral du 13 juin 1879. Cette inspection s'est fondée depuis dans un certain nombre de départements et devrait exister partout, si l'on se conformait à l'article 9 de la loi du 30 octobre 1886 [1].

IV. *Réfectoires.* — Les réfectoires doivent être éloignés des cuisines et reliés avec elles par un couloir couvert. Il faut qu'ils soient bien éclairés et bien ventilés. Les tables ne doivent pas être en bois. On les fait en fonte émaillée, en ardoise ou en grès. Il faut également proscrire les planchers, qui s'imprègnent comme les tables. Les parquets seront en dalles de grès ou de céramique, sur lesquelles on appliquera des traverses en bois, mobiles, pour préserver du froid les pieds des élèves.

Cabinets d'aisance. — Je ne puis pas passer en revue toutes les dépendances des lycées, mais il en est une sur laquelle l'hygiène ne saurait trop appeler l'attention du proviseur. Ce sont les cabinets d'aisance. Dans tous les établissements publics, c'est le point le plus défectueux et la source d'insalubrité la plus active. Dans un grand nombre de collèges, ils sont tellement sor-

1. Dr Mangenot, *l'Inspection hygiénique et médicale des écoles*, Paris, 1881.

dides, que les enfants qui ont contracté chez eux des habitudes de propreté éprouvent une répugnance invincible à s'y rendre. Il en est qui attendent, pour satisfaire leurs besoins, le jour de la sortie et qui contractent ainsi des constipations rebelles et même des hémorrhoïdes.

Il faut renoncer aux latrines placées dans les cours et en plein air, mal fermées et mal lavées. Qu'elles soient à la turque ou recouvertes d'un siège percé d'une série de trous donnant sur la fosse, ce sont des installations infectes qu'on ne saurait trop repousser. Déjà, dans les hôpitaux, dans les casernes, on commence à les remplacer par des water-closets munis de cuvettes avec soupape ou siphon hydraulique, et, dans tous les cas, avec des effets d'eau fonctionnant automatiquement. Les modèles ne manquent pas. On n'a qu'à imiter l'installation établie dans la caserne Schomberg par Durand-Claye, ou tout simplement celle qui fonctionne à l'école Monge. Plus ces cabinets seront soignés, mieux ils seront tenus et plus ils seront respectés par les élèves. Belgrand avait déjà constaté que, dans les maisons ouvrières, lorsqu'on donnait à chaque ménage un cabinet avec effet d'eau, il était aussi bien tenu que dans une habitation bourgeoise. Il en est de même dans les hôpitaux et les casernes [1]; il n'y a pas de raison pour qu'on n'obtienne pas les mêmes résultats dans les lycées.

V. *Cours et jardins.* — Les cours doivent être spacieuses et plantées d'arbres dans une partie de leur étendue, en laissant, au centre, une grande surface pour les jeux, et en ménageant entre les bâtiments et les plantations un intervalle suffisant pour que les rayons du soleil puissent arriver jusqu'à la base des édifices. Dans beaucoup d'anciens lycées, les cours intérieures sont tellement petites que les élèves n'ont pas de place pour s'y retourner, et, comme elles sont entourées de bâtiments élevés, le soleil n'y pénètre jamais. De plus, les fenêtres des pièces du rez-de-chaussée sont un obstacle à la plupart des jeux des écoliers, qui ne peuvent lancer une balle ou une boule de neige sans casser quelques carreaux.

Dans les lycées récemment construits il en est tout autrement. On peut prendre pour modèle celui de Vanves, qui s'élève au milieu d'un véritable parc, dans lequel les enfants peuvent courir

1. E. Richard, *les Nouveaux Cabinets d'aisance des établissements militaires de Paris*, Paris, 1887.

à toutes jambes, se promener par groupes ou en rang, se livrer à tous les jeux de leur âge et même au jardinage, si bon leur semble, car on leur a abandonné, derrière la maison, un terrain où ils peuvent remuer la terre à leur gré. Toutes les améliorations réclamées par les hygiénistes sont du reste réalisées dans cet établissement, que je n'hésiterais pas à proposer pour modèle sans le prix qu'il a coûté. Il ne faudrait pas s'imaginer, en effet, qu'on ne peut avoir de lycées convenables qu'à la condition de dépenser des millions, parce que cela découragerait d'en construire.

II. — Alimentation.

La nourriture des enfants est le sujet sur lequel l'imagination des éducateurs s'est exercée avec le plus de prédilection. Les uns, comme Rousseau, se fiant à la nature, veulent qu'on les laisse suivre leurs goûts. Hélas! les mères d'aujourd'hui ne suivent que trop ses conseils, et les médecins savent où cela les conduit. J.-J. Rousseau proscrit également la viande, pour ne pas rendre les enfants cruels et féroces comme les sauvages et comme les Anglais [1]. D'autres veulent qu'on ne leur donne à boire que de l'eau, parce que c'est la boisson naturelle; mais, à ce compte-là, il faudrait manger le blé sans le moudre, la chair des animaux sans la faire cuire, les racines et les fruits à l'état sauvage, puisque c'est ainsi que la nature nous les offre et qu'ils sont consommés par les animaux qui restent fidèles à ses lois. Personne, que je sache, n'a le désir de pousser le naturalisme jusque-là.

Il faut que l'enfant, appelé à vivre en société, ait un régime analogue à celui des gens au milieu desquels il doit se trouver en sortant du collège, seulement il faut que ce régime soit plus frugal. « La sobriété, dit Fonssagrives, est pour tout le monde une vertu fort méritoire en même temps que fort utile; elle est d'absolue nécessité pour les enfants. Il leur faut des repas moins longs que les nôtres, une cuisine moins savante et une nourriture plus uniforme [2]. » Cette frugalité est impossible à obtenir dans les familles, parce qu'on ne peut pas faire pour les garçons un ordinaire particulier, ni les empêcher de tou-

1. *Émile ou de l'Éducation*, liv. II, publié avec une notice, une analyse et des notes par Jules Steeg, Paris, 1888, p. 191.
2. J.-B. Fonssagrives, *Éducation physique des garçons*, loc. cit., p. 67.

cher aux mets qu'on sert sur la table ; mais c'est chose facile dans les lycées, et c'est un des rares côtés par lesquels l'éducation en commun a l'avantage sur l'autre.

La régularité absolue des heures, la simplicité des aliments, l'abstention de friandises dans l'intervalle des repas, sont d'excellentes conditions de santé, et maint jeune garçon habitué chez ses parents à manger à toute heure, bourré de pâtisseries et ayant perdu, à ce régime, l'appétit vif et franc de son âge, le retrouve au collège lorsqu'on l'y met en pension. Aujourd'hui les élèves sont très convenablement nourris dans les lycées. M. le directeur de l'enseignement supérieur a mis sous les yeux de la commission, lorsqu'elle s'est occupée de la nourriture, le menu de tous les lycées de Paris, et nous en avons été absolument satisfaits. Le seul reproche que je leur aurais peut-être adressé, c'est celui de ressembler un peu trop à la carte d'un restaurant. J'aurais préféré à ces mets aux noms prétentieux une alimentation plus simple, plus bourgeoise.

I. *Aliments.* — Dussé-je être renié par les physiologistes modernes, j'ai conservé pour la vieille soupe nationale la même prédilection que Fonssagrives et que M. Jules Simon. « Il y a dans cet aliment, dit le premier, une gamme assez variée de formes culinaires pour que sa monotonie ne puisse pas amener le dégoût.... Un des spectacles qui caressent le plus agréablement l'esprit d'un hygiéniste, c'est la vue de cinq ou six enfants de la campagne, joufflus et vigoureux, rangés autour d'un nombre égal d'écuelles pleines d'une soupe compacte, y introduisant laborieusement leur cuiller, et s'escrimant à qui mieux mieux contre cet aliment primitif, mais si simple, si digestif, si nourrissant, j'oserais dire si honnête[1]. » « La soupe, dit M. J. Simon, dont on médit à présent par mode, du bœuf rôti, quelque salade, des légumes simplement accommodés, dans la saison un fruit mûr, voilà un excellent fond d'alimentation »; et, comme il n'a pas les mêmes préventions que J.-J. Rousseau contre nos voisins d'outre-Manche, il ajoute : « La nourriture anglaise, qui se compose en grande partie d'ale et de rosbif, avec addition de farineux en purée, ou de légumes verts, est pour beaucoup dans la supériorité physique de nos voisins. Autrefois ils se nourrissaient

1. J.-B. Fonssagrives, *Éducation physique des garçons*, loc. cit., p. 70.

à peu près comme nous et se portaient aussi mal [1]. »

Ces dernières assertions sont bien absolues; elles supporteraient plus d'une objection; mais, pour ma part, je suis tout disposé à souscrire au programme culinaire de l'éminent écrivain, et je crois que tous les écoliers feraient de même. J'ajouterai seulement qu'il ne suffit pas que la nourriture soit saine et abondante, comme disent les prospectus des pensionnats, il faut encore qu'elle soit variée.

Je m'en tiendrais volontiers à ces termes généraux; mais l'hygiène ne peut pas s'en contenter. Elle doit traiter d'une manière plus précise et plus scientifique l'importante question de l'alimentation dans les lycées. Elle a été soumise, l'an dernier, à l'examen d'une commission composée de professeurs de la Faculté de médecine et chargée de déterminer quelle devait être la nourriture des maîtres dans les écoles normales primaires [2]. Depuis cette époque elle a été discutée au sein de la quatrième sous-com-

1. Jules Simon, *la Réforme de l'enseignement secondaire*, 1874, p. 96.

2. Cette commission se composait de MM. Brouardel, président; Bouchard, Ar. Gautier, Proust, Ch. Richet; Strauss, rapporteur.

mission du régime dans les lycées [1], et les conclusions ont été les mêmes des deux parts.

Il a été reconnu que l'alimentation des élèves devait être fortement réparatrice parce qu'elle représente non seulement une ration d'entretien, mais encore une ration d'accroissement, et parce qu'ils se livrent à des travaux intellectuels. Ceux-ci, contrairement à l'opinion générale, entraînent une déperdition de forces au moins égale à celle que produit le travail musculaire accompli au grand air. Ils nécessitent une nourriture d'une digestion facile et très nourrissante sous un petit volume. La viande est, de tous les aliments, celui qui remplit le mieux ces conditions. Elle doit être servie, autant que possible, rôtie, grillée ou braisée, plutôt que bouillie. Le ministre de l'instruction publique, par un arrêté en date du 17 décembre 1888, a fixé à 170 grammes la quantité de viande cuite, désossée et parée qui doit être servie aux élèves, par tête et par jour, dans les écoles normales, et à 200 grammes celle que doivent recevoir les maîtres et les maîtresses.

1. La quatrième sous-commission, lorsqu'elle s'est occupée de l'alimentation, se composait de MM. Brouardel, président; Bouchard, Lagneau, Godard, G. Morel, Rieder, J. Rochard; Maneuvrier, rapporteur.

La sous-commission du régime des lycées a pensé qu'il n'y avait pas de raisons pour donner aux élèves *grands* et *extragrands*, c'est-à-dire à des jeunes gens de plus de seize ans, une ration plus faible que celle des maîtres et maîtresses. Physiologiquement, ce serait le contraire qui devrait avoir lieu, puisqu'ils s'accroissent encore. Elle a proposé, en conséquence, de donner aux *grands* élèves 200 grammes de viande, d'en délivrer 160 grammes aux *moyens* (de onze à seize ans) et 120 aux petits (de sept à onze ans). Cette quantité représente, pour ces différentes catégories, environ les deux cinquièmes des matières azotées reconnues nécessaires à leur alimentation normale. Les trois autres cinquièmes devront être fournis par des substances d'origine animale moins nourrissantes, comme les œufs, le poisson, la volaille, ou par le règne végétal sous forme de pain, de légumes frais ou secs, de pâtes, de fruits, etc. [1].

Le pain doit être l'objet d'une attention spé-

1. Les deux commissions dont j'ai parlé plus haut ont étudié cette question de la manière la plus fructueuse et en même temps la plus détaillée; mais ces considérations sont plutôt du ressort de l'hygiène que de la pédagogie, et je ne puis m'y étendre sans sortir de mon cadre. Je renvoie donc pour plus d'informations aux procès-verbaux de ces deux commissions.

ciale. Il faut qu'il soit fait avec des farines de première qualité et de l'eau irréprochable, qu'il ne soit pas trop en mie et qu'il soit donné à discrétion pendant les repas. Cette mesure, généralement suivie dans les lycées, est indispensable pour permettre aux enfants de compléter leur alimentation quotidienne, suivant leurs besoins et leur appétit. Il est reconnu du reste qu'elle empêche le gaspillage, au lieu de le favoriser. Le pain sera servi frais, c'est-à-dire cuit pendant la nuit précédente. On le placera sur les tables, soit coupé en morceaux dans des corbeilles, soit en entier afin que les élèves puissent, comme dans leurs familles, se servir à leur gré [1].

II. *Boissons*. — Tous les hygiénistes sont d'avis qu'il ne faut pas soumettre les enfants au régime de l'eau pure, et qu'il est nécessaire à leur santé de leur donner aux repas des boissons fermentées en petite quantité. Quant au choix de celles-ci, il doit être dicté par les habitudes régionales. C'est du reste ce qui se fait partout. Dans les départements de l'Est on donne de la bière aux élèves; on leur fait boire du cidre en Bretagne et

1. Rapport de la troisième sous-commission, par M. Manœuvrier.

en Normandie, et du vin dans la majorité du pays. C'est cette dernière boisson qui est la règle, et c'est sur elle qu'il faut se baser pour les quantités, parce que c'est la plus riche en alcool. Il faut prévoir pour le cidre une quantité au moins double de celle du vin, et pour la bière le double ou le triple, suivant qu'elle est forte ou faible [1].

La commission a exprimé l'avis que la quantité de vin à servir à chaque repas aux élèves devait être proportionnelle à leur âge et réglée de la manière suivante : pour les grands, 16 centilitres; pour les moyens, 12 centilitres; et pour les petits, 10 centilitres. Ces chiffres devront servir de base pour la distribution de la bière et du cidre, dans les proportions indiquées plus haut.

Le mélange d'eau et de vin connu, dans les collèges, sous le nom d'abondance doit être supprimé, parce qu'il ne peut être hygiénique qu'à la condition d'être préparé au moment même de le boire et que cette condition est

1. Les vins de France contiennent en moyenne 10 à 12 pour 100 d'alcool; la bière, de 4 à 6 pour 100 (les petites bières n'en renferment que 2 ou 3, les bières fortes vont jusqu'à 8). La quantité d'alcool contenue dans le cidre varie de 3 à 9 pour 100.

difficile à réaliser. Pour ce motif et aussi pour laisser un peu plus d'initiative aux enfants, il serait bien préférable de servir à chacun d'entre eux sa ration de vin pur, dans un petit carafon, et de le laisser libre d'opérer, suivant son goût, le mélange avec l'eau des carafes placées sur la table.

Cette eau, et c'est une condition des plus importantes, doit être d'une pureté irréprochable et à l'abri de toute souillure. On sait, à n'en pas douter aujourd'hui, que les germes des maladies infectieuses ont le plus souvent les eaux pour véhicule. La plupart des épidémies de fièvre typhoïde qu'on observe dans les lycées et dans tous les établissements où beaucoup de jeunes gens se trouvent réunis, ont pour point de départ des eaux d'alimentation qui ont été contaminées. Il ne faut donc délivrer aux élèves que des eaux de source captées avec soin, ou filtrées à l'aide des appareils efficaces dont nous disposons aujourd'hui.

III. *Repas.* — Il ne suffit pas de donner aux enfants une nourriture convenable, il faut encore qu'on leur laisse le temps de la manger. Tous les recteurs d'académie sont d'avis qu'il y a lieu d'accroître la durée des repas, et la commission a proposé, comme nous l'avons vu, de la fixer à une heure vingt-cinq par jour. La répartition serait la suivante :

Déjeuner......................	15 minutes.
Dîner..........................	30 —
Goûter........................	10 —
Souper........................	30 —

Tout le monde est également d'avis qu'il y a lieu de soustraire les élèves à l'obligation du silence au réfectoire. Se taire toujours est, on le sait, la contrainte la plus dure qu'on puisse imposer. C'est elle qui fait le plus souffrir les femmes détenues dans les maisons de correction. Les trappistes déclarent tous que c'est la prescription de leur règle qu'ils ont le plus de peine à supporter. Ils n'y résisteraient pas sans la psalmodie.

Pourquoi infliger ce supplice à nos enfants, qui ne sont ni des prisonniers ni des moines? On les contraint au silence en classe et en étude, cela se comprend; on les y soumet dans les rangs et au dortoir, c'est une nécessité plus contestable, mais enfin passe encore; seulement cela les conduit à ne pas parler depuis la fin de la récréation du soir, c'est-à-dire depuis cinq heures, jusqu'au petit déjeuner du lendemain. Cela leur fait treize heures consécutives de silence; il faut que les grands se taisent vingt-deux heures sur vingt-quatre! C'est intolérable, et il faudrait, puisqu'on les force à se taire partout, qu'on leur permît au moins de causer au réfectoire. L'heure des repas est, pour tout le monde, l'instant de la conversation, de la détente, de la gaieté. Un repas pris ainsi est à moitié digéré, tandis que, quand on l'expédie gloutonnement et en silence, l'estomac ne l'accepte qu'à regret.

La raison qu'on donne pour justifier cette contrainte est celle qu'on oppose à toutes les mesures qui pourraient alléger un peu la condition de l'écolier, c'est la nécessité de maintenir l'ordre.

J'ai assisté quelquefois aux repas des enfants, dans les écoles de jésuites. Ils parlaient en toute liberté et tous à la fois. C'était un caquetage assourdissant qui m'étonnait un peu, habitué que j'étais au silence monacal de nos lycées; mais les enfants étaient gais, avaient la figure épanouie, et le père qui se promenait au milieu d'eux n'avait pas l'air de s'apercevoir de ce bruit. Eût-il été un peu gêné dans ses méditations, que je n'y aurais pas vu grand mal, ni lui non plus; car enfin les lycées sont faits pour l'instruction et le bien-être des enfants, et non pour la commodité des maîtres.

L'Université, du reste, est disposée à entrer dans la même voie. Dans les rapports auxquels j'ai déjà fait tant d'emprunts, la proposition de laisser causer les élèves au réfectoire est faite par plusieurs recteurs, et l'autorisation en a été donnée dans quelques collèges [1].

Pour généraliser la mesure, il serait nécessaire de multiplier les réfectoires dans quelques établissements, car il ne faudrait pas qu'ils continssent plus d'une cinquantaine d'enfants. Cela ne demanderait pas de frais d'installation bien considérables et ne compliquerait pas notablement le service, si les réfectoires étaient tous à portée des cuisines. En fût-il autrement, du reste, que j'en prendrais, pour ma part, très facilement mon parti.

Il est une dernière condition que l'hygiène de la digestion impose également, c'est de laisser une récréation d'au moins une heure après chaque repas principal. Tout le monde sait que

1. Les recteurs de l'académie d'Alger et de Douai en ont donné l'autorisation à tous les proviseurs qui l'ont demandée. Ceux de Ben-Aknoun, de Bar, d'Épinal, de Remiremont, de Lunéville, laissent parler leurs élèves au réfectoire.

rien n'est plus malsain que de se livrer au travail intellectuel en sortant de table ou très peu de temps après.

III. — Habillement, toilette.

Les vêtements des écoliers sont faits pour les couvrir et non pour les parer. Cependant, s'il ne faut pas exciter leur coquetterie, il est inutile de les rendre ridicules, et véritablement c'est ce qui arrive dans certains collèges. Des enfants gracieusement vêtus dans leurs familles deviennent grotesques quand ils ont endossé l'uniforme dont on les affuble, au grand désespoir de leurs mères.

I. *Vêtements.* — La première condition que doivent remplir les vêtements des écoliers est celle de ne pas les gêner dans leurs mouvements. « Les membres d'un corps qui croît, dit J.-J. Rousseau, doivent être tous au large dans leur vêtement. » « Pour moi, dit Locke, j'ai vu tant d'exemples d'enfants qui ont reçu de grandes incommodités pour avoir été trop serrés, que je ne saurais m'empêcher d'en conclure qu'il y a d'autres créatures que le singe qui, peu supérieures en sagesse à ces animaux, perdent leurs enfants par une passion insensée et les étouffent, pour ainsi dire, en les embrassant trop follement[1]. »

La nécessité d'un uniforme dans un lycée se comprend; c'est une conséquence de la vie en commun; c'est la manifestation extérieure de l'égalité qui doit y régner. En France, on le porte dans les collèges de l'État, depuis la fondation de l'Université, et même on en change à chaque gouvernement, ce qui ne laisse pas que d'être assez bizarre.

« Nous avons imposé au monde entier notre ridicule costume civil, dit M. J. Simon; mais enfin, puisqu'il nous reste encore quelque autorité sur le costume de nos lycéens, au lieu de les déguiser en petits vieux comme autrefois, ou en petits soldats comme à présent, je propose de les habiller en enfants et en jeunes gens, avec une blouse de laine très lâche, au col rabattu, et une bonne ceinture sur les reins. » Il est certain que ces *jeunes grognards*, comme les appellent Demogeot et Montucci, avec leur tunique étriquée et leur képi déformé, sont mal à l'aise et qu'ils ont mauvaise façon.

1. Locke, *De l'éducation des enfants*, traduction de Coste, Paris, 1747, t. I, p. 11.

Puisqu'on tenait à leur donner une tenue martiale, que n'a-t-on adopté celle de nos matelots : la chemise de laine ample et souple avec le bonnet de travail? C'est celle qu'on a choisie pour les bataillons scolaires, et, malgré mon peu de sympathie pour cette institution, je suis bien forcé de convenir que les enfants ainsi vêtus sont autrement à l'aise et ont une autre mine que les lycéens. La mode, du reste, s'est emparée de ce costume, et maintenant tous les petits garçons sont travestis en mousses, avec des collets rabattus d'une dimension fantastique et des insignes de fantaisie sur les manches.

La chemise de laine a l'avantage de ne pas gêner les mouvements de la poitrine et de laisser le cou à découvert. Ce dernier point a son importance. Il faut que les enfants s'habituent à avoir le cou nu comme le visage, pour s'aguerrir contre les refroidissements de cette région et se mettre à l'abri des laryngites et des angines. Lorsqu'on ne contracte pas cette coutume pendant l'enfance, on n'y parvient pas plus tard.

Les hommes de ma génération ont porté, étant tout jeunes, les grandes et épaisses cravates à la mode il y a cinquante ans; elles entouraient deux fois le cou et encadraient la mâchoire inférieure.

Ils ont eu toutes les peines du monde à rompre avec cette habitude et ils y suppléent encore à grand renfort de foulards et de cache-nez. Ces derniers sont pernicieux pour les enfants. Ils tiennent le cou dans un état de moiteur constante, et lorsqu'on les quitte, on ressent une impression de froid très vive qui cause plus de laryngites et de maux de gorge qu'on ne le croit.

Il faut éviter de vêtir les enfants trop chaudement. Il vaut mieux qu'ils aient un peu froid quand ils sont au repos, que de transpirer quand ils jouent, parce qu'ils rentrent ensuite à l'étude ou dans des couloirs glacés et qu'il en résulte des refroidissements dangereux. Ils doivent être couverts, suivant la saison, comme les grandes personnes. Je ne vois pas de raison pour faire porter aux écoliers les mêmes vêtements été et hiver, ainsi que le conseillent Locke et J.-J. Rousseau.

Il en est de même de l'habitude d'aller tête nue. Elle n'est pas dans nos mœurs. On peut la laisser prendre aux enfants dans l'intérieur du collège, mais il leur faut une coiffure quand ils sortent. Il est indispensable au contraire qu'ils s'accoutument à s'en passer la nuit. Du reste tous les jeunes gens couchent aujourd'hui tête nue et je suppose que le bonnet de coton a disparu de tous les vestiaires.

Il est inutile d'imposer aux écoliers qui n'en ont pas besoin l'usage du gilet de flanelle; mais on ne saurait trop recommander celui des vêtements spéciaux (pantalons légers, jerseys, tricots de coton) pendant les exercices de gymnastique et de sport. Ces costumes doivent être quittés après le jeu ou le travail et remplacés par du linge sec et par les vêtements ordinaires. Sans cette précaution, tous les exercices violents soutenus, et par conséquent profitables, deviennent un péril.

La chaussure est la partie la plus importante de la toilette du collégien. Les pieds doivent être bien protégés chez des enfants qui restent assis pendant de si longues heures. Il faut les préserver de l'humidité froide qu'occasionnent les chaussures mal entretenues. C'est une cause fréquente de maladie. Locke, qui recommandait, pour vaincre cette impressionnabilité, de faire porter aux enfants des souliers percés, n'était pas un hygiéniste. Il aurait su sans cela qu'avec une pareille pratique on rend les enfants malades, mais qu'on ne les aguerrit pas. Il y a là, comme ailleurs, une distinction à faire dans l'endurcissement, entre les choses qui le réclament et celles qui ne le comportent pas, mais c'est là une notion exclusivement médicale.

Il ne suffit pas que les souliers aient une bonne et forte semelle, il faut encore qu'ils soient larges au niveau des orteils pour ne pas les déformer, que le cuir en soit souple et le talon plat. Le brodequin lacé, qu'on peut serrer à volonté à l'endroit du cou-de-pied, est la meilleure chaussure pour l'écolier comme pour le soldat. C'est celle qu'adoptent d'eux-mêmes tous les marcheurs.

II. *Toilette.* — J'ai déjà demandé qu'il soit accordé aux élèves une demi-heure pour se vêtir, pour faire leur toilette, et qu'on leur donne les moyens de s'isoler et de se nettoyer à fond. A notre époque, en effet, il n'est plus permis de transiger avec la propreté. Ce n'est pas seulement une affaire de décence et de bonne éducation, c'est la condition *sine qua non* de la santé des personnes et de la salubrité des habitations. L'hygiène l'a proclamé de tout temps; mais la démonstration rigoureuse n'en a été faite que de nos jours. La science contemporaine a prouvé que les germes qui propagent les maladies infectieuses sont entretenus par l'incurie et la malpropreté, que les épidémies reculent devant l'eau et les lavages, et que les peuples qui en font l'usage le plus intelligent sont ceux qui ont la plus faible mortalité.

La propreté est une vertu qui ne se décrète pas, mais qui s'enseigne. Il faut l'imposer aux enfants dans les écoles et les lycées, aux soldats dans les casernes; il faut surtout leur en donner l'exemple. C'est un devoir qui se change en habitude, dit M. Albert Delpit, et lorsqu'ils l'auront contractée, ils ne la perdront plus et la rapporteront dans leurs familles. Tous les collégiens doivent avoir leurs ustensiles de toilette au complet : peignes, brosses, savon, etc. Tous ces objets doivent être rangés sur une tablette et bien en vue, pour qu'on puisse s'assurer qu'ils sont en bon état et que les élèves s'en servent. Il faut, à cet égard, exercer une surveillance attentive, surtout en ce qui concerne la denture, qu'il est d'un intérêt si capital pour les jeunes gens de bien entretenir.

L'eau doit être fournie en abondance. La sous-commission a discuté la question de savoir s'il fallait la donner chaude, parce que, dans ce cas, elle nettoie mieux. La majorité s'est prononcée pour le rejet de cette mesure, qui donnerait aux enfants une mauvaise habitude et compliquerait inutilement le service. L'eau froide suffit; mais il faut qu'elle soit contenue dans de très grandes cuvettes et qu'on en ait à discrétion. Rien n'est plus contraire à l'hygiène que les pots minuscules et les cuvettes dans lesquelles on ne peut se tremper que le bout du nez.

Les élèves doivent se laver largement à l'eau froide tous les matins, comme les matelots. Je verrais même d'un très bon œil s'acclimater dans nos lycées, l'habitude du *tub* qui s'est généralisée en Angleterre et dont presque tous les jeunes gens font usage. A son défaut, de simples affusions froides, faites sur tout le corps avec une éponge, constituent une excellente pratique. L'eau froide est un tonique de premier ordre; son emploi quotidien est le moyen le plus certain de s'aguerrir contre les refroidissements et les influences extérieures. Quand une fois on en a pris l'habitude, on ne peut plus s'en passer; seulement, l'hydrothérapie n'est pas applicable à toutes les constitutions; les enfants sujets aux névralgies, aux bronchites et surtout ceux qui sont prédisposés à la tuberculose, doivent s'en abstenir; mais c'est au médecin du lycée à les en avertir, et l'on ne peut pas, dans la crainte de nuire à quelques élèves malingres, interdire à tous une pratique salutaire pour ceux qui se portent bien.

III. *Bains.* — Les lotions du matin ne suffisent pas pour entretenir la propreté. L'eau froide nettoie mal, et son contact n'est pas suffisamment prolongé; il est indispensable de donner aux élèves des bains généraux et des bains de pieds. Dans tous les lycées modernes il y a une salle de bains et on y envoie les élèves par bordées; mais, dans les vieux collèges et presque partout en province, on est forcé de recourir à l'établissement de la ville, et alors les intervalles entre les bains sont si grands que les écoliers n'en tirent pas beaucoup plus de profit au point de vue de l'hygiène que sous le rapport de la propreté. Il faut que les enfants se baignent souvent.

La commission ministérielle a pensé qu'un grand bain par mois et un bain de pieds par semaine constituent un minimum au-dessous duquel il ne fallait pas descendre. Elle a, de plus, émis l'avis qu'il serait encore plus simple et plus hygiénique d'adopter, dans tous les établissements d'instruction publique, le système de bains par affusions, qui est en usage dans l'armée depuis une dizaine d'années. Il a été imaginé par le docteur Merry-Delabosto, qui l'a appliqué en 1873 aux détenus de la prison de Lyon. Quelques années après, le docteur Haro et le colonel Louis ont institué, au 69ᵉ régiment d'infanterie, un mode d'ablution analogue et approprié aux modestes ressources dont les corps de troupes disposent.

Rien de plus simple que cette installation. La douche est fournie par une pompe d'arrosage ordinaire munie d'une bâche, dans laquelle on verse une partie d'eau bouillante pour deux parties d'eau froide. La gerbe liquide sort par une lance flexible à extrémité libre en arrosoir. Un baigneur dirige le jet, de haut en bas, sur chaque homme placé debout dans un bassin en zinc et par conséquent les pieds dans l'eau. On les arrose deux par deux, pour qu'ils puissent se savonner et se frotter réciproquement. La douche terminée, ils s'enveloppent dans un peignoir et vont s'essuyer et se vêtir dans la salle voisine. Rien n'est plus expéditif et moins dispendieux que ce système. On peut, dit le docteur Arnould, baigner tout un régiment en quinze jours, à raison d'un centime par tête [1]. C'est, en

1. Jules Arnould, *Nouveaux Éléments d'hygiène*, Paris, 1881, p. 700.

le voit, l'idéal de l'économie et c'est une raison de plus pour adopter ce système dans les lycées.

Je ne range pas les bains de rivière et les bains de mer parmi les soins de propreté. J'en parlerai à l'occasion de la natation, et c'est alors que j'en ferai ressortir les avantages hygiéniques.

IV. — Récréations, jeux, exercices.

I. *Récréations.* — Nous avons vu, lorsqu'il a été question de la distribution du temps, qu'il fallait accorder de sept heures à cinq aux élèves, suivant leur âge et le degré d'avancement de leurs études, pour le repos, les jeux et les exercices de corps. En ce qui a trait aux récréations, l'augmentation doit plutôt porter sur la durée que sur le nombre. Lorsqu'elles sont trop courtes, les élèves n'ont pas le temps d'organiser leurs jeux; c'est du moins là le prétexte qu'ils donnent pour ne pas le faire.

La sous-commission des exercices a pensé qu'il serait nécessaire de réserver à tous les enfants, chaque jour, une grande récréation libre au grand air. Sa durée devrait être de trois heures pour les petits et les moyens, et de deux heures au moins pour les grands. Elle serait consacrée à des promenades, à des excursions, à des jeux ou à des exercices, suivant le temps et suivant les goûts des élèves, qu'il serait bon de consulter autant que possible. Les heures varieraient suivant les saisons et les localités. Elle serait indépendante des petites récréations ou suspensions de travail, succédant aux heures de classes et d'études et qui devraient être prises en plein air toutes les fois que le temps le permettrait.

J'ai parlé des prétextes que prennent les élèves pour ne pas jouer pendant les heures de repos. C'est la conséquence de la vie scolaire, c'est une habitude qui s'est établie peu à peu sous l'influence de l'incurable ennui que cause cette existence. On ne peut pas plus imposer les jeux que la gaieté. Il faut savoir les faire éclore, et il est certain qu'il y a pour cela un rude courant à remonter.

Autrefois les maîtres n'avaient pas besoin de s'en mêler. Les écoliers étaient à peine lâchés dans les cours, qu'on voyait sortir de toutes les poches les toupies, les billes ou les balles, suivant la saison; car chaque jeu avait son temps et revenait à son heure, avec une régularité fondée sur quelque tradition d'origine inconnue, mais partout respectée. Aujourd'hui les grands élèves semblent trop ennuyés pour chercher à se divertir. Ils causent entre eux, par groupes, en se racontant les exploits de leur dernière sortie, ou tournent autour de la cour, et les petits se croiraient déshonorés s'ils ne tournaient pas comme eux.

Les cours, il est vrai, n'ont rien qui invite au plaisir, et les surveillants ne les y excitent pas davantage. « Par une tradition déplorable, dit le recteur de l'académie de Toulouse, et dont je rencontre trop souvent la trace, le jeu, dans nos lycées, est presque traité en ennemi. Il est bruyant, peut tourner au désordre, amener un accident, etc. Plus la division est morne, plus on croit approcher de l'ordre parfait [1]. » Il faudrait qu'on les encourageât, et c'est aux instituteurs à le faire. « J'aimerais, dit le recteur de Rennes, à voir nos jeunes répétiteurs donner l'exemple et, devenant pour un moment les camarades de leurs élèves, donner le signal des jeux et prendre part aux ébats des enfants dont

1. *Extraits des rapports des recteurs d'académie*, loc. cit., p. 159.

ils ont la garde. Leur autorité n'y perdrait rien et leur tâche en serait simplifiée; l'élève qui s'amuse ne songe pas à mal faire. » A cet égard, l'expérience est faite depuis longtemps. Dans les collèges de jésuites, les pères jouent avec leurs élèves pendant les récréations, sans rien perdre du respect qui leur est dû, sans qu'il en résulte une familiarité inconvenante.

Je sais que les conditions ne sont pas les mêmes. Tant que les maîtres répétiteurs seront recrutés et traités comme ils le sont, l'hostilité qui existe entre eux et les élèves s'opposera toujours à ce qu'ils jouent ensemble; mais il faut espérer que les améliorations que tout le monde désire pour cette partie du personnel se réaliseront un jour, et alors son influence pourra s'exercer en récréation comme en étude. En attendant, les proviseurs et leurs suppléants directs, le censeur et le surveillant général, peuvent encourager les jeux, en fournir les moyens, et prendre quelques dispositions pour les rendre faciles.

Si, à chaque récréation, on les voyait apparaître, avec un air souriant, pour disperser les groupes de causeurs, rompre la file circulaire des péripatéticiens et mettre les jeux en train avec quelques paroles de bonne humeur, le lycée serait bien vite transformé, et les bonnes habitudes, une fois prises, persisteraient d'elles-mêmes.

Le tout est de créer une tradition, et rien n'est plus facile aujourd'hui. L'éducation athlétique est à la mode en ce moment. C'est un véritable engouement dans tous les lycées de Paris et dans un grand nombre de ceux de province. Les autres ne demandent qu'à suivre le mouvement. Je suis convaincu que tous les écoliers de France aspirent à faire comme leurs camarades de l'école Monge.

II. *Jeux*. — L'ardeur avec laquelle on se tourne aujourd'hui vers le côté physique de l'éducation a mis à l'étude la question des jeux, et, dès le début, deux tendances différentes se sont nettement accusées. La Ligue, sous l'impulsion de M. Pascal Grousset, s'applique à réhabiliter les vieux jeux français : les *barres*, la *crosse*, la *thèque*, le *gouret*, la *barrette*, les différents jeux de *paume*, etc. Le journal *l'Éducation physique* en donne, dans chaque numéro, des descriptions aussi attrayantes que détaillées. L'autre école, à la tête de laquelle marche M. Pierre de Coubertin, préfère les jeux anglais : le *cricket*, le *foot-ball*, le *lawn-tennis*, le *canotage* et les *rallye*.

Tous ces jeux sont excellents. Je donnerais pourtant la préférence à ceux qui coûtent le moins cher et n'exigent pas de costume spécial, parce qu'ils sont plus accessibles à la masse des écoliers. J'ai même, je l'avoue, un certain faible pour les jeux français, qui ont tant diverti mon enfance; mais il est bon que chacun puisse faire son choix et je bénirais les jeux anglais si, par leur nouveauté, par l'attrait qu'inspire leur origine exotique, ils pouvaient engager nos écoliers à secouer un peu leur nonchalance. Je les bénirais doublement s'ils avaient sur leur moral l'influence bienfaisante que M. de Coubertin dit avoir constatée dans les maisons d'éducation anglaises.

Le sport, tel qu'il se pratique chez nos voisins, n'est pas seulement, à ses yeux, une distraction, un ensemble d'exercices hygiéniques, c'est une école où la volonté se développe et se fortifie par la continuité des efforts et la nécessité des décisions soudaines, où l'habitude de l'obéissance se contracte par la soumission forcée à la règle du jeu et aux ordres de celui qui le dirige, qui resserre enfin les liens de la solidarité par l'unité qu'exige l'action commune et par les rivalités que le jeu fait naître.

Les jeux anglais impliquent la nécessité d'un chef qui les dirige. C'est le *captain*. Choisi par ses camarades comme le plus adroit et le plus fort, il devient leur défenseur en même temps que leur guide, et son intervention affectueuse dans les questions de discipline simplifie souvent le rôle du chef de l'établissement.

Ce sont là les espérances qui soutiennent M. de Coubertin dans la campagne qu'il a entreprise en faveur des jeux anglais. Je fais des vœux pour qu'elles se réalisent; mais, en admettant que les exercices qu'il recommande ne produisent pas tous les résultats qu'il en attend, ils n'en ont pas moins droit à tous nos encouragements, car ce qu'il nous faut développer, ce qu'il nous faut faire renaître, c'est le jeu, le jeu en plein air, en pleine liberté, sans souci des chutes, des horions et des accidents dont je parlerai plus tard.

Les grands jeux que je viens de citer ne sont possibles que sur des emplacements spéciaux, comme ceux qui ont été mis à la disposition des lycées de Paris, ou dans des parcs scolaires, comme ceux que nous espérons leur offrir un jour; il faut donc conserver précieusement les jeux plus intimes, qui demandent moins de place et moins de frais; auxquels on peut se livrer dans les cours les plus étroites et les plus sombres de nos vieux lycées. Il vaut mieux jouer à la toupie, aux balles, au bouchon ou au palet, que de tourner en rond comme une bête fauve, ou de tenir à ses camarades des propos licencieux.

Pour ôter à l'apathie de nos élèves le dernier de leurs prétextes, on pourrait fournir aux internes les objets dont ils ont besoin pour se divertir. Des jeux de tonneau, de quilles ou de croquet, des ballons et des balles, n'engageraient pas l'administration dans une voie ruineuse. Il suffirait, d'après l'estimation du recteur de l'académie de Toulouse, d'une première mise de fonds de 200 francs. Le budget de l'instruction publique est bien en mesure de faire face à une dépense totale de 16 800 francs pour ses 84 lycées; et il obtiendrait une réduction considérable sur ce chiffre en mettant toute la fourniture en adjudication.

Quant à l'entretien, on y pourvoirait en demandant à chaque élève, au commencement de l'année, une cotisation de 1 franc au maximum. Ils s'intéresseraient à la conservation des jeux, du moment où ils seraient leur propriété et alors qu'ils sauraient que l'argent économisé sur l'entretien serait employé à des acquisitions nouvelles. Rien n'empêcherait d'ailleurs de charger, dans chaque cours, un des élèves les plus âgés de la conservation de la propriété commune.

On s'exagère beaucoup, du reste, l'importance des détériorations subies par le matériel. Depuis bien des années on a installé, dans les casernes de marins de nos cinq ports, des salles de jeux, dans lesquelles on a réuni tout ce qui peut servir à amuser les matelots et à les retenir au quartier, loin des cabarets et sous les yeux de leurs officiers : jeux de quilles, de boules, de tonneau, tir à l'arc, au pistolet et à la carabine, jeux de dames, d'échecs. On y trouve même un billard. Les hommes se tiennent très volontiers dans ces grandes salles ; ils y jouent comme des enfants, et les frais d'entretien sont presque nuls.

Je ne vois pas pourquoi le ministère de l'instruction publique ne ferait pas pour nos enfants ce que celui de la marine fait pour les siens. De pareilles salles seraient précieuses pour les jours de pluie, quand on ne peut pas se tenir dans les cours. Dans les collèges où il n'est pas possible d'en établir, les études pourraient en tenir lieu.

Je ne pense pas qu'on soit arrêté par la crainte d'en voir détériorer le mobilier.

III. *Exercices.* — Si, dans nos maisons d'éducation, les élèves se livraient, pendant une couple d'heures par jour, et avec l'ardeur de leur âge, aux jeux qui demandent de la force et de l'agilité, les exercices proprement dits ne seraient plus indispensables à leur développement; mais nous n'en sommes pas encore là, et nous ferons bien, jusqu'à nouvel ordre, de cultiver dans nos lycées celui de ces exercices qui se rapproche le plus des jeux de l'enfance.

Gymnastique. — Cet art qui tenait tant de place dans l'éducation des anciens, était complètement tombé dans l'oubli lorsque, à la fin du siècle dernier, il fut remis en honneur de l'autre côté du Rhin. Le premier gymnase fut fondé à Dessau en 1776, le second à Schnepfenthal en 1786; puis ils se multiplièrent en Suède, en Allemagne, en Danemark, en Suisse, sans que la France s'en occupât. Ce n'est qu'en 1818 que la gymnastique fut importée chez nous par le colonel espagnol Amoros y Undeano. Forcé de s'exiler, à la suite de la restauration de Ferdinand VII, il vint chercher un refuge dans notre pays et fit adopter par le gouvernement les institutions qu'il avait établies à Madrid en 1807. Amoros s'était approprié la méthode de Pestalozzi, en la perfectionnant par l'adjonction du chant, qui rythmait les mouvements et communiquait son entrain aux exercices musculaires, tout en fortifiant les organes de la voix.

Les hommes de ma génération se souviennent encore de la vogue qu'obtint ce mode d'éducation. Il fallut toutefois près de quarante ans pour vaincre la routine scolaire, et l'enseignement de la gymnastique n'a été rendu obligatoire, dans les collèges, que par le décret du 13 mars 1854[1]. On n'a pas mis d'empressement à regagner le temps perdu, car en 1867, lorsque Vernois voulut s'assurer des progrès que cette innovation tardive avait imprimés à l'éducation physique de la jeunesse française, il eut le regret de constater que, sur 77 lycées qu'il y avait alors, on n'en comptait que 33 qui fussent pourvus de gymnases à peu près convenables; 31 en avaient de si mal installés qu'ils étaient à peu près inutiles, et 13 en manquaient complètement.

Ce n'était évidemment qu'une concession faite

1. La loi du 27 janvier 1880 l'a rendu obligatoire dans tous les établissements de l'État.

à l'hygiène. La gymnastique n'avait pas été prise au sérieux par le ministère de l'instruction publique. Deux leçons de vingt minutes lui avaient paru suffisantes. Aujourd'hui on accorde deux heures par semaine au travail musculaire contre soixante-dix qu'on donne au travail intellectuel. Cette proportion dérisoire donne la mesure de l'importance relative accordée par l'enseignement officiel aux deux éléments de l'éducation.

Encore, si ces deux heures étaient bien employées; mais il suffit de lire les rapports des inspecteurs d'académie pour ne pas conserver la moindre illusion à cet égard. Écoutons celui de Moulins : « Il suffit d'assister à une leçon de gymnastique pour comprendre, d'une part, son peu d'efficacité, de l'autre, le peu de goût qu'y mettent les élèves. Ils sont sur une ligne en silence, au nombre de vingt à trente. Le maître indique l'exercice à faire ; chaque élève, à son tour, toujours en silence, l'exécute et reprend sa place dans la file. Il y a, à côté, un trapèze ou des anneaux qui le sollicitent, précisément parce qu'aujourd'hui il n'y touchera pas; si par hasard il y touche, il est puni. Cependant, il a fallu vingt minutes pour que la division entière exécutât un seul exercice : trois exercices de ce genre remplissent l'heure. C'est-à-dire que chaque élève a exercé ses muscles pendant trois minutes au maximum durant la leçon, et comme il y a deux leçons, il s'exerce six minutes par semaine [1]. Ce tableau n'est-il pas lamentable? et ce n'est pas un hygiéniste qui l'a tracé : je l'ai emprunté à un document officiel, émanant du ministère de l'instruction publique.

On comprend le dégoût qu'inspire aux élèves ce *système d'exercice factice*, comme l'appelle Herbert Spencer. La gymnastique n'est pour eux qu'un cours supplémentaire, auquel ils s'efforcent de se soustraire. Ce n'est plus qu'une leçon ajoutée à tant d'autres, qu'une fatigue, qu'un ennui d'une autre espèce, et voilà tout. Quel contraste entre ces travaux de force exécutés à regret, dans la cour étroite d'un lycée, sous l'œil du maître, et les joyeux ébats de ces mêmes jeunes gens lorsqu'ils sont élevés dans leurs familles et qu'ils peuvent se livrer en pleine liberté aux jeux de leur âge et aux exercices de leur goût! Au lieu des évolutions métho-

1. *Extraits des rapports de MM. les recteurs*, loc. cit., p. 141.

diques du trapèze ou des barres parallèles, c'est la course, le saut, la lutte et le pugilat au besoin. Ce sont les longues promenades dans lesquelles chacun s'amuse à sa guise. On s'exerce à grimper aux arbres, à franchir les ruisseaux, à escalader les rochers. Les plus favorisés suivent leurs parents à la chasse, à la pêche. Si la mer est proche, on n'a pas besoin de professeur de natation, et l'on apprend vite à manier l'aviron.

L'esprit se repose et se détend dans ces courses si profitables à la santé. Il se retrempe pour l'étude prochaine, et l'élève qui s'est bien diverti l'aborde presque avec plaisir. Il reprend ses livres sans se faire prier, tandis que son camarade de l'internat, après son insipide leçon de gymnastique, rentre nonchalamment à l'étude, s'assied d'un air ennuyé devant le pupitre confident de ses peines; et reprend avec un soupir son fastidieux et stérile labeur.

Les exercices et les jeux en pleine campagne donnent aux enfants la vigueur, l'agilité, l'adresse, la précision des mouvements et l'expérience des mille petits dangers qu'ils sont destinés à affronter dans le cours de leur existence. C'est un apprentissage comme un autre, et il faut le faire de bonne heure, sous peine de rester toute sa vie gauche, empêtré et maladroit. On reconnait d'un coup d'œil les jeunes gens qui ont grandi captifs, de ceux qui ont été élevés en liberté.

Ce vagabondage salutaire n'est possible qu'avec l'externat. C'est précisément pour le remplacer que nous nous efforçons aujourd'hui d'organiser des jeux réguliers en plein air, sous la surveillance des maîtres qui, responsables des enfants, ne doivent pas les perdre de vue. Ce n'est pas une raison pour renoncer à la gymnastique. Elle a l'avantage de permettre l'exercice sans sortir du lycée et d'habituer le corps à des mouvements méthodiques qui lui donnent une souplesse et une agilité toutes particulières; mais, avant tout, il ne faut pas souffrir que ceux qui l'enseignent la rendent insupportable. La gymnastique a ses pédants comme les belles-lettres, c'est aux proviseurs à modérer le zèle des maîtres et à leur faire comprendre qu'il s'agit de fortifier et d'assouplir de jeunes organismes et non de former des clowns ou des acrobates.

Une considération rend cette intervention des proviseurs plus nécessaire encore. Tous les exercices gymnastiques n'ont pas la même valeur au point de vue hygiénique, et ceux que préfèrent les maîtres ne sont pas toujours les meilleurs. Dans un ouvrage extrêmement remarquable qu'il a publié l'an dernier [1], M. le Dr L. Lagrange a prouvé, par une analyse très savante de ces exercices et de leurs conséquences, que le trapèze, les anneaux, les échelles, les barres parallèles, quand on s'y livre avec excès, déterminent à la longue de légères déviations de la colonne vertébrale.

« La gymnastique des agrès déforme ceux qui en abusent, dit-il; la plupart des gymnastes de profession ont le dos rond et les épaules voûtées [2]. » Il n'y a assurément pas à craindre que les élèves des lycées contractent de ces scolioses, avec les six minutes de travail musculaire qu'on leur concède par semaine; il est bon qu'ils sachent pourtant qu'il vaut mieux se livrer aux exercices qui ne font pas fonctionner exclusivement les bras, à ceux qui mettent en mouvement le corps tout entier. La course, la boxe française, les exercices du plancher, sont

1. Fernand Lagrange, *Physiologie des exercices du corps*, Paris, 1888.
2. *Ibid.*, p. 292.

au nombre de ceux que leur recommande le Dr Lagrange.

Après les avoir ainsi prévenus, il n'y aurait, à mon avis, aucun inconvénient à leur laisser la libre disposition des gymnases pendant la récréation, à la condition de leur interdire les exercices qui peuvent être dangereux en l'absence des maîtres. Il faudrait également s'arranger de façon que, pendant les leçons, ils pussent tous s'exercer à la fois. Il suffirait pour cela de leur donner des moniteurs pris dans leurs rangs ou parmi les maîtres d'étude. La gymnastique se prête très facilement à l'enseignement mutuel. Enfin, il serait indispensable d'avoir dans tous les lycées deux gymnases, l'un couvert, pour le mauvais temps, et l'autre en plein air.

Escrime. — Dans sa circulaire du 27 septembre 1872, qui devrait être la charte de l'Université, M. Jules Simon recommande à tout le personnel de l'enseignement de favoriser dans les lycées l'étude de cet art si éminemment français.

L'escrime, indépendamment de la vigueur, de l'agilité, de la précision des mouvements qu'elle développe à un haut degré, donne aux jeunes gens l'allure hardie et dégagée qui sied à cet âge et qui contraste avec la taille voûtée de ceux qui ont trop pâli sur les livres. M. F. Lagrange lui reproche de déterminer à la longue une courbure latérale du rachis dont la cavité correspond au côté qui tient le fleuret. On l'observe, dit-il, chez tous les maîtres d'armes; mais il est évident que ce n'est pas une leçon prise de temps en temps qui peut produire de pareils effets. D'ailleurs, il serait facile d'y remédier, en forçant les élèves à tirer tantôt de la main droite, tantôt de la main gauche.

L'escrime est un art très fatigant par la dépense considérable d'influx nerveux et de force musculaire qu'il impose. C'est un inconvénient pour les jeunes gens qui ont à supporter une somme exagérée de travail intellectuel, parce que les deux fatigues s'ajoutent l'une à l'autre au lieu de se compenser. Le Dr Lagrange estime que cet exercice ne convient pas aux hommes d'étude et aux enfants dont le cerveau travaille avec excès. Je ferai observer toutefois que cette dépense ne se produit que lorsqu'on fait assaut avec un camarade et que l'émulation s'en mêle. En présence du maître d'armes ou du prévôt, il n'est pas possible de s'emballer et il suffira de recommander à ceux-ci de ménager, d'une manière particulière, les jeunes gens soumis à l'entraînement des concours.

Quoi qu'il en soit, il faut encourager l'escrime et tâcher d'en répandre l'enseignement dans les lycées, parce que dans un pays où tout le monde est destiné à passer sous les drapeaux, il est bon que ceux qui seront appelés à porter une épée apprennent de bonne heure à s'en servir.

Les mères et quelques pères aussi craignent qu'en apprenant aux enfants à manier le fleuret, on ne les rende querelleurs. M. Jules Simon a répondu à cette objection d'une manière triomphante, dans un de ces articles tout à la fois sérieux et humoristiques dont il a le secret : « Mon Dieu, non, dit-il, les succès de la salle d'armes ne rendent pas un homme ferrailleur; ils le rendent brave, c'est tout différent. Ils l'habituent à compter sur lui et ne lui donnent nulle envie de provoquer les autres. Compter sur soi, c'est une grande force dans la vie, c'est une bonne habitude à prendre, c'est la règle fondamentale de l'éducation, après le devoir, qui domine tout. Cet enfant apprend l'escrime; il devient maître de sa force et de ses membres; l'œil, la main, le pied, le corps entier, sont aguerris, propres à l'attaque et à la défense. Il comptera sur lui-même ; vous ne le verrez pas se mettre sous la protection d'un autre et éviter lâchement le péril. Je suis persuadé que le nombre des peureux augmente depuis qu'on a cessé de porter l'épée. Je ne le sais pas par expérience, je n'ai jamais porté d'autre épée que celle de l'Institut, et elle ne m'a jamais causé d'autre impression qu'un certain ennui [1]. »

L'escrime ne s'enseigne aujourd'hui dans les lycées qu'en leçons particulières et qui coûtent très cher aux familles. Aussi les élèves qui s'y livrent sont-ils très peu nombreux. Le comité pour la propagation des exercices physiques dans l'éducation s'est occupé de ce sujet d'une manière toute particulière et lui a consacré plusieurs séances. Après avoir entendu le rapport remarquable de M. de Villeneuve, président de la Société d'encouragement de l'escrime, il a émis le vœu que cet exercice devînt obligatoire, à dater de 1890, pour les élèves qui se préparent à l'École polytechnique et à l'École navale, ainsi qu'il l'est déjà pour les aspirants à l'École militaire de Saint-Cyr.

1. Jules Simon, *Mens sana in corpore sano* (*l'Éducation athlétique*, numéro du 15 janvier, p. 1).

Pour que cette obligation ne devienne pas trop onéreuse pour les familles et que l'escrime se vulgarise dans les lycées, il faut d'abord la rendre moins dispendieuse. Le comité a adopté, dans ce but, un projet de règlement qui lui a été proposé par le regretté général Tramond, et qui consiste à avoir, dans tous les lycées, des maîtres titulaires et adjoints, nommés par le ministre, sur la proposition de MM. les recteurs et pourvus d'appointements fixes. Ces professeurs se recruteront principalement, mais non exclusivement, dans l'armée. Les deux tiers des emplois au plus pourront être attribués à des sous-officiers maîtres d'armes, ayant quinze ans de service. Ils se contenteront d'un traitement modeste, qu'ils pourront ajouter à leur retraite.

Quant aux fournitures, qui sont aujourd'hui l'objet de quelques abus, elles seront à la charge de l'État, qui les délivrera aux élèves moyennant un prix d'abonnement fixé à forfait. Le comité a, de plus, exprimé le vœu que des concours soient organisés entre les élèves des lycées et des collèges, par les soins du ministère de l'instruction publique, et qu'un service d'inspection soit régulièrement constitué pour surveiller cette partie de l'enseignement.

Équitation. — L'équitation, comme l'escrime, a sa place marquée dans toute éducation libérale; elle est indispensable aux jeunes gens qui se destinent aux carrières militaires; elle constitue pour tous les enfants un exercice salutaire. C'est une école d'assouplissement et de bonne tenue. Les cavaliers conservent, jusqu'à un âge avancé, une remarquable élégance de taille.

L'influence combinée des contractions musculaires nécessaires pour se maintenir en selle et des secousses causées par les actions du cheval, le mouvement, l'air vif qui se précipite dans les poumons, exercent sur la nutrition une influence des plus marquées. Il n'est pas rare de voir des adolescents délicats transformés par l'équitation. Sydenham et Stahl la conseillaient même aux jeunes gens menacés de phtisie pulmonaire. Je n'ai pas à m'occuper de ce côté de la question; mais, en dehors de ses propriétés thérapeutiques qui sont contestables, l'équitation a, pour l'hygiène et pour la pratique de la vie, des avantages qui suffisent pour lui donner une place importante dans l'éducation physique.

Malheureusement, c'est un art assez dispendieux. L'équitation est comme l'escrime, elle ne fait pas partie des exercices obligatoires et gratuits. Les parents doivent payer les leçons de manège en plus du prix de la pension. Quelques-uns des recteurs d'académie consultés par le ministère de l'instruction publique ont émis la pensée que, dans les villes où des régiments de cavalerie se trouvent en garnison, on pourrait utiliser leurs chevaux et leurs instructeurs pour enseigner aux élèves à monter à cheval. Cette idée est séduisante ; mais elle n'est pas pratique, et je ne crois pas que l'autorité militaire soit disposée à s'y prêter. Il y a tant à faire aujourd'hui pour instruire les recrues et faire le service régimentaire, que les hommes et les chevaux sont fatigués outre mesure et qu'il serait bien difficile de leur imposer une charge de plus. Il y aurait encore à cela d'autres inconvénients sur lesquels il est inutile d'insister.

Ce qu'il y a de mieux à faire, c'est de favoriser dans les villes l'établissement de manèges. Si les parents conseillés par leurs médecins voulaient y envoyer leurs enfants, si le lycée leur fournissait une clientèle assurée, ils pourraient faire leurs frais, même dans les petites villes. Quant aux grands centres, il n'y a pas besoin de créer cette ressource ; il suffit de l'utiliser. C'est ce qu'a fait M. Godard pour les élèves de l'école

Monge. Il a pris un abonnement au Jardin d'Acclimatation, et, moyennant une rétribution de 4 francs par mois, chaque élève prend une leçon d'équitation par semaine. Il en envoie cent tous les jours au manège. C'est un exemple que les lycées feraient bien de suivre, et la plupart des parents qui peuvent donner à leurs fils l'instruction secondaire, sont en mesure de s'imposer en plus un sacrifice aussi léger.

L'équitation est le plus dangereux des exercices que nous venons de passer en revue. Le nombre des accidents qu'elle cause est considérable. C'est une raison de plus pour tâcher de s'y rendre habile. Il n'est pas d'homme qui ne puisse être forcé, à un moment donné, de monter à cheval, et s'il n'a pas appris cet art difficile, il s'expose à se rompre le cou. Or on se familiarise d'autant mieux avec l'équitation qu'on s'y prend plus jeune; et lorsqu'on s'exerce sur la piste d'un manège, sous les yeux d'un professeur qui s'y entend, avec des chevaux bien dressés, le danger est à peu près nul. Si les meilleurs cavaliers se tuent parfois, c'est parce qu'ils se fient trop à leur habileté, qu'ils mettent leur amour-propre à monter des chevaux difficiles et à dresser ceux qui sont vicieux.

Exercices militaires. — L'escrime et l'équitation, qui sont des jeux guerriers, conduisent naturellement aux exercices militaires. Ces derniers sont inscrits au programme de tous les lycées et collèges. Ils ont joui longtemps de la faveur des hygiénistes. Vernois, en 1868, avait proposé de remplacer partout la gymnastique par l'escrime, l'exercice du fusil, les marches et contremarches, les courses et les pas militaires [1]. La commission de gymnastique de 1869, dont faisaient partie MM. Larrey, Bouvier et Hillairet, avait fixé à seize ans l'âge où devait commencer le maniement du fusil.

Après la guerre il n'y eut qu'un cri de tous les enfants pour demander à faire l'exercice. En 1870 beaucoup parmi les grands élèves étaient partis, devançant l'âge, et quelques-uns n'étaient pas revenus. Les élèves de Condorcet avaient demandé à aller aux remparts. On aurait été mal venu à leur refuser des fusils lors de la rentrée de 1871. Les familles les réclamaient également, en vue du volontariat. Le ministre de la guerre en fit donner à tous ceux qui pouvaient les porter et les manier. Ils s'en empa-

1. Vernois, *l'État hygiénique des lycées de l'empire en 1867* (*Annales d'hygiène*, 2e série, t. XXX, p. 369).

rèrent avec enthousiasme, et en quatre mois ils arrivèrent à manœuvrer comme de vieux soldats. Depuis cette époque, leur ardeur s'est refroidie. L'exemple des bataillons scolaires a dégoûté les élèves des collèges de jouer au soldat. Les exercices militaires ne sont plus en faveur dans les lycées. J'en excepterai cependant celui d'Alger, où 120 internes s'y livrent avec entrain pendant deux heures par semaine, et font tous les jeudis une promenade militaire, de quatre à sept heures, fusil à l'épaule et sac au dos, sous la conduite des instructeurs militaires. Cet entrain se conçoit dans un pays qui est depuis un demi-siècle entre les mains de l'armée et où tout le monde est soldat; mais en France il n'en est pas de même.

La plupart des recteurs demandent la suppression de ces exercices. L'un d'eux s'exprime ainsi : « Des juges compétents, des officiers éclairés et patriotes m'ont dit souvent : « Faites-« nous, par la gymnastique, des jeunes hommes « souples et robustes; nous nous chargerons bien « de leur apprendre, au régiment, l'école du sol-« dat et ce qui vient à la suite. Chaque chose a « son temps, et à chacun sa tâche [1]. »

1. *Extraits des rapports des recteurs*, loc. cit., p. 161.

Toutes les fois que j'ai interrogé des officiers de l'armée, ils m'ont fait la même réponse. Les élèves des lycées, de leur côté, n'ont aucun goût pour ces mouvements automatiques, monotones, et les sous-officiers qui sont chargés de les leur enseigner ne font rien pour les rendre attrayants. Dans le sein de la commission ministérielle, les avis ont été partagés; mais la majorité s'est prononcée contre les exercices et a formulé son opinion dans les termes suivants : « L'éducation militaire, généralement mal enseignée, est un embarras au lycée et n'est pas un secours à la caserne ».

La commission a fait toutefois une exception en faveur du tir, qu'il faut développer, à titre de divertissement, de jeu d'adresse et de remède contre la myopie. En le recommandant pour les élèves des divisions supérieures, elle a signalé aux administrations l'excellente instruction rédigée par le général Tramond, pour guider méthodiquement l'éducation des jeunes tireurs dans nos établissements scolaires [1].

Natation. — C'est l'art le moins répandu et le plus utile de tous, puisqu'il met à même de

1. Compte rendu de la séance de la quatrième sous-commission, tenue le 22 janvier 1889.

sauver sa propre vie et parfois celle des autres. C'est en même temps le plus hygiénique des exercices, parce qu'il met en jeu des muscles qui sont d'ordinaire au repos, et qu'il développe la poitrine, par les inspirations profondes et soutenues qu'il exige. C'est le plus propre à fortifier l'organisme, parce que les efforts qu'il nécessite n'entraînent aucune déperdition de force et qu'il joint à l'exercice musculaire l'action tonique du bain froid.

Il est bon pour tout le monde de savoir nager; mais ce talent est nécessaire aux hommes qui vivent sur le littoral et indispensable aux jeunes gens qui se destinent aux professions maritimes. J'ai toujours été surpris du peu d'importance qu'on y attache dans la marine et du nombre considérable d'officiers qu'on y rencontre ne sachant pas nager. Je sais ce qu'on répond à cela. On dit que, dans les naufrages, ce sont les bons nageurs qui se noient les premiers. J'ai répondu à cette objection, il y a quelques mois, dans le journal de l'école Monge :

« Il est possible, disais-je, que les hommes qui nagent bien se noient parfois, en se fiant à leur habileté et en cherchant à gagner la plage avant le moment opportun, tandis que les autres restent sur l'épave jusqu'au bout, en attendant qu'on vienne les chercher; mais ce qui est certain, c'est que, pour un nageur qui se noie par impatience, il y en a dix qui succombent en se dévouant pour les autres; les uns parce qu'ils s'offrent pour porter à terre le bout de l'amarre qui doit être le salut de tous, les autres parce qu'ils ne se résignent pas à se sauver seuls et qu'ils s'obstinent à rester près de ceux qui ne savent pas nager, pour tâcher de les tirer d'affaire. Le maréchal Soult avait l'habitude de dire qu'à la guerre ce sont toujours les mêmes qui se font tuer. Eh bien, à la mer, ce sont toujours les mêmes qui se noient, et tant pis pour les autres. Ce ne sont pas ceux qui meurent en faisant leur devoir qu'il faut plaindre, ce sont les malheureux qui ne sont pas capables de le remplir [1]. »

Il n'est pas aussi facile dans les lycées de faire apprendre à nager aux enfants que de leur donner des leçons de gymnastique et d'escrime. Les villes situées sur le littoral, sur le bord des lacs ou des fleuves, sont l'exception ; les autres n'ont, le plus souvent, qu'un petit cours d'eau sans profondeur et dans lequel il est bien difficile

1. Jules Rochard, *le Sauvetage* (*l'Éducation physique*, numéro du 5 mars, p. 68).

d'exercer de nombreux élèves à un art qui a ses difficultés et surtout qui demande un assez long apprentissage. Il ne suffit pas en effet de savoir faire quelques brasses pour se tirer d'affaire en cas de naufrage; comme exercice, c'est autre chose, et l'on peut s'y livrer dans un bassin artificiel, pourvu qu'il ait des dimensions et une profondeur convenables.

Dans un port de mer on mène les écoliers à l'établissement de bains une fois par semaine, dans l'été et lorsque le temps le permet. Cela ne suffit assurément pas. Dans certaines villes traversées par un fleuve on les mène à l'école de natation. C'est ce qui se fait à Paris; mais ce n'est pas la règle; ainsi, à Toulouse, il a fallu l'arrivée d'un nouveau proviseur pour que les élèves fréquentassent le bateau-école de la Garonne. A Pau on les conduit au bassin qui se trouve dans le parc. Au petit lycée de Ben-Aknoun, à Alger, il y a un vaste bassin de natation, alimenté par une noria et situé près de la cour de gymnastique. Les différentes divisions y vont à tour de rôle; mais le modèle des installations de ce genre, c'est la piscine de natation que M. Normand, l'architecte du gouvernement, a établie au lycée de Vanves.

Le bassin a 32 mètres de long sur 16 de large, avec des profondeurs variées pour permettre aux enfants de tout âge de s'y baigner. L'eau peut être un peu échauffée par des appareils disposés dans l'épaisseur du radier. Quarante-huit cabines sont disposées autour du bassin, dont elles sont séparées par des pelouses gazonnées, sur lesquelles les enfants peuvent courir et jouer en sortant de l'eau, sans se blesser les pieds. Je n'ai pas besoin d'insister sur le parti qu'on peut tirer d'une installation semblable, pour fortifier et divertir les élèves, tout en assurant leur propreté. Il serait à désirer qu'on dotât de piscines semblables tous les lycées et tous les collèges que l'on construira désormais.

Canotage. — Le canotage est le complément naturel de la natation. Les Anglais ont pour cet exercice une prédilection nationale. C'est pour eux le premier des *sports*. Chaque année les écoles d'Oxford et de Cambridge luttent entre elles dans des joutes à l'aviron qui passionnent les spectateurs et sont un événement dans le pays. On se prépare à ces régates plusieurs mois à l'avance. Il y a pour cela une éducation spéciale, un entraînement (*training*). Le jour venu, toute l'école, toute la ville, tous les parents accourent et garnissent les deux rives. Le signal donné, les barques à huit rames glissent et volent. Un silence inquiet les observe ; puis les encouragements, les acclamations et enfin les hurrahs pour les vainqueurs éclatent de toutes parts, et les jeunes ladies, qui portent les couleurs des universités rivales, battent des mains avec enthousiasme lorsque leur parti l'emporte.

En France nous n'en sommes pas encore là. Je ne crois pas qu'il faille nous en plaindre, car ce n'est plus de l'éducation. Cet entraînement, ces spectacles publics, sentent plutôt le *turf* que le collège, ainsi que le fait judicieusement observer M. Jules Simon. Le canotage a cependant fait chez nous de grands progrès depuis 1830, époque à laquelle Alphonse Karr l'a mis à la mode à Paris. Il constitua à cette époque, avec Adolphe Adam, Théophile Gautier, Victor Deligny, Louis et Théophile Gudin, une petite société qui fit parler d'elle. Toute une flottille de bateaux se montra sur la Seine, à la suite de ces illustres canotiers. Les premières courses organisées en Seine eurent lieu dans des canots de navires venant de Rouen ou du Havre. Nulle réglementation n'existait encore ; on se bornait à mettre en ligne le même nombre d'avirons.

C'était l'enfance de l'art; mais bientôt on construisit, pour ce genre de sport, des embarcations spéciales. Les canots courts et larges furent remplacés par des yoles de 8 à 10 mètres de long sur 1 mètre à 1 m. 20 de large, armant de quatre à huit avirons. Ce fut la naissance du *rowing* et son divorce d'avec la marine proprement dite. En 1853 on adopta les embarcations en sapin et en acajou venues d'Angleterre; enfin depuis 1856 il n'y en a plus que deux catégories, les *yoles* et les *outriggers*.

Les canots de toute espèce se sont multipliés depuis cette époque sur la Seine et sur la Marne. Lors du Congrès des exercices physiques, le comité a été témoin d'une joute qui rappelait celles d'Oxford et de Cambridge. Des deux outriggers engagés, l'un était monté par des canotiers de la basse Seine, l'autre par des canotiers de la Marne. Ce sont ces derniers qui l'ont emporté. Les deux embarcations ont franchi les quatre kilomètres du parcours en treize minutes.

Les bords de la Marne étaient couverts de spectateurs, et des embarcations de toute espèce la sillonnaient en tout sens. Nous avons pu juger par là de l'importance que le canotage a prise à

Paris et de l'ardeur avec laquelle on s'y livre. Nous en avons été ravis.

Il n'est pas d'exercice plus salutaire que celui-là. Il met surtout en action les muscles des membres supérieurs, ceux du tronc et des lombes. Il contre-balance ainsi l'usage trop exclusif des membres inférieurs. Pour juger de ses résultats, il suffit de regarder les torses splendides de nos matelots et la musculature puissante de leurs bras, qui contraste avec la gracilité de leurs jambes. Cette opposition était surtout frappante chez les marins d'autrefois, dont l'existence s'écoulait presque tout entière à bord, alors que les embarcations ne se manœuvraient qu'à l'aviron et qu'il n'y avait pas de chaloupes ni de canots à vapeur.

L'école Monge a adopté ce genre de sport. Les élèves se disputent les douze yoles qui sillonnent le grand lac du bois de Boulogne, et ont très rapidement appris à manier l'aviron. Ils n'y courent aucun danger, parce que, dans la partie qu'ils fréquentent, il n'y a pas assez de fond pour qu'on puisse se noyer. C'est en effet ce danger qui préoccupe un peu les familles et qui exige pour cet exercice une surveillance spéciale. C'est ainsi que le comité a émis l'avis qu'on ne laissât s'aventurer sur la Seine que les élèves sachant bien nager et sous la surveillance d'un maître nageur.

La question des accidents se présente à l'occasion de tous les exercices physiques. La crainte qu'ils inspirent aux parents et surtout aux chefs d'institution a beaucoup contribué à les faire négliger. « En fait, dit le recteur de l'académie d'Alger, les accidents qui arrivent aux enfants laissés en liberté sont fort rares. Avouons que nous pensons moins à nos élèves, en réprimant leur pétulance, qu'à notre responsabilité, c'est-à-dire à nous-mêmes. Je n'ai jamais vu les parents se plaindre d'un accident; mais nos règlements sont draconiens sur ce point, et nous savons qu'on nous demandera compte d'un bras cassé et bientôt raccommodé, et non pas de dix générations d'élèves étiolés pour la vie [1]. »

Les accidents ne sont pas à redouter lorsqu'on habitue de bonne heure les garçons à jouir d'une certaine liberté dans leurs jeux. Ils font petit à petit l'éducation de leurs organes et l'apprentissage de la vie physique. Ceux-là se blessent rarement, tandis que les enfants qu'on a toujours tenus en laisse sont sérieusement en danger le

1. *Extraits des rapports des recteurs*, loc. cit., p. 130.

jour où, abandonnés à eux-mêmes, ils veulent se livrer avec leurs camarades aux exercices dont ils n'ont pas la coutume.

La meilleure façon de prémunir les enfants contre de semblables périls, c'est de leur apprendre à ne pas les craindre et à savoir s'en garer. Un grand garçon robuste, agile, assoupli par les exercices, a confiance en lui-même et l'inspire aux autres. Celui-là se tire d'affaire alors que les maladroits restent en chemin : « Je mettrais volontiers, dit M. Jules Simon, sur la porte d'un collège : « Ici on se débrouille soi-même ».

L'éloignement qu'éprouvent les parents pour les exercices physiques tient à ce qu'ils font perdre du temps. Les pères de famille sont les premiers à interdire à leurs fils tout ce qu'on ne demande pas aux examens, et les mères elles-mêmes excitent leurs enfants à ne s'occuper que de ce qui peut leur servir à l'emporter sur les autres. Les uns et les autres sont, hélas! dans leur rôle. N'ayant pas de fortune à laisser à leurs fils, il faut qu'ils leur procurent une carrière qui les fasse vivre. Qui n'a été témoin du désespoir que cause dans les familles de fonctionnaires l'échec d'un garçon dans ses examens d'admission pour une des écoles de l'État. L'accès en devient chaque jour plus difficile, parce que les candidats deviennent chaque jour plus nombreux. J'en ai dit la cause plus haut. J'en indiquerai plus tard le remède, car il est temps de mettre fin à cette digression.

V. — Promenades. Excursions.

La promenade est l'exercice le plus salutaire et le plus attrayant qui soit. C'est le délassement par excellence des hommes de cabinet, aussi longtemps que leurs forces leur permettent de s'y livrer; elle est encore plus indispensable à la jeunesse. Eh bien, dans les lycées, on est parvenu à la réduire au minimum et à en faire une occupation aussi fastidieuse que les autres.

Il n'y a que deux promenades par semaine, une le jeudi et l'autre le dimanche. La première est souvent annulée par la grande retenue du jeudi, et la seconde ne compte guère, étant données les sorties générales et les sorties de faveur. Souvent, aussi, le mauvais temps vient y mettre obstacle. Elles sont censées durer trois heures; mais, si l'on en défalque le temps que prennent l'habillement et l'inspection des uniformes avant le départ, on verra qu'elles se réduisent presque à deux heures.

Les élèves qui sont fréquemment privés de sortie, ceux qui manquent de correspondants, ceux enfin qui sont trop coutumiers de la retenue, demeurent quelquefois trois semaines, un mois et même davantage prisonniers dans l'établissement [1]. Ils ne le regrettent pas du reste, et plus d'un demande à rester au lycée, en *retenue volontaire*, sous prétexte de travailler, mais tout simplement pour esquiver cette corvée. C'est que les promenades par la ville ou à travers des champs sans ombrage fatiguent les petits et ennuient les grands, sans profit pour la santé des uns ni des autres. C'est le vice-recteur de l'académie de Paris qui s'exprime ainsi et il a mille fois raison.

J'ai déjà parlé du spectacle attristant que nous offrent ces processions de collégiens dégingandés, qu'on voit passer, marchant à la file et par rang de taille, sur les trottoirs des grandes villes; on comprend que cet ordre soit nécessaire et qu'on ne puisse pas les laisser courir à l'aventure dans les rues; mais on pense qu'une fois l'enceinte

1. *Extraits des rapports*, etc., p. 147, 154.

franchie, on les laissera du moins s'ébattre en liberté. Il n'en est pas toujours ainsi. Il y a nombre de lycées dans lesquels on continue à les faire marcher par quatre dans la campagne, de telle sorte qu'ils rentrent dans l'établissement sans avoir rompu les rangs. Les maîtres d'étude, que cette morne déambulation n'amuse pas plus que les élèves, font ce qu'ils peuvent pour l'abréger, et voilà comment on a transformé le plus salutaire, le plus hygiénique et le plus moralisateur des exercices.

Il y a des proviseurs qui ont imaginé de transformer ces sorties en promenades militaires. Celui de Pontivy a créé une société de marche et de gymnastique dont il s'est réservé la présidence. Les élèves qui la composent, et qui sont une cinquantaine, font des courses de 16 à 20 kilomètres, au son du clairon, sous la direction d'un maître et du professeur de gymnastique. Ils reviennent enchantés, ce qui prouve que les écoliers ne sont pas si difficiles à amuser qu'on le dit.

J'ai copié tout ce qui précède dans les rapports des recteurs d'académie, pour bien montrer qu'ils sont complètement d'accord avec les hygiénistes sur la nécessité de mettre fin à un pareil état de choses. Les moyens qu'ils proposent pour cela sont simples, pratiques et d'une exécution facile. Il faut multiplier les promenades, en accroître la durée et les rendre attrayantes.

La plupart d'entre eux proposent d'instituer une troisième promenade,qui aurait lieu le mardi, et de faire sortir les élèves tous les soirs, une heure durant, pendant la belle saison. A Bar et dans tous les collèges des Vosges on a introduit l'usage d'une promenade, tous les jours de classe, de sept heures et demie à huit heures et demie du soir. Enfin nous avons vu que la souscommission des exercices physiques propose de faire sortir les élèves tous les jours, pendant la grande récréation de trois heures. Ce serait assurément une excellente mesure, en admettant, bien entendu, que ce ne soit pas pour aller promener en rang sur des routes poudreuses, mais pour aller jouer en liberté dans la campagne. Je sais que cela n'est pas possible dans les grandes villes et en particulier à Paris; mais, sur nos quatre-vingt-quatre lycées, il n'y en a certainement pas dix qui soient situés dans des villes si grandes qu'on ne puisse en sortir en une demiheure de marche, et presque tous les collèges sont placés dans de petites localités où la campagne est à leur porte. C'est donc de cette majorité qu'il y a lieu de s'occuper tout d'abord; nous verrons ensuite ce qu'on peut faire pour les autres.

Dans le plus grand nombre de ces établissements on peut conduire les enfants dans la campagne, dans les bois et les y laisser jouer à leur guise pendant tout l'après-midi du jeudi et du dimanche. Si le mauvais temps supprime une de ces promenades, il faut la reporter sur un des jours de la semaine, en la faisant plus courte, bien entendu, pour ne pas déranger le cours des classes.

Dans la belle saison on fera bien, de temps en temps, d'emmener les internes à la campagne depuis le matin jusqu'au soir. Le dîner sera, dans ce cas, remplacé par un repas sur l'herbe, dont il sera facile d'emporter les éléments, à moins qu'on ne préfère se les procurer sur place, ce qui serait facile en s'y prenant à l'avance. Tout est fête dans un lycée, et une journée pareille suffirait pour y mettre de la gaieté et de la bonne humeur pour plus d'un mois.

M. Duruy et M. Jules Simon ont eu l'un après l'autre la pensée d'introduire cette coutume dans les collèges. « Je me souvenais, dit ce dernier, qu'à Sainte-Anne-d'Auray, du temps des jésuites, et dans la plupart des collèges dirigés par des catholiques, sur lesquels j'ai été renseigné, on faisait assez fréquemment de grandes promenades. Les élèves y pensaient deux mois d'avance pour le moins. On partait ces jours-là beaucoup plus tôt; on rentrait beaucoup plus tard. On se donnait un but : un vieux château, un site remarquable, le bord de la mer, ou encore un pèlerinage. En général il y avait un goûter sur l'herbe ou même un souper, quand le temps le permettait. Il fallait toujours faire une grande course pour arriver au but; mais on la faisait gaiement, et la fatigue même était un plaisir [1]. »

Cette excellente habitude ne s'est pas généralisée; mais elle a été adoptée par quelques lycées qui y sont restés fidèles. Ainsi, le proviseur de Bayonne emmène souvent ses élèves dans les montagnes voisines. A Grenoble, les professeurs eux-mêmes se sont mis à la tête de leurs élèves, pour les guider dans les environs si remarquablement accidentés de cette ville pittoresque.

1. Jules Simon, *la Réforme de l'enseignement secondaire*, loc. cit., p. 153.

Dans le ressort de l'académie de Toulouse on a fait mieux que cela. Des élèves de Montauban, conduits par un maître, ont successivement rallié des élèves de Toulouse également dirigés, puis des élèves de Tarbes accompagnés par leur proviseur. Cette caravane a fait, par Bagnères, l'ascension du pic du Midi; elle est redescendue sur Barèges, a poussé jusqu'au cirque de Gavarnie, puis s'est dissoute avec autant d'ordre qu'elle s'était formée, après cette excursion de quatre jours.

Tous les lycées de France n'ont pas dans leur voisinage les Alpes ou les Pyrénées; mais on a partout le moyen de donner de l'intérêt aux longues promenades. On sait combien les excursions botaniques ont d'attrait pour les écoliers; la géologie, la minéralogie, l'archéologie donneraient un intérêt analogue aux longues courses que l'hygiène réclame; enfin, sur d'autres points du pays, la visite des monuments historiques ou des grands établissements industriels pourrait également servir de but aux excursions.

Quelques établissements d'instruction secondaire ont la bonne fortune de posséder une maison de campagne où les élèves vont jouer les jours de congé. Le lycée de Nantes est dans ce cas. Sa belle propriété de la *Collinière*, située à petite distance de la ville, offre aux internes son air pur et ses ombrages, et, comme elle est munie d'une salle à manger, ils peuvent y prendre leur repas et y passer la journée le dimanche. Ceux du petit lycée de Ben-Aknoun vont, deux fois par semaine, jouer dans un grand parc où on leur a concédé du terrain pour faire des jardinets; on a même mis à leur disposition des instruments d'horticulture. A Toulouse, l'administration a pris à bail, pour dix ans et au prix annuel de 1 500 francs, la *villa des Rosiers*, entourée d'un beau parc de plus d'un hectare. Elle y a installé deux gymnases, l'un couvert et l'autre en plein air; avec des jeux de tonneau, de croquet, de paume, etc. Comme cette propriété n'est qu'à 2 kilomètres de la ville, on peut y conduire jusqu'à six divisions par jour. A Auch on a acheté, pour un prix insignifiant (4 800 fr.), une maison de campagne très modeste, mais renfermant un verger, une prairie et des bâtiments qui suffisent pour loger le gardien et abriter au besoin les élèves.

J'ai cité ces exemples pour montrer quel bien-être on peut donner, à peu de frais, aux enfants quand on veut s'en occuper. L'administration fera bien de provoquer des acquisitions de ce genre, surtout dans les villes où les lycées sont situés dans les quartiers centraux et dont les cours sont insuffisantes.

Dans les grands centres où la campagne est loin, il faut s'y prendre d'une autre façon. On peut mener les élèves jouer dans les jardins publics, comme on le fait à Paris, ou dans les parcs du voisinage, en les y conduisant avec les omnibus de la maison. Lorsqu'il pleut, la visite des musées, des monuments, des usines peut remplacer la promenade. A Paris on n'a que l'embarras du choix : les galeries du Louvre, du Luxembourg, le musée de Cluny, l'hôtel Carnavalet, les Archives, etc., suffisent pour défrayer, pendant toute une année, la curiosité des élèves et faire en même temps leur éducation artistique. Le proviseur peut faire accompagner ses élèves par un professeur de dessin, d'histoire ou de belles-lettres. Il n'y a pas d'enseignement professé dans une chaire qui puisse égaler la vivante leçon donnée et reçue en face d'un chef-d'œuvre [1].

On se lasse de tout, même de jouer, et ce qu'il faut éviter, c'est la monotonie, c'est la satiété,

1. Jules Simon, *la Réforme de l'enseignement secondaire*, loc. cit., p. 154.

c'est l'ennui causé par le retour périodique et régulier des mêmes exercices. Je crois donc que, dans les lycées de Paris notamment, on ferait bien de profiter de la réduction de 10 pour 100 faite par la Compagnie de l'Ouest aux écoliers voyageant par groupes, pour les envoyer, de temps en temps, passer la journée dans les riantes campagnes des environs, sous les ombrages de Saint-Cloud, de Meudon, de Ville-d'Avray, de Saint-Germain. On pourrait les mener visiter le parc et le château de Versailles, et ce serait encore les instruire. Rien ne serait facile comme de les y faire dîner, en commandant le repas à l'avance, et ils reviendraient le soir, satisfaits, dans leur vieux lycée, qui leur semblerait moins étroit et moins sombre s'ils avaient de temps en temps la possibilité d'en sortir.

Ce que je conseille là, c'est ce que fait toute la population ouvrière de Paris le dimanche et sans réduction de tarif; or les familles aisées peuvent bien faire pour leurs fils ce que celles qui ne le sont pas font pour leurs enfants. J'aimerais beaucoup mieux ces excursions collectives faites sous l'œil des maîtres que les sorties dont j'aurai bientôt à m'occuper.

VI. — Congés. Vacances.

Dans les établissements d'instruction secondaire, on a trop d'heures de travail par jour, mais on a trop peu de jours de travail dans l'année. Si l'on met bout à bout les grandes vacances, celles de Pâques, les jeudis, les dimanches et les jours de fête, les congés du premier jour de l'an, du carnaval, de la Pentecôte et du 14 juillet, on arrive à cent quatre-vingt-cinq jours de chômage par an. Ce n'est pas la peine de faire travailler les élèves douze heures par jour pendant la moitié de l'année, pour les laisser dans l'inaction pendant l'autre moitié. Encore n'ai-je pas fait entrer en ligne de compte les congés extraordinaires, ceux que demandent le préfet à l'occasion de sa première visite dans l'établissement, le maire en récompense de la souscription que les élèves font en janvier pour le bureau de bienfaisance, l'évêque à propos de la confirmation, les inspecteurs généraux lorsqu'ils sont satisfaits de leur visite.

Ces congés intempestifs mettent le désarroi dans l'enseignement. Les recteurs le reconnaissent, mais ils ne veulent pas prendre sur eux de refuser. Une circulaire qui leur enlèverait la faculté de les accorder, ou qui déterminerait strictement les cas dans lesquels ils peuvent le faire, rendrait un grand service à l'instruction, surtout si elle substituait aux jours de congé supplémentaires de grandes promenades, dont on ferait de véritables fêtes d'écoliers [1].

Congés. — Si les congés étaient employés à des excursions comme celles dont j'ai parlé plus haut, je passerais volontiers condamnation sur leur nombre; mais les sorties en ville ne valent rien pour les écoliers, excepté quand ils les passent dans leurs familles, et c'est le cas le plus rare. Pour ceux dont les parents habitent à petite distance, il faudrait pouvoir leur envoyer leurs enfants tous les jours de congé. Les compagnies de chemins de fer, qui ont déjà consenti à accorder des billets à demi-tarif aux élèves qui vont en excursion par groupes, rendraient un grand service à l'éducation nationale si elles faisaient la même faveur à ceux qui s'en vont isolément passer la journée chez eux. La signature du proviseur donnerait une suffisante garantie, et l'avantage qui en résulterait au point

1. Rapport du recteur de l'académie de Toulouse, p. 170.

de vue moral, comme sous le rapport de l'hygiène, serait considérable.

Le foyer de la famille est le milieu pédagogique par excellence. Même quand il n'est pas parfait, c'est encore pour l'enfant le meilleur refuge. En revanche, rien n'est plus malsain que la sortie chez le correspondant, au moins dans les grandes villes. Les personnes qui acceptent cette charge ne peuvent pas consacrer leur journée entière à promener et à distraire l'enfant qui leur est confié. Elles le laissent libre d'aller où bon lui semble. Il s'empresse alors de rejoindre les camarades auxquels il a donné rendez-vous, et ils vont ensemble passer leur après-midi au café, ou au théâtre, ou dans quelques-unes de ces fêtes foraines dont nous avons maintenant le spectacle sous les yeux pendant toute l'année. Ne vaudrait-il pas cent fois mieux les emmener tous ensemble jouer et respirer dans la campagne?

Vacances. — Les vacances de fin d'année sont trop longues. Ces deux mois d'inaction embarrassent les familles, qui ne savent que faire de leurs garçons; ils font perdre à ceux-ci l'habitude du travail.

L'époque en est mal choisie. La fin de l'année scolaire est le moment des compositions pour les prix, de la préparation aux examens, du coup de collier en un mot, et tout cela coïncide avec les grandes chaleurs, pendant lesquelles le travail est si pénible. Il vaudrait mieux placer les vacances à cette époque-là et envoyer les enfants passer les mois de juillet et d'août dans leurs familles; mais il serait préférable encore de raccourcir les grandes vacances et d'allonger un peu celles de Pâques. C'est l'avis de tous les hygiénistes. L'année se trouverait ainsi plus régulièrement coupée, et le printemps est une excellente saison pour la villégiature.

On pourrait utiliser aussi les grandes vacances d'une manière fort utile, en les employant en partie à exécuter des voyages scolaires. Une pareille mesure serait aussi favorablement accueillie par les familles que par les écoliers. Les récits de Töpffer ont rendu l'idée populaire en France, et le docteur Varrentrop, conseiller sanitaire à Francfort, en a démontré les avantages au Congrès international d'hygiène de Genève. Les essais faits à Paris en 1883 sous le patronage de la Caisse des écoles primaires du IXe arrondissement, ont donné des résultats satisfaisants. Les élèves, qu'on avait à dessein choisis parmi les plus débiles, sont revenus bien portants, avec une augmentation très notable de taille et de poids.

Depuis cette époque il a été reconnu que ces pérégrinations fatiguent un peu les enfants des écoles communales, par la locomotion trop active qu'elles exigent, par la difficulté de donner aux petits voyageurs le confortable et les soins nécessaires à leur âge, et enfin par la succession trop rapide d'impressions émouvantes. Ces raisons ont fait préférer les *colonies de vacances*, qui ont pleinement réussi. Les objections qui précèdent, justes pour les élèves des écoles primaires, sont sans valeur quand il s'agit de ceux de nos lycées, qui sont plus âgés, en général plus robustes et dont l'esprit plus cultivé est moins impressionnable. Pour ceux-là, la fatigue d'un petit voyage n'est pas à craindre, et ce serait tout bénéfice.

Pour le rendre hygiénique et fructueux, il faudrait se donner quelque peine. La Compagnie des chemins de fer de l'Ouest a bien, il est vrai, organisé des voyages scolaires à prix réduit sur ses lignes de Normandie et de Bretagne, mais ce n'est pas là l'idéal d'un voyage de vacances. Il faut que les élèves marchent, qu'ils parcourent le pays à l'aide des moyens de locomotion qu'on y trouve et plus souvent à pied. Les excursions décrites par Töpffer peuvent servir de modèle, et celle qui a été faite en 1887 dans le ressort de l'académie de Toulouse, et dont j'ai parlé plus haut, prouve qu'on s'en tire à peu de frais. Il est indispensable de tracer à l'avance un itinéraire bien détaillé, de prendre des arrangements pour les frais de transport et les dépenses d'auberge, de choisir des maîtres sûrs et expérimentés pour guider la caravane, et de prévoir à l'avance tout ce qui peut être nécessaire aux enfants. Un proviseur intelligent fait cela sans peine, et il rend un grand service à ses élèves, surtout à ceux dont les familles habitent les grandes villes, et plus particulièrement encore à ces petits abandonnés qui n'ont pas de correspondants, pas de parents chez lesquels ils puissent se rendre, et qui, pendant que leurs camarades s'échappent avec joie dans toutes les directions, demeurent, le cœur serré, dans le morne silence du lycée, sous la sauvegarde d'un maître non moins ennuyé qu'eux.

CHAPITRE III

L'ÉDUCATION MORALE

L'éducation physique a pour but de former des hommes robustes, agiles et bien portants ; l'éducation intellectuelle, de les rendre instruits; l'instruction morale, d'en faire des gens de bien, pénétrés de leurs devoirs envers le pays, leurs semblables et eux-mêmes, résolus à les remplir et ayant la force d'âme nécessaire pour cela.

Elle a pour but également de former le caractère des enfants, de les rendre sociables et de les préparer à tenir convenablement leur place dans le milieu qui doit être le leur. L'éducation morale, en un mot, comprend tout ce qui n'appartient ni à l'instruction proprement dite, ni à l'hygiène. C'est l'école du devoir, du caractère, des mœurs et du savoir-vivre.

I. — Les devoirs.

S'il est une notion qu'il importe de donner de bonne heure aux enfants, c'est celle des devoirs qu'ils auront un jour à remplir, et jamais il n'a été plus urgent qu'aujourd'hui de la graver profondément dans leur âme. Nous sommes à une époque, et les moins pessimites sont forcés de le reconnaître, où les hommes sont plus préoccupés de leurs droits que de leurs devoirs. Ceux qui aspirent à les dominer et qui veulent les conduire, leur parlent toujours des premiers, jamais des seconds, et nous voyons chaque jour se formuler sous nos yeux des doctrines qui ont pour but de légitimer tout ce que le devoir condamne et ce que conseille l'intérêt.

Ce courant d'opinions et de sentiments est le résultat des événements qui se sont succédé depuis un siècle et de la transformation que les sociétés ont subie au point de vue moral comme au point de vue matériel. Chez nous, le droit de tout dire, de tout écrire et de tout faire, qui s'est établi peu à peu, a porté une atteinte sérieuse aux caractères. En affaiblissant l'amour du bien et l'horreur du mal, il a rendu possibles des compromis qu'on ne connaissait pas autrefois. Il est temps de s'arrêter sur cette pente. Une éducation virile et honnête peut seule préparer pour l'avenir des générations fortement pénétrées des obligations que la société impose, et bien décidées à les remplir.

Quand il s'agit d'éducation morale, la première question qui se présente est celle de savoir sur quel principe on peut s'appuyer pour en formuler les lois, quelle sanction il est possible de donner aux sacrifices qui en découlent. Quelque délicate que soit aujourd'hui cette question, il est impossible d'aller plus loin sans l'aborder franchement.

I. *Sanction de la loi morale.* — Je ne connais qu'un principe sur lequel on puisse baser la loi du devoir, c'est le principe religieux. Une morale matérialiste me paraît un non-sens. Je suis, du reste, en cela d'accord avec le sentiment de presque tous les écrivains qui se sont occupés d'éducation, à quelque religion, à quelque pays qu'ils aient appartenu. « On ne peut croire au devoir sans croire en même temps à Dieu, à la liberté, à l'immortalité. » C'est M. Jules Simon qui s'exprime ainsi, et ce n'est assurément pas un sectaire. « Personne, ajoute-t-il, ne se sacrifierait pour le devoir si le devoir était d'institution humaine. On lui donne son repos, sa fortune, sa vie, parce qu'on reconnaît qu'il vient de Dieu. La plus irréfutable démonstration de l'existence de Dieu, c'est la vie et la mort d'un juste [1]. » Sir John Stuart Blackie, dans un petit livre qui a eu un grand succès en Angleterre, où il est arrivé à sa vingt-deuxième édition, a émis la même idée, avec une originalité toute britannique et qui répond trop bien à mon sentiment pour que j'hésite à la reproduire : « Il y a, dit-il, une école de moralistes anglais, dérivant de Bentham [2], qui a tracé un plan de morale sans religion; c'est là, pour dire le moins, un divorce contre nature, un signe évident de petitesse, de lacunes dans la constitution intellectuelle de ceux qui se font les avocats de ce système. Je ne doute pas qu'un professeur de sagesse, tel que le vieil Épicure, ne puisse être, au train dont va le monde, un fort brave homme et qu'il ne puisse mener une vie pure, tout en croyant que l'édifice de ce magnifique univers est le produit d'un concours fortuit d'atomes aveugles; je suis parfai-

1. Jules Simon, *le Devoir*, 14e édition, préface, p. 4.

2. Jérémie Bentham, économiste anglais, né à Londres en 1747, mort en 1832. Il faisait reposer toute la morale et tous les devoirs sociaux sur l'intérêt personnel.

tement sûr que, de notre temps, il y a peu de gens plus vertueux que ceux qui parlent des lois naturelles, de l'enchaînement fatal, de l'heureuse combinaison des circonstances extérieures et qui croient, avec ces phrases creuses, expliquer le monde sans avoir besoin d'invoquer l'esprit. Mais, pour une âme saine, une telle morale doit avoir quelque chose d'anormal, de monstrueux. Il me semble voir un bon citoyen anglais, payant régulièrement l'impôt, faisant fidèlement son temps de service, se battant vaillamment au besoin pour la patrie, et qui refuserait d'ôter son chapeau devant la reine. Nous ne le marquerions sans doute pas du signe infamant des traîtres ou des rebelles; mais enfin nous éprouverions un indulgent mépris pour un homme si sujet aux lubies et si dépourvu de bonnes façons [1]. »

Il est certain qu'on trouve en France comme en Angleterre, dans les classes éclairées surtout, des hommes que le sentiment abstrait du devoir suffit pour maintenir dans la bonne voie, dont la droiture, l'honnêteté, l'austérité même sont d'aussi pur métal que leur intelligence; mais la morale de ces hommes-là n'est qu'une religion

1. John Stuart Blackie, *l'Éducation de soi-même*, 1888, p. 67.

dont ils ont ôté l'étiquette. Toutefois ce déguisement la rend méconnaissable pour les gens dont l'esprit est moins éclairé et *a fortiori* pour les enfants, dont l'intelligence est simple, mais dont la logique est implacable. Il leur faut une sanction pour se soumettre à la nécessité de vaincre leurs mauvais penchants. Cette sanction ne peut être que l'idée de Dieu et la notion de la vie future, clairement exprimées et débarrassées des circonlocutions et des subterfuges derrière lesquels certains professeurs cherchent à les dissimuler.

La nécessité de faire de l'idée religieuse la base fondamentale de l'éducation morale, toutes les nations l'ont tour à tour admise, quelles que fussent par ailleurs leurs croyances. Nous sommes le seul peuple qui ait tenté de faire autrement, et encore l'Université a-t-elle toujours maintenu ce principe. Dieu a sa place dans tous les programmes de l'enseignement, et à tous les degrés [1], ainsi que dans les instructions

1. 1° Programmes d'enseignement des écoles primaires élémentaires : Annexe F. III. Éducation morale. Cours moyen. — — 2° Programmes revisés des écoles normales primaires. Deuxième année : Morale. — 3° Programme de l'enseignement secondaire classique. Classe de philosophie : Éléments de métaphysique. — 4° Programme de l'enseignement secondaire spécial. Quatrième année : Morale.

données aux instituteurs, par le ministre, en exécution de la loi du 30 octobre 1886, sur l'organisation de l'enseignement primaire. Ces instructions sont claires, catégoriques[1]. Je n'ai pas à rechercher jusqu'à quel point elles ont été suivies et si les instituteurs se sont bien pénétrés des intentions qui les avaient dictées. Cela me ferait sortir du sujet déjà si vaste que j'ai entrepris de traiter. Revenons donc à l'enseignement secondaire.

Nous avons vu que la morale avait sa place dans les programmes des deux branches dont il se compose aujourd'hui. Elle est enseignée en philosophie dans la division classique[2] et dans la quatrième année de la division spéciale[3]. Ces programmes sont complets et conformes à l'ordre suivi dans tous les ouvrages de philosophie. Je n'ai ni à les reproduire ni à les

1. Voir Annexe F : Programmes des écoles primaires élémentaires; Éducation morale; Rôle de l'instituteur dans cet enseignement. (*Mémoires et Documents publiés par le Musée pédagogique*, fascicule n° 20, p. 359.)

2. *Plan d'études et Programmes de l'enseignement secondaire classique dans les lycées et collèges* (classes de lettres). Arrêté du 22 janvier 1885, Paris, imprimerie et librairie classiques, p. 66.

3. *Plan d'études et Programmes de l'enseignement secondaire spécial dans les lycées et collèges*, prescrits par arrêté du 10 août 1886, imprimerie et librairie classiques, p. 37.

commenter ici. Je me bornerai à apprécier le fruit que nos enfants peuvent retirer de cette étude; or je ne crois pas trop m'avancer, en affirmant que la plupart des élèves n'y voient qu'un cours de plus à suivre, que des phrases de plus à retenir, pour les réciter correctement au jour de l'examen. Je suis convaincu qu'il n'y a pas un élève sur cent à l'esprit duquel la pensée vienne que ces notions lui sont données pour qu'il y conforme sa conduite; et, si le professeur venait à le leur dire, il les étonnerait autant que s'il leur conseillait, dans la pratique de la vie, de se régler sur l'exemple des hommes de Plutarque ou des héros de l'antiquité.

Au point de vue pratique, cet enseignement est absolument stérile. C'est un ornement de l'esprit, et pas autre chose. Il est bon, il est bienséant de connaître les doctrines philosophiques, comme il est utile de savoir l'histoire des croisades ou celle des Assyriens, mais cela ne sert à rien pour former les âmes ni les caractères. Ce n'est pas ce genre de morale qui relèvera la jeunesse française et qui lui communiquera les mâles vertus auxquelles je faisais allusion au commencement de ce chapitre. Cette morale pratique, c'est l'enseignement quotidien, qui la donne; c'est la leçon de toutes les heures, c'est le bon exemple, c'est l'appréciation immédiate de la valeur des actes de chacun, des événements qui se produisent à l'instant même. C'est la louange ou le blâme distribués à propos; c'est cette direction constante, usuelle, qui redresse les petits travers de l'enfant, lui fait honte de ses défauts, lui donne l'horreur du vice, lui inspire l'enthousiasme pour les belles actions, l'amour du dévouement et du sacrifice et l'austère passion du devoir.

Un genre d'instruction semblable ne se donne pas en classe; il ne peut être qu'individuel, et c'est le côté par lequel l'éducation dans la famille l'emportera toujours, quoi qu'on fasse, sur l'éducation en commun. L'idéal de cette initiation, c'est un père intelligent, instruit, animé de l'amour du bien, doué de la puissance de conviction qui entraîne, et jouissant d'assez de loisirs pour se charger lui-même de former le cœur et l'esprit de son fils. Les pères qui peuvent ainsi servir de *gouverneurs* à leurs enfants sont rares; mais la vie de famille peut y suppléer en partie, à l'aide des traditions depuis longtemps fondées, des bonnes habitudes qui y sont prises, des occasions qu'elle offre de donner, à chaque instant, une petite leçon de morale appropriée à l'âge et au caractère personnel de l'enfant.

Dans cet enseignement du foyer, la première place revient de droit à la mère. C'est elle qui a commencé lorsque l'enfant parlait à peine; elle continue son action tutélaire lorsqu'il est devenu grand; elle l'exerce, sans impatience, sans brusquerie et ses conseils se gravent dans la mémoire de son fils, pour ne plus s'en effacer. Ce n'est pas à sa raison, c'est à son cœur qu'elle s'adresse, à son affection qu'elle fait appel; ses paroles ressemblent à une caresse et ses ordres à une prière. Quel est celui de nous qui n'a pas évoqué, dans les périodes tourmentées de sa vie, le souvenir de ce que lui disait sa mère alors qu'il était tout petit?

Il faut plaindre les garçons qui n'ont pas eu de mère. Leur éducation a toujours quelque chose d'imparfait. Il faut plaindre aussi ceux qui sont bannis de trop bonne heure du foyer de la famille et soumis à la nécessité de l'internat. Peut-on, dans les écoles publiques, suppléer à ces leçons du foyer et remplacer en partie la famille? C'est ce que je vais rechercher maintenant.

II. *La morale dans l'éducation en commun.* — Cet enseignement, je l'ai déjà dit plusieurs fois, est essentiellement individuel et n'a rien de dogmatique. Il ne consiste pas dans une exposition de principes méthodiquement démontrés, c'est la pratique de la vie qui fournit, à chaque heure du jour, le texte de la leçon. Elle suppose par conséquent la présence constante du maître, la confiance et l'affection de l'élève. Or ce sont là des choses qu'il est bien difficile de rencontrer dans un collège ou dans un lycée, où tout est collectif. L'écolier n'a d'autre société que ses camarades et celle du maître d'étude qui le guette pour le punir. En classe, le professeur ne demande que du silence et de l'attention. Le proviseur et le censeur ont, comme je l'ai dit, beaucoup trop à faire pour pouvoir s'occuper de chaque élève; et puis, que faire, en présence d'un millier de jeunes gens?

Ceux-ci sont par conséquent livrés à eux-mêmes et à l'influence souvent néfaste des camarades. Il se forme dans les lycées une morale à part qui n'est pas toujours conforme à celle des programmes qu'on y enseigne. J'en ai dit les raisons lorsque j'ai fait le parallèle de l'éducation privée et de l'éducation publique. Est-ce à dire que le mal soit sans remède? Je ne le crois pas.

Sans atteindre à cet idéal de l'éducation, qui

ne se réalise qu'au sein de quelques familles privilégiées, il est des institutions libres qui s'en rapprochent quelque peu. Il est certain, par exemple, que dans les écoles religieuses on s'occupe avec soin de l'éducation morale et physique des enfants. Je n'ai pas de prédilection pour ces écoles. J'ai été élevé dans le sein de l'Université, et j'y ai fait élever mes fils. Je trouve qu'en principe il est plus rationnel de confier ses garçons, quand on ne peut pas s'en occuper soi-même, à des hommes qui vivent dans le monde, qu'à des religieux qui s'en sont séparés. Je pense, comme La Chalotais, que ce n'est pas une mauvaise condition pour élever des enfants que d'en avoir soi-même; mais encore faut-il savoir s'y prendre et faut-il le vouloir. C'est à cela que s'appliquent surtout les ecclésiastiques qui se livrent à l'éducation.

On est bien forcé de reconnaître que l'Église a regagné, depuis vingt ou trente ans, tout le terrain qu'elle avait perdu à la fin du XVIIIe siècle et au commencement de celui-ci. Il y a cinquante ans, on ne voyait, dans les institutions tenues par des prêtres, que des enfants appartenant aux familles religieuses; aujourd'hui on y rencontre nombre de jeunes gens dont les pères sont indifférents en pareille matière et même des fils de libres penseurs.

Les écoles congréganistes renferment plus du tiers des enfants qui reçoivent l'instruction primaire [1]. Dans l'enseignement secondaire, la proportion est encore plus élevée. Les établissements cléricaux ne sont que d'un septième moins nombreux que les autres, et leurs élèves représentent la moitié de ceux des lycées et des collèges communaux réunis. Les jésuites seuls ont fondé douze maisons depuis dix ans.

Cette vogue, qui s'accroît sans cesse, a eu pour point de départ la question religieuse, qui divise aujourd'hui le pays et dont ces maisons ont profité ; mais elle est entretenue par la confiance qu'elles inspirent aux familles. Celles-ci sont convaincues que les enfants y sont mieux soignés, que l'éducation morale y est mieux dirigée que dans les lycées de l'État. Les jésuites surtout passent pour avoir à cet égard une supériorité

1. Au dernier recensement, la population scolaire était ainsi répartie :

ÉCOLES LAÏQUES		ÉCOLES CONGRÉGANISTES	
Garçons	2 097 929	Garçons	470 410
Filles	1 179 053	Filles	1 301 971
	3 276 982		1 772 381

Total général.......... 5 049 363

marquée. J'ai déjà parlé de l'attention toute particulière qu'ils prêtent aux jeux, aux exercices physiques et aux promenades. Cet intérêt est tel, qu'ils y prennent goût eux-mêmes et qu'on peut voir pendant les récréations, au milieu des élèves, dont pas un ne se dispense d'y prendre part, le préfet des études lui-même, luttant d'adresse et d'agilité avec les plus forts, le visage trempé de sueur et la soutane relevée.

Les pères ont pris aux Anglais beaucoup de leur éducation physique. Ils leur ont laissé les exercices de *sport*, tels que les courses et le canotage; mais ils ont adopté les jeux de boule, la natation, la gymnastique, les grandes promenades et les grandes excursions, avec déjeuner et dîner en plein air.

Vivant sans cesse avec leurs élèves, ils sont parvenus à capter leur confiance et, ce qui est plus surprenant, à s'en faire aimer. La plupart des jeunes gens qu'ils ont élevés leur restent attachés. Même alors qu'ils ont cessé de suivre leurs doctrines, ils continuent leurs relations avec eux, et les pères les suivent dans le cours de leur carrière. Cette intimité avec leurs élèves leur permet d'exercer de l'influence sur leurs idées, leur caractère et leurs mœurs. Ils ont établi de cette façon, dans leurs écoles, un esprit qui n'est pas celui d'autrefois.

Dans ma jeunesse on reconnaissait leurs élèves à un air particulier doucereux et un peu mystique. On leur reprochait de manquer de franchise, d'avoir contracté, dans leurs écoles, des habitudes de délation, et tout cela nous était fort odieux; mais aujourd'hui il n'en est pas de même. Ils sont bien élevés, voilà tout, et il faut savoir le reconnaître. Sans renoncer à leurs principes, sans perdre de vue l'intérêt de leur ordre, tout en continuant à considérer l'enseignement comme le plus sûr moyen d'accroître leur puissance, les pères ont amélioré leur système d'éducation; il faut faire comme eux et perfectionner le nôtre.

L'Université y est disposée. Elle est fatiguée d'entendre les pères de famille adresser aux lycées des plaintes, toujours les mêmes, qui retentissent partout; mais il ne suffit pas pour cela de sa bonne volonté : il faudrait que l'État lui vînt en aide par de larges subventions, parce qu'à notre époque toute amélioration se traduit par une dépense.

Si, au lieu de détruire la concurrence en fermant les écoles des jésuites, on avait demandé aux Chambres les fonds nécessaires pour permettre à l'Université de lutter contre elles, on se serait empressé de les voter. Ce qu'on n'a pas fait alors, on peut le faire aujourd'hui. Il ne s'agit pas de dépenser des sommes folles : il suffira de crédits de peu d'importance pour renouveler le matériel scientifique, qui, en province du moins, est insuffisant, pour augmenter l'effectif des professeurs et des maîtres et pour améliorer leur situation.

Le haut personnel enseignant est au-dessus de tout éloge; mais les maîtres répétiteurs, qui sont en rapport continuel avec les élèves et qui, par conséquent, exercent l'influence la plus directe sur leur caractère et sur leur moral, ne sont pas à la hauteur de leur tâche pour des motifs que j'ai déjà fait connaître. C'est là le point sur lequel il sera le plus difficile à l'Université de lutter contre les congrégations religieuses. Celles-ci disposent d'une armée où l'obéissance est la première loi, où personne n'a d'autre intérêt que celui de l'œuvre à laquelle il s'est consacré et dépense toute son activité, toute son intelligence, pour la faire réussir.

Dans les maisons religieuses, le maître ne

considère pas sa tâche comme une servitude ou comme un pis-aller; son rôle est plus important, plus élevé que celui du professeur lui-même, parce que c'est lui qui forme les mœurs et que, dans l'esprit de la compagnie, l'instruction ne passe qu'après. Ce n'est pas, comme dans nos lycées, un étudiant en droit ou en médecine qui vient demander le vivre et le couvert à l'Université en attendant mieux, ou un aspirant professeur qui n'a pas encore pris ses grades : c'est un sujet d'élite, que le supérieur a distingué, et qu'il a placé au poste qui exige le plus de dévouement et surtout de tact. Pour arriver à faire respecter l'autorité, la discipline, la règle et même à les faire aimer, il faut une variété d'aptitudes, une abnégation qu'on ne peut pas demander à nos maîtres d'étude tels qu'ils sont aujourd'hui.

Les avantages dont jouissent les congrégations religieuses pour le recrutement de leur personnel inférieur sont reconnus par tous les universitaires; mais personne ne les a mieux appréciés et n'a mieux rendu justice à l'enseignement ecclésiastique, tout en affirmant ses préférences pour l'enseignement laïque, que M. Gabriel Compayré, et je regrette de ne pouvoir, à cause de sa longueur, reproduire le passage remarquable qu'il a consacré à cette intéressante question [1].

Le sentiment qui domine chez ceux qui l'ont traitée, c'est qu'on n'obtiendra jamais des instituteurs laïques le même dévouement que celui qu'on trouve chez les religieux.

Il est certain qu'il serait injuste de demander à des hommes vivant dans le monde l'abnégation et le désintéressement de ceux qui l'ont quitté. Les devoirs de la famille, les liens sociaux ne permettent pas ce détachement absolu ; mais, en dehors des ordres religieux, il y a, dans la société, des professions qui imposent des devoirs semblables, des carrières dans lesquelles le dévouement va parfois jusqu'au sacrifice de la vie et qui n'assurent qu'une bien modeste aisance à ceux qui les ont embrassées.

On trouvera, je n'en doute pas, les mêmes sentiments, à tous les degrés de l'enseignement, lorsqu'on assurera à ceux qui s'y livrent la considération et les avantages matériels auxquels leur noble et pénible profession leur donne droit.

1. Gabriel Compayré, *Histoire critique des doctrines de l'éducation en France depuis le* XVIe *siècle*, Paris, 1885, t. I, p. 201.

Je suis convaincu qu'en apportant dans l'organisation de nos lycées les réformes que je viens d'indiquer, on verrait se modifier promptement leur aspect, et que les familles, rassurées, reviendraient bientôt à l'Université, vers laquelle les aspirations de la plupart d'entre elles sont et seront toujours dirigées.

II. — Le caractère.

Il ne suffit pas d'apprendre à l'enfant quels sont les principes qui doivent le diriger pendant sa vie, de lui faire connaître ses devoirs envers ses parents, sa famille, la patrie et la société. Ce n'est pas tout de l'avoir préparé à devenir un homme de bien dans la haute signification qui s'attache à ce mot, il faut encore en faire un homme sociable; il faut l'armer pour la lutte, le prémunir contre les dangers qu'il doit braver, et les souffrances qu'il lui faudra subir; il faut, en un mot, lui tremper le caractère.

Cette tâche est plus difficile que l'autre; elle demande autant de persévérance et plus d'habileté, parce qu'elle n'est pas aussi bien définie. Il n'y a pas, pour les natures droites, deux manières d'entendre l'honneur, la probité, le respect de la vérité et celui de la foi jurée; cette route est droite, unie, et quand on y marche, on voit toujours clair devant soi. Quand il s'agit du caractère, ce n'est plus la même chose, et l'enfant, avant d'arriver à la jeunesse, passe nécessairement par une série d'impulsions différentes.

Tant qu'il est sous l'aile de sa mère, elle s'efforce de lui donner ses propres qualités, de le former à son image; elle lui apprend à être doux, bienveillant, affectueux, docile, soigneux de sa personne et de ses vêtements, à observer les convenances, à fuir le contact des enfants grossiers et mal élevés, à redouter les accidents et les causes de maladies. Elle s'attache, en un mot, à en faire un petit garçon gentil au moral comme au physique, et qui puisse lui faire honneur dans son milieu et dans le cercle de ses amies.

Lorsque cet aimable enfant se trouve pour la première fois en rapport avec les garçons de son âge, et c'est habituellement sur les promenades publiques que ce contact s'établit, il est d'abord un peu effaré de la turbulence bruyante et de la rudesse de ses nouveaux compagnons. Il se replie timidement sur sa mère ou sur sa bonne;

puis il s'enhardit peu à peu et se met à jouer avec les autres. Là il se fait quelques contusions sans importance, il reçoit quelques horions qui lui montrent que la vie est une lutte, et il revient avec des vêtements un peu fripés et quelques expressions malséantes dans son vocabulaire. La mère en gémit; mais elle se console en pensant qu'il faut bien que son fils devienne un grand garçon.

Ces contacts de peu de durée se passent sous l'œil maternel et n'ont qu'une influence bienfaisante. La direction continue à se donner dans la famille, et l'enfant reste ce qu'il était. Il n'en est plus de même quand on le met au collège. C'est là que la métamorphose s'opère. Il n'a connu jusque-là que l'indulgente bonté des siens et la douceur du foyer paternel; il tombe dans un milieu où la vie est rude, la discipline sévère, où la tyrannie de la force commence à peser sur lui. A la compression exercée par l'autorité vient se joindre celle des camarades.

Le nouveau venu, se sentant menacé de toutes parts, songe avant tout à assurer sa tranquillité, en faisant alliance avec *les forts*. Il s'initie à la morale des collèges. Or le sentiment qui relie entre eux les élèves d'un lycée, c'est le besoin de faire face à l'autorité. « Le caractère de l'écolier, dit Le Play, prend, dans ce milieu anormal, je ne sais quoi de dépravé et de difforme. La lutte avec les camarades et l'opposition au maître forment ses principales préoccupations ; elles contribuent donc à entretenir l'esprit d'antagonisme qui devient ainsi le trait dominant des classes lettrées [1]. »

Ce n'est pas là le seul inconvénient de cette alliance et de ce commerce. L'influence de l'opinion des autres est toute-puissante sur les hommes faibles et *a fortiori* sur les enfants qui sont les plus faibles de tous. Ce qu'ils redoutent le plus, c'est d'être considérés comme des sujets sans importance. Ce qu'ils affectent le plus volontiers, c'est une maturité et une expérience prématurées. Ils se règlent en tout sur les grands qui sont leur appui. C'est pour les imiter que les petits ne veulent pas jouer en récréation. C'est pour faire comme eux qu'ils prétendent fumer avec délices, alors que cela leur donne d'affreuses nausées ; qu'ils ingurgitent, avec une feinte sensualité, une mauvaise eau-de-vie qui leur ressort par les yeux en larmes d'angoisse.

1. F. Le Play, *les Réformes sociales en France*, 2e édition, Paris, 1866, t. I, p. 317.

Leur admiration est acquise à celui de leurs camarades qui fume les plus gros cigares et qui boit le plus de chopes. Leur idéal, c'est le candidat à l'École polytechnique ou à celle de Saint-Cyr. Ils le dévorent des yeux lorsqu'ils le voient sortir du lycée, avec un air crâne, le képi sur l'oreille et caressant une moustache naissante. Cela devient de l'enthousiasme lorsqu'ils sont admis, au retour, à entendre le récit des prouesses galantes dont il s'est rendu coupable.

Hélas, les pauvres mères n'y peuvent rien! Leur fils leur est échappé. Elles ne pouvaient pas, sans doute, continuer à le diriger jusqu'au bout. Cela serait même fâcheux, parce que les femmes ne s'entendent pas à former des hommes. Nous ne sommes plus au temps des mères de Sparte et des matrones romaines; mais les nôtres, puisqu'elles sont forcées d'abdiquer, voudraient du moins que ce fût entre des mains prudentes et bien intentionnées, et non pour livrer leurs enfants à l'influence de quelques garnements précoces.

Or il en est des lycées comme des usines, des ateliers et de toutes les grandes collectivités humaines. Ce sont les plus mauvais qui mènent les autres. Ils se font d'abord une clientèle parmi ceux qui leur ressemblent, puis cette minorité s'impose à la masse, qui suit le mouvement souvent à regret. C'est l'histoire des révoltes de collèges, comme celle des grèves.

Pour être conforme à la loi commune, cette nécessité n'en est pas moins cruelle pour les mères; aussi ce sont elles qui, dans tous les ménages, insistent et supplient pour qu'on préfère aux établissements de l'État les écoles religieuses, où elles pensent que leurs fils subiront une meilleure direction.

La tyrannie qu'exercent dans les lycées les élèves les plus âgés, les plus brillants et les plus avancés dans la mauvaise voie, a pour effet de rendre les petits vantards et faiseurs d'embarras. Ils perdent, dans ce commerce, leur aimable naturel et leurs bonnes qualités natives. Ils se font une physionomie d'emprunt qui leur semble plus mâle. Ils veulent paraître aussi expérimentés, aussi au courant de toutes choses que les grands camarades sur lesquels ils cherchent à se régler, et ils prennent en pitié leurs goûts, leurs jeux et jusqu'à leurs admirations d'autrefois. Comment pouvoir se plaire encore à quelque chose, comment croire au dévouement, à l'amitié, au sacrifice, à tout ce qui est noble et bon, lorsqu'on a perdu ses illusions une à une, lorsqu'on est blasé sur tout, comme doit l'être un collégien qui se respecte!

On arrive facilement ainsi à prendre les habitudes de raillerie dont la jeune génération actuelle est si fâcheusement imprégnée. Il n'est pas difficile de prêter aux meilleures actions quelque motif bas et intéressé, de trouver le côté ridicule des choses les plus respectables. Cet esprit est à la portée de tout le monde; mais le travers de rire de tout, de tout dénigrer, j'allais dire de tout gouailler, si n'était mon respect pour la langue française, ce travers, dis-je, est de notre temps et de notre pays. Il nous fait plus de tort qu'on ne croit dans l'opinion des autres peuples. Ce n'est qu'un masque, je le sais bien; mais le visage qui s'en affuble finit par en prendre l'empreinte et la conserver. Il faudrait tâcher d'en préserver la jeunesse, et c'est l'affaire de l'éducation.

Dans les établissements trop nombreux, comme certains de nos lycées, on est obligé de tout sacrifier à l'ordre; on ne peut le maintenir qu'à force de discipline, qu'en tenant ses élèves incessamment courbés sous le vent des punitions et des réprimandes. Cette compression les rend dissimulés et méchants. L'oppression fausse le caractère des enfants comme celui des hommes; elle est aussi fatale aux peuples qu'aux individus; elle les rend fourbes et menteurs. Les nations longtemps asservies gardent le pli de l'esclavage pendant bien des années. Elles n'ont jamais la franchise d'allure et la droiture des peuples qui ont toujours été libres. Ceux qui leur ont aidé à s'affranchir doivent être indulgents pour elles et leur faire crédit pendant quelques générations.

L'enfant qui sent à toute heure les punitions planer sur lui s'efforce de les esquiver de toutes les façons; il trompe, il dissimule, et comme cela n'empêche pas les pensums de pleuvoir, il prend en haine le maître qui le traque; il lutte de ruse avec lui et lui fait le plus de mal qu'il peut. On ne peut pas demander à cet âge une juste appréciation des choses. L'écolier s'ennuie, il est dégoûté, il faut qu'il fasse peser sur quelqu'un la responsabilité de cette triste vie, et il s'en prend au maître d'étude, qui est pourtant son compagnon de misère, qui s'ennuie comme lui et souffre aussi de vivre dans un semblable milieu.

Cette existence militante rend l'écolier égoïste

et parfois oppresseur à son tour. Elle n'a qu'un bon côté, c'est qu'elle développe chez les enfants l'énergie, l'esprit de solidarité et l'horreur de la délation. Elle les endurcit, les corrige de ce que l'éducation maternelle pouvait avoir de trop efféminé. Enfin, elle les habitue à la résignation: « Comme la vie débute par des années difficiles à passer, on espère que la suite vaudra mieux. En tout cas, dit Prévost-Paradol, on a pris l'habitude de souffrir sans se plaindre et de se taire sans être convaincu [1]. »

Il est juste également de reconnaître, avec M. Gréard, que l'éducation publique développe chez l'enfant le sentiment de la justice et celui de l'égalité. Entre ses camarades et lui, quelles que soient les distinctions de la naissance et les disproportions de la fortune, point de différence. C'est un des traits les plus sensibles peut-être et les plus humains de nos mœurs scolaires. Il n'y a qu'une sorte de privilège que l'écolier soit disposé à reconnaître. Il s'incline devant toutes les supériorités, devant celle de la force comme devant celle de l'intelligence [2]. Je me permettrai

1. Prévost-Paradol, *Du Rôle de l'éducation dans la famille.*
2. Oct. Gréard, *Éducation et Instruction*, *Enseignement secondaire*, t. II, p. 200.

d'ajouter que c'est surtout la première qu'il respecte, et pour cause.

Il résulte de tout ce qui précède que l'éducation publique a quelques avantages et de graves inconvénients pour le caractère des enfants. Il faut tâcher, tout en conservant les premiers, d'atténuer les autres, et c'est chose possible.

Il faut d'abord réduire les contacts des élèves entre eux au minimum possible et les atténuer par le retour au sein de la famille. Ce qui est dangereux, ce sont les longues fréquentations, les conversations interminables, les conciliabules dans lesquels ils s'excitent les uns les autres.

L'externat remédie à tout cela, dans une juste mesure; c'est une vaccination contre le mal moral. On inocule ce virus aux enfants à dose atténuée, comme on fait pour la rage à l'institut Pasteur. Ils deviennent ainsi moins aptes à en subir les atteintes que les enfants élevés sous les jupons de leurs mères. Ceux-là ne peuvent pas résister lorsque leur virginité tardive est tout à coup mordue par quelque bon vice qu'elle ne peut pas manquer de rencontrer sur son chemin.

Le régime tutorial, les pensions peu nombreuses tenues par des maîtres intelligents, confèrent les mêmes avantages; enfin, il est possible d'atténuer dans une large mesure les inconvénients inhérents à l'internat, en changeant de système. Depuis des siècles, l'éducation en France est basée sur le principe d'autorité, et celle-ci a pour instruments la sévérité, la compression et la défiance. Ce principe a pu subir avec le temps certains adoucissements dans la forme; mais, dans le fond, il a toujours subsisté. En Angleterre, la doctrine est tout à fait différente; elle est fondée sur la liberté et la confiance. Le docteur Thring, qui fut directeur de l'école d'Uppingham et dont les ouvrages sont très prisés chez nos voisins, définit l'éducation *une œuvre d'observation, de travail et d'amour*.

C'était la devise d'Arnold, lorsqu'il prit la direction du collège de Rugby. Il entreprit de diriger la jeunesse par la persuasion, la douceur et l'affection. C'est ainsi qu'il a fait école et qu'il a réformé l'éducation anglaise. « Vous vous repentirez rarement, disait-il, d'avoir employé la douceur. Si l'enfant est sincère et droit, quelque léger et dissipé qu'il puisse être, il ne fera pas de mal aux autres. Il ne se vantera pas de s'être mal conduit, ce qui constitue le principal danger. » Il avait l'habitude de croire ses élèves sur parole; mais il était implacable pour les menteurs et n'hésitait pas à les expulser lorsque leur faute était prouvée. Il était parvenu à leur inspirer une affection telle, qu'ils craignaient plus de lui déplaire que d'encourir la plus sévère des punitions. Il est possible de se faire tout à la fois respecter et aimer des élèves; d'arriver à leur donner une certaine liberté sans qu'ils en abusent; mais pour cela il ne suffit pas d'être bachelier, licencié ou même docteur, il faut être passé maître dans l'art bien autrement difficile de la pédagogie, et ne pas être à la tête d'un établissement trop nombreux.

Il ne faut pas se dissimuler que le changement de système constituera toujours une épreuve critique. Les enfants sont comme les peuples, ils ont une tendance naturelle à abuser de la liberté qu'on leur laisse. Cette tendance est d'autant plus accusée qu'ils ont été plus comprimés. Il y a une période de transition très épineuse à passer. Cependant, lorsqu'un chef d'institution est sûr de son personnel en sous-ordre, qu'il a su prendre sur ses élèves un ascendant convenable, et qu'il les tient bien dans sa main, il peut sans danger les livrer quelquefois à eux-mêmes et les laisser maîtres de leurs actions.

A l'école Monge, M. Godard a déjà supprimé la surveillance des maîtres d'étude au réfectoire, au dortoir et dans les cours, et il compte s'en affranchir de plus en plus. L'école Monge n'est cependant pas un *private school*. Elle renferme cinq cents élèves. Son directeur s'est donné pour but d'y créer une vie de famille, avec une tendre sollicitude d'un côté, avec la confiance, le dévouement, la reconnaissance et la respectueuse affection de l'autre. Puisse-t-il réaliser ce beau rêve! S'il réussit, comme je l'espère, dans cette expérience décisive, il n'y aura pas de raison pour que les lycées et les collèges n'entrent pas dans la même voie, en y marchant avec plus de circonspection encore, dans la crainte d'un échec qui les rejetterait dans les vieux errements. Quoi qu'il advienne, il est une chose qu'il faut se dire, c'est que la compression à outrance n'est plus de notre siècle et qu'on n'a pas besoin d'une main de fer pour conduire des enfants.

III. — Les mœurs.

Je vais aborder un sujet bien délicat, mais devant lequel il est impossible que je recule. Je le traiterai en père de famille et en médecin, sans réticence comme sans brutalité !

L'évolution de la puberté coïncide avec l'âge scolaire. C'est sur les bancs du collège que l'enfant arrive à l'adolescence, que son cœur et son imagination s'ouvrent à des impressions nouvelles, et que s'allume en lui le vague et impérieux instinct du rôle nouveau auquel cette transformation l'appelle.

Lorsque cette métamorphose s'opère au sein de la vie de famille, à la campagne, dans la pure atmosphère des vertus domestiques et loin des excitations urbaines, il arrive souvent qu'elle se passe en silence. Elle se traduit seulement alors par des troubles dont l'enfant ne se rend pas compte, par des émotions étranges, un excès de sensibilité, un redoublement de tendresse, un penchant timide et réservé pour un sexe jusqu'alors complètement indifférent. Il peut advenir que l'adolescent traverse cette crise sans avoir senti l'éveil de ses sens et en conservant sa chasteté native.

Il est bien plus difficile qu'il en soit ainsi lorsqu'il habite une grande ville, où les excitations génésiques se rencontrent à chaque pas, où tout conspire contre son ignorance virginale.

Il est encore bien plus rare de la conserver avec l'éducation en commun.

Les établissements d'instruction publique renferment toujours un certain nombre d'enfants qu'une perversité précoce, de mauvais exemples ou de mauvaises fréquentations ont prématurément viciés et qui se chargent de l'éducation des autres. Dans les collèges mal tenus, cette initiation se fait vite. Elle a lieu dans les conversations clandestines de l'étude, dans les intimités du dortoir; elle se complète à l'aide des mauvais livres, des gravures obscènes, des cartes transparentes, etc. Tout cet arsenal de la pornographie s'introduit dans les maisons auxquelles je fais allusion, à l'aide des innombrables ruses qui ont trompé la vigilance de toutes les générations de pédagogues et qui continueront à la tromper encore.

De la théorie on passe vite à la pratique, et les vices solitaires se propagent. Ils pénètrent d'une classe dans l'autre; les petits se mettent au niveau de leurs devanciers, et peu d'enfants échappent à cette hideuse contagion. Je ne parle, je le répète, que des établissements mal tenus. Je m'efforce surtout de ne pas tomber dans l'exagération, et c'est pour cela que, n'ayant pas de statistiques à produire, je ne chercherai pas à fixer le nombre des enfants qui sont la proie de ce vice. J'affirme seulement qu'il est considérable. De l'avis de tous les médecins, l'internat y prédispose. L'incurable ennui qui ronge les élèves, les stations sans fin dans des études où on ne travaille pas toujours, l'absence d'exercice physique, font naître une sorte de nervosisme spécial qui porte vers cette forme particulière de dépravation. Elle s'observe dans toutes les réunions d'hommes séquestrés, et partout elle reconnaît les mêmes causes.

Quand ce vice est une fois établi, il se déracine difficilement. Il persiste même souvent après la sortie du collège et alors que les sens reçoivent les satisfactions naturelles qui devraient les prémunir contre ces excitations factices. Je n'ai pas à en retracer ici les conséquences. Quelques auteurs les ont exagérées, en présentant comme habituels les accidents les plus graves et les cas les plus exceptionnels. Leurs livres ont fait ainsi plus de mal que de bien.

Il est certain que tous les hommes qui ont été, dans leur enfance, victimes de ce genre de dépravation ne sont pas condamnés ultérieurement à une déchéance irrémédiable; mais, tant que le vice existe, il atteint profondément le moral et le physique des enfants ; il les rend moroses, taciturnes et comme honteux ; il paralyse leur goût pour le travail comme pour le jeu ; il éteint l'activité sous toutes ses formes et diminue la mémoire. Il fait disparaître en même temps la fraîcheur du teint, l'éclat des yeux, l'embonpoint gracieux de l'enfance bien portante, et il dispose aux affections les plus graves du système nerveux.

Je n'en dirai pas davantage, car il est inutile de refaire ce triste tableau. J.-J. Rousseau l'a tracé, dans le livre III de ses *Confessions*, de manière à ne rien laisser à dire après lui. Sa peinture est effrayante de crudité, d'éloquence et de cynisme.

Le mal est grand; on chercherait vainement à se le dissimuler. Il n'a pas sensiblement diminué, comme quelques optimistes voudraient le faire entendre; il est difficile à déraciner, c'est encore incontestable ; ce n'est cependant pas impossible. Il y a vingt ans, M. Sainte-Claire Deville a fait sur ce sujet un rapport remarquable à l'Académie des sciences morales et politiques. Il y indique les causes de l'immoralité scolaire et les moyens de la combattre. Je vais essayer de le faire à mon tour.

Il faut d'abord bien se pénétrer de cette pensée que, lorsqu'un enfant a contracté de vicieuses habitudes, il est extrêmement difficile de l'y faire renoncer. Je ne dis pas qu'il ne faille pas le tenter, Dieu m'en garde ; mais c'est l'affaire des parents aidés des conseils de leur médecin. Pour les proviseurs, pour les chefs d'institution, leur rôle consiste à garantir leurs élèves de la contagion. Ce rôle est plus simple. De même qu'il est plus facile de préserver un régiment de la fièvre typhoïde que de guérir un seul soldat lorsqu'il l'a contractée, de même il est plus aisé d'empêcher le vice d'entrer dans un collège que de l'en faire sortir. La conduite à tenir est à peu près la même dans les deux cas. Elle consiste à assainir le milieu d'abord, et à supprimer ensuite la cause occasionnelle.

Pour remplir la première de ces indications, il faut distraire les enfants par des récréations, des promenades, des exercices qui n'ont pas seulement pour effet de les amuser, mais qui suppriment les conciliabules des cours où se tiennent les conversations libidineuses, et procurent une fatigue salutaire, suivie d'un sommeil profond et complet. L'élève qui n'a passé à l'étude que le temps nécessaire pour faire ses devoirs, qui y a bien travaillé et qui s'est ensuite amusé de tout son cœur avec ses camarades, s'endort en tombant dans son lit, pour ne se réveiller que le lendemain, au moment où il faut se lever. On lui évite ainsi la stimulation qui suit le réveil et qui est dangereuse lorsqu'il reste couché.

L'exercice musculaire est le meilleur remède contre le nervosisme et ses conséquences. Les bains froids, l'hydrothérapie, agissent dans le même sens et sont aussi d'excellents moyens prophylactiques. Enfin, il faut distraire la pensée des enfants en la dirigeant sur des choses susceptibles de les passionner. Les jeux suffisent pour captiver les plus jeunes; pour les grands, on a les exercices physiques. En Angleterre, le sport enthousiasme tous les jeunes gens et entretient tout à la fois leur vigueur et leur moralité. Ceux qui s'y adonnent avec le plus d'entrain sont aussi ceux qui obtiennent le plus de succès dans leurs études, car, ainsi que l'a dit Paul Bourget, le mariage des exercices physiques et de la culture intellectuelle est fécond en splendeurs viriles.

Il ne suffit pas de faire agir le système musculaire, il faut aussi faire la part de l'imagination. Notre race plus que toute autre est apte à comprendre le beau sous toutes les formes, et les jeunes gens se passionnent aisément pour les arts, pour la littérature, pour la poésie, pour tout ce qui est noble et grand. Il y a là, pour le pédagogue intelligent, une source intarissable d'émotions à faire naître et à entretenir, et, lorsqu'il sera parvenu à élever la pensée de ses élèves dans ces régions sereines, elle n'en descendra plus pour se vautrer sur le terrain abject des obscénités.

Lorsque le moral et le physique des élèves auront été trempés de cette manière, ils donneront bien moins de prise à la contagion. Il faut les en préserver cependant, et pour cela les chefs d'institution ne doivent pas hésiter à expulser sans pitié, sans merci, sans espoir de retour, les enfants vicieux qui contaminent les autres. C'est le plus impérieux de leurs devoirs, celui qui engage le plus leur conscience. Il en est qui craignent, en agissant ainsi, de faire du tort à leur maison, ou de se priver d'un élève brillant qui fera honneur à l'institution dans les concours. Ce sont là d'odieux calculs, que doivent flétrir tous les honnêtes gens.

D'autres se rejettent sur la difficulté de trouver les coupables, d'arriver à une certitude; ce sont là de misérables excuses. Il est impossible qu'un chef d'institution, quelque absorbé qu'il soit par la comptabilité et l'administration, ne sache pas ce qui se passe chez lui, qu'il ne connaisse pas les brebis galeuses qui se sont glissées dans son troupeau. Il faudrait admettre, pour cela, qu'il n'y ait ni police ni surveillance dans l'établissement qu'il dirige. La surveillance, je le sais, ne suffit pas pour empêcher la corruption; mais elle peut servir à en dévoiler les agents. Il est des recoins, toujours les mêmes et connus de tous les pédagogues, sur lesquels ils doivent avoir l'attention constamment fixée. Les dortoirs ont également besoin qu'on les surveille, et c'est surtout afin d'éviter les dangers du voisinage, que la Commission ministérielle a proposé l'adoption des séparations incomplètes qui isolent les élèves les uns des autres pendant leur sommeil. Enfin et surtout, il faut traquer, saisir et détruire les livres graveleux, les gravures obscènes, et expulser les élèves qui les introduisent dans l'établissement ainsi que ceux qui les y colportent. Si l'on me trouvait trop sévère, trop implacable pour des fautes dont parfois les enfants n'ont pas compris toute la portée, je répondrais qu'il ne s'agit pas ici de punir, mais de préserver; que le degré de responsabilité importe beaucoup moins que la gravité du fait et que ses conséquences; que le seul moyen d'empêcher ce commerce pernicieux, c'est de terrifier ceux qui seraient tentés d'y prêter la main.

Je suis convaincu qu'en suivant cette ligne de conduite d'une manière ferme et persévérante, on viendrait à bout de faire disparaître ou du moins d'atténuer, dans de très fortes proportions, la cause la plus palpable et la plus active de la dégradation morale et physique d'un grand nombre de nos enfants.

IV. — Le savoir-vivre.

Certaines personnes s'étonneront peut-être que je donne une place au savoir-vivre dans l'éducation morale; celles-là, qu'elles me permettent de le leur dire, n'ont pas suffisamment réfléchi à la place qu'il tient dans la pratique de la vie.

Si les fils que nous élevons étaient destinés à vivre à la campagne, en compagnie de leur gouverneur, comme l'Émile de Rousseau, ils n'auraient pas besoin d'être familiarisés avec les habitudes d'un monde qu'ils ne seraient pas appelés à voir. A cette époque, du reste, les différentes classes étaient séparées par des lignes de démarcation si bien tranchées que personne n'était exposé à se fourvoyer. Aujourd'hui il n'en est plus de même : toutes les barrières sociales sont tombées. Un jeune homme sorti de la condition la plus modeste peut arriver un jour, s'il est intelligent et laborieux, à occuper un emploi qui le fera marcher de pair avec les hommes les mieux nés, avec les personnes les plus distinguées du monde le plus aristocratique ; mais, pour en arriver là, il faudra qu'il gravisse, dans ce milieu, tous les degrés de la hiérarchie. Pour se faire accepter par cette société choisie, il faudra qu'il en connaisse les habitudes, les préjugés même, qu'il en ait le langage, qu'il en possède les manières.

Lorsqu'à la sortie d'une de ces écoles de l'État qui ouvrent l'accès des carrières les plus brillantes, le jeune homme qui n'a pas connu l'éducation de la famille, qui n'a pas été façonné par une mère distinguée, pénètre pour la première fois dans le monde des salons qu'il ne connaît que de nom, ce n'est pas sur son savoir, sur son intelligence qu'on le juge, c'est sur la façon dont il se présente. S'il est gauche et emprunté, s'il commet quelqu'une de ces maladresses auxquelles sa timidité l'expose, quelque infraction au code des bienséances qu'il ne connaît pas, c'est une mauvaise note; si cela se renouvelle, la condamnation est définitive. Cette tare le suivra partout.

Mécontent et honteux de lui-même, après quelques-uns de ces échecs, il prend en aversion le monde dans lequel ces leçons lui ont été infligées; il l'évite à l'avenir et se cantonne dans la vie de cercle, d'estaminet, ou dans la fréquentation d'une classe sociale inférieure à la sienne et dans laquelle on s'incline devant sa supériorité. Il se déclasse volontairement et perd ainsi toute l'influence que donnent les bonnes relations, le commerce des gens bien posés, toutes choses qui entrent pour une large part dans la réussite de toutes les carrières, Combien d'hommes de grande valeur, mais un peu frustes, se sont vus distancés par des médiocrités bien élevées. C'est une supériorité qu'il ne faut pas laisser aux imbéciles.

Le savoir-vivre a plus d'importance encore lorsqu'il s'agit de mariage. Les femmes prisent par-dessus tout la distinction des manières. C'est la qualité qui les frappe le plus vivement, parce qu'elle saute aux yeux, parce qu'elles savent que c'est par là que leur mari sera jugé dans leur monde, et qu'elles ne veulent pas avoir à rougir de lui. Elles ont raison.

Dans l'existence de tous les jours, dans la vie de ménage, il n'est pas de froissements que n'occasionne l'absence de savoir-vivre de la part du mari. L'inégalité d'éducation est cent fois plus difficile à supporter que l'inégalité d'intelligence.

Il ne suffit pas, pour être un homme bien élevé, de savoir se vêtir, entrer dans un salon et en sortir; le savoir-vivre embrasse tout ce qui concerne les convenances sociales et la conduite de la vie.

La politesse, sans affectation, à l'égard des femmes et surtout des femmes âgées, la déférence envers les hommes qui ont droit au respect, certaines nuances dans l'attitude, qui ne doit pas être la même avec tout le monde, la réserve dans la conversation, la modération et la mesure dans l'expression de ses opinions : tout cela fait reconnaître partout l'homme bien élevé. Ce n'est pas seulement dans les relations du monde proprement dit qu'on ressent les bienfaits d'une bonne éducation. Elle se fait sentir tout aussi nettement dans les réunions officielles auxquelles les hommes seuls prennent part. Dans les assemblées, dans les comités, dans les conseils, il suffit de voir quel est le ton de la discussion pour savoir à quelle sorte de gens on a affaire.

Le savoir-vivre est le code des bonnes relations. Il apprend à ménager ses expressions, à ne pas froisser la susceptibilité des autres, à arrêter une discussion lorsqu'elle menace de s'envenimer, à faire sentir d'un mot qu'il serait inconvenant et dangereux d'aller plus loin. C'est lui qui vous dicte la façon dont il faut se conduire lorsqu'il vous advient quelque méchante affaire, de façon à s'en tirer à son honneur, sans pousser les choses à l'extrême. Enfin c'est un guide dans tous les événements de la vie. Il est par conséquent le complément nécessaire d'une éducation bien dirigée, mais il n'en est que le complément et il faut bien éviter d'en exagérer l'importance et de lui accorder une prépondérance qu'il ne doit pas avoir.

Il faut être bien pénétré de ce fait : que la pédagogie n'a pas pour but de former des savants, des lettrés, des athlètes ou des dandys, mais qu'elle doit donner à la société des hommes complets et toujours à leur place, sur quelque terrain qu'il plaise aux hasards de l'existence de les conduire. L'idéal de l'éducation, c'est de maintenir l'équilibre entre les différents éléments dont elle se compose. Cet équilibre est complètement rompu aujourd'hui. L'instruction proprement dite a tout absorbé; il ne faut pas que la réaction qui va se produire dépasse le but et que nous assistions à une exagération en sens inverse. Si la lame a jusqu'ici trop usé le fourreau, il ne faut pas qu'à son tour le fourreau use la lame, et qu'on nous fasse des hercules de foire; mais il serait encore plus fâcheux qu'on propageât la triste race des jeunes gens qui n'ont d'autre talent que celui de se vêtir et de se présenter dans les salons, d'autre savoir que celui qui en défraye les conversations, d'autres goûts que ceux qu'on puise dans les cercles, dans les écuries ou dans les coulisses. Cette ridicule espèce, très répandue dans un certain milieu, est la plus nulle et la plus stérile de toutes.

J'aimerais mieux, dit Rousseau, qu'Émile fût grossier qu'arrogant, et moi je préfère encore l'écolier inculte et négligé qui travaille, qui s'instruit et s'apprête ainsi à devenir un homme utile, à ces ridicules poupées qui semblent toutes sorties du même moule. Leurs vêtements, la coupe de leurs cheveux et de leur barbe, leur manière de saluer, de tenir leur chapeau, de s'asseoir et de sourire : tout est identique. Qui connaît un de ces jeunes messieurs en connaît mille, et, lorsqu'on en a entendu un, on n'a pas envie d'écouter les autres.

Il n'est pas à craindre que l'éducation publique développe ce type-là. Il éclôt et se forme dans un certain milieu social mal défini, mais très en vue, peu sévère sur la façon dont il se recrute et par conséquent fortement mélangé, mais qui fait loi et crée la mode. C'est le monde du *high-life*. Il a pour domaine certains quartiers de Paris, pour champ de manœuvre les théâtres, les hippodromes, les promenades, les réunions auxquelles il est de bon goût d'assister, et pour code le *chic*. Je demande pardon de cette expression, mais elle est devenue française et n'a pas de synonyme.

Les jeunes gens qui sortent du lycée et qui ont absolument besoin d'imiter quelqu'un, brûlent de s'enrôler parmi les sectateurs de ce culte, et les parents ne le voient pas toujours d'un mauvais œil. Ce n'est le plus souvent qu'un travers passager; mais c'est déjà trop que de verser un instant dans cette ornière. Une éducation forte et virile est encore le meilleur moyen d'empêcher les jeunes gens d'y tomber.

Le savoir-vivre est bien difficile à enseigner dans les collèges et les lycées. Les proviseurs font de leur mieux. Il en est beaucoup qui ont à cœur de faire disparaître les derniers types du collégien légendaire, gauche, malpropre et hirsute, à l'air à la fois effronté et ahuri, quand il sort de son milieu habituel; mais ils ne sont pas assez longtemps en contact avec les élèves pour pouvoir exercer sur leurs manières une influence suffisante, et on ne peut pas exiger des maîtres d'étude qu'ils deviennent des professeurs de maintien. Les bienséances se composent de si menus détails, de nuances si délicates, qu'il n'y a guère que les mères qui puissent être, sous ce rapport, les initiatrices de leurs garçons; mais elles sont en droit d'exiger qu'on ne détruise pas leur ouvrage lorsqu'elles confient leurs enfants à l'instruction publique. C'est ce qui arrive presque fatalement. Comment veut-on qu'un enfant à qui sa mère a donné le goût de la propreté minutieuse, auquel elle a enseigné l'art de se vêtir avec soin, de se bien tenir à table et de manger délicatement; comment veut-on, dis-je, qu'il conserve ces bonnes habitudes lorsqu'on lui donne vingt minutes pour faire sa toilette et vingt-cinq pour prendre son repas, lorsqu'il faut qu'il dispute sa pâture à de petits affamés qui ne sont pas aussi bien élevés que lui?

V. — La discipline.

J'ai placé la discipline dans l'éducation morale parce que ce doit être désormais là sa place. Dans la réforme scolaire vers laquelle nous tendons, les punitions, sans disparaître, sont appelées à céder, peu à peu, le pas aux réprimandes. On s'adressera de plus en plus au cœur et à la raison de l'enfant et on obtiendra de lui, par la persuasion, ce qu'on en exige aujourd'hui par la force. Voilà le but; mais, comme je suis loin d'être un rêveur et qu'en éducation, plus qu'en toute autre matière, il faut se défier de l'utopie, je n'imagine pas que l'on pourra arriver, sur-le-champ, à conduire les enfants avec de bonnes paroles. C'est un progrès lent, progressif, qui doit s'accomplir avec le temps.

Le régime des lycées s'est déjà ressenti de l'adoucissement de nos mœurs; cependant il appelle encore de grandes réformes. « Malgré l'amélioration de ces dernières années, dit le recteur de l'académie de Nancy, la discipline se ressent trop encore des origines de l'Université, issue de l'étrange amalgame des traditions scolastiques et des théories militaires. Il faudra beaucoup de temps pour la remanier, pour assouplir sa rigidité formaliste et lui donner une allure plus aisée, plus libérale et plus conforme au sentiment moderne[1]. » C'est absolument mon avis; mais, puisque cette œuvre sera si longue à accomplir, c'est une raison de plus pour ne pas perdre de temps et pour s'y mettre tout de suite. Il faut avant tout convenir des bases de cette réforme et des moyens de la réaliser.

Personne ne songe à supprimer la discipline, ni même à en affaiblir les liens; je laisserai donc de côté tous les systèmes, toutes les théories qui ont été émises sur ce sujet depuis J.-J. Rousseau[2]. La nécessité d'une règle s'impose dans toute agglomération de personnes, et toute règle a besoin d'une sanction. On ne peut pas conduire un établissement dans lequel sont réunis 1 000 ou 1 200 enfants de toute prove-

1. Rapports des recteurs d'académie, *loc. cit.*, p. 66.
2. Voir, pour cet historique, Oct. Gréard, *Éducation et instruction, enseignement secondaire, l'esprit de discipline dans l'éducation*, t. II, p. 165.

nance, sans une certaine sévérité; aussi la première condition de la réforme scolaire devrait consister à diminuer le nombre des écoliers, en multipliant les établissements. M. Gréard en a démontré depuis longtemps la nécessité, et la troisième sous-commission, formée au sein de la Commission du régime dans les lycées, celle qui avait la discipline dans ses attributions, a émis l'avis que les établissements ne recevant que des internes ne devraient jamais en contenir plus de 300; qu'on devrait fixer un maximum de 500 pour les externats et de 400 pour les lycées mixtes.

Les punitions sont un moyen facile d'obtenir le silence et l'immobilité qui sont, pour certains pédagogues, le dernier mot de la bonne éducation. C'est l'argument qu'on emploie toujours pour les justifier; mais la sévérité ne sauve que les apparences. L'enfant courbe la tête, obéit, se résigne; bientôt les punitions lui deviennent absolument indifférentes. Au fond, c'est un révolté. Avec un peu d'affection et de tendresse on en viendrait à bout. Une réprimande, un reproche, adressés d'une certaine façon, font plus d'effet qu'un pensum. Ce sont là des questions de tact, de mesure; c'est en cela que consiste l'art d'élever les enfants, talent plus rare que le savoir et plus précieux que lui, parce qu'il demande des qualités plus élevées.

« Ce qui, aux yeux de l'écolier, constitue le maître, dit M. Gréard, c'est la pleine possession de soi-même, le parfait accord de la conduite et du langage, l'esprit d'exactitude et de justice, un judicieux mélange de bienveillance et de fermeté, tout ce fonds de qualités graves et aimables sur lesquelles repose ce qu'on appelle le caractère. » Les hommes qui réalisent cet idéal peuvent conduire un établissement même nombreux sans être obligés de mettre sans cesse en jeu tout l'arsenal des punitions réglementaires. Les lycées les mieux tenus sont ceux dans lesquels on punit le moins; et, quand on veut savoir quelle est la valeur pédagogique d'un proviseur, on n'a qu'à se faire mettre sous les yeux son registre de punitions. Il y a sous ce rapport des différences énormes entre les collèges.

Assurément, le proviseur ne peut pas tout, mais il a la haute main; le censeur, le surveillant principal suivent son impulsion, et les maîtres répétiteurs eux-mêmes finissent par obéir à son influence. C'est lui qui doit décider en dernier ressort. A lui seul revient le droit de punir.

La sous-commission de la discipline, confirmant l'avis émis par les recteurs d'académie, a conclu comme eux que l'action disciplinaire devait être réservée au proviseur et à ses collaborateurs immédiats, les professeurs et les maîtres répétiteurs ne disposant que du droit d'abaisser la note et étant tenus de signaler au chef de l'établissement les fautes des élèves[1].

Toute la responsabilité retombe ainsi sur les proviseurs, et leur rôle est extrêmement difficile lorsqu'ils veulent conduire les élèves par la douceur, en raison de la vie qu'ils sont obligés de leur faire mener pour obéir aux règlements. Cette contrainte de tous les instants provoque la lutte; on s'aigrit réciproquement et les punitions vont pleuvant. Lorsqu'on aura réduit le temps du travail intellectuel au profit des récréations, des jeux et des promenades; lorsqu'on aura accordé aux élèves un peu plus de liberté et donné satisfaction à leurs désirs les plus légitimes; quand on les aura rendus plus heureux, en un mot, on les trouvera plus dociles. On aura, du reste, des moyens de punition plus efficaces, puisqu'il sera possible de les priver d'un

1. Procès-verbal de la séance du 20 février 1889.

plaisir, tandis qu'aujourd'hui on ne peut rien leur enlever de semblable. On ne peut qu'ajouter à leurs ennuis.

La discipline est la subordination à la règle; elle est acceptée ou imposée, suivant le rapport qui s'établit entre celui qui est chargé de la faire respecter et ceux qui doivent la subir. Elle peut se maintenir à l'aide de deux ordres de moyens opposés : les punitions et les récompenses; la proportion dans laquelle ces deux systèmes sont mélangés donne la mesure de l'autorité et de l'ascendant moral du chef de l'établissement.

I. *Punitions.* — Les moyens de répression rentrent dans les divisions générales que j'ai adoptées. Ils peuvent s'adresser au physique de l'enfant, à son intelligence ou à son moral. Jusqu'ici c'est dans cet ordre d'importance qu'ils se sont rangés; il faut arriver à ce que ce soit tout le contraire, et nous avons déjà fait du chemin dans cette voie.

Les punitions corporelles sont abolies chez nous depuis plus d'un siècle. Au moyen âge, en France comme ailleurs, les règles des collèges tenaient presque tout entières dans le titre donné par l'abbé Rathier à une sorte de rudiment qu'il avait composé pour faciliter l'intelligence de la grammaire aux écoliers et qu'il appelait : *Serva dorsum*[1]. La voix de saint Anselme, celle de Gerson, de Lanfranc, les invectives d'Érasme, de Rabelais, de Montaigne, ont eu raison des barbaries inutiles de ce code scolaire, et le premier *Règlement pour les exercices intérieurs des collèges*, le règlement de Louis-le-Grand, qui date de 1769 et ne comprend pas moins de 240 articles, ne fait aucune mention des peines corporelles. Le mot n'y est même pas prononcé[2].

C'est un trait particulier de notre nation et de notre race que d'avoir l'horreur des coups. Pour nous, ils ne constituent pas un châtiment, mais une flétrissure, et nous n'admettons pas qu'on puisse faire subir à nos enfants des outrages qu'ils ne devront pas tolérer quand ils seront grands. Ce sentiment est tellement vif chez nous que nous ne pouvons pas comprendre la faveur dont jouit en Angleterre et en Allemagne cette peine dégradante. Quand nous entendons dire qu'un collège anglais s'est révolté parce qu'on avait voulu y substituer l'amende à la peine du fouet, les bras nous tom-

1. Oct. Gréard, *l'Esprit de discipline, éducation et instruction, loc. cit.*, p. 169.
2. *Ibid.*, p. 171.

bent du corps. Lorsque M. Gréard nous raconte l'histoire de ce jeune gentleman de six pieds de haut, déjà pourvu d'une commission dans la cavalerie, qui reçoit douze coups d'étrivières au moment de sortir du collège, nous nous demandons, avec nos idées, ce qui a bien pu se passer, quelques jours après, entre ce jeune officier et l'exécuteur de l'établissement. En France l'affaire se serait réglée sur le terrain ; mais en Angleterre on n'aime pas les coups d'épée ; c'est affaire de tempérament national ; j'aime mieux le nôtre.

En Allemagne, où tout se raisonne, dit M. Gréard, la question de la bastonnade est discutée périodiquement. Depuis trente ans elle est revenue cinq fois dans les assemblées générales où les chefs d'établissement délibèrent sur les sujets d'intérêt commun. Les uns se prononcent pour le bâton, d'autres pour la baguette ; quelques-uns opinent en faveur du soufflet. On discute sur la question de savoir jusqu'à quel âge on fustigera les enfants, sur quelle partie du corps portera l'instrument du supplice, si cette partie demeurera couverte ou sera mise à nu, si le châtiment s'infligera à huis clos ou en public ; mais personne ne pose la question de la suppression radicale d'un genre de punition aussi honteux pour celui qui l'inflige que pour celui qui le subit, que pour la nation qui le tolère. La seule idée de discussions pareilles nous donne la nausée.

Ce ne sont pas seulement les châtiments corporels qui ont disparu de nos lycées; on a supprimé toutes les punitions qui pouvaient avoir des conséquences fâcheuses pour la santé des enfants. Le séquestre, qui n'était qu'une école de paresse, d'immoralité et de révolte, a été aboli par M. Zévort en 1883. Le pain sec a disparu de même. Le peloton de punition est supprimé dans certains lycées et converti, dans quelques autres, en piquet mobile. De cette façon, c'est un exercice de corps ennuyeux, mais hygiénique.

Les seules punitions conservées par le règlement du 7 avril 1854, qui est encore en vigueur, sont les suivantes : 1° la mauvaise note; 2° la retenue avec tâche extraordinaire pendant une partie de la récréation; 3° la retenue avec tâche extraordinaire pendant une partie du temps destiné à la promenade; 4° l'exclusion momentanée de la classe ou de la salle d'étude avec renvoi devant le proviseur; 5° la privation de sortie chez les parents; 6° la mise à l'ordre du jour du lycée; 7° les arrêts avec tâche extraordinaire dans un milieu isolé, sous la surveillance d'un maître[1]; 8° l'exclusion du lycée. Ces quatre dernières ne doivent être prononcées que par le chef de l'établissement; l'expulsion n'est définitive qu'après décision du recteur si l'élève est pensionnaire libre, et du ministre s'il est boursier[2].

Parmi ces punitions il en est qui ne s'infligent que de loin en loin, dans des cas graves et exceptionnels; il en est d'autres qui sont monnaie courante et qu'on applique à tort et à travers dans certains collèges. Ce sont les retenues et les *pensums*, pour donner son vrai nom à la *tâche extraordinaire*. Or ces deux moyens de répression sont jugés avec la même sévérité par les hygiénistes et par les pédagogues. Le premier prive les élèves du peu de mouvement au grand air qui leur est concédé; le second ajoute un supplément de travail fastidieux et inutile aux dix ou douze heures de labeur, ou du moins de sédentarité, qui leur sont imposées.

La plupart des recteurs d'académie se pronon-

1. Cette punition a été supprimée.
2. Décret du 19 janvier 1881, art. 13.

cent contre les retenues de promenade, et expriment l'avis qu'on ne doit priver les élèves que d'une partie des récréations, et encore à la condition d'y apporter une extrême réserve. Ils reconnaissent qu'il est absurde de réduire un malheureux enfant à ne jamais sortir, ni jouer avec les autres, parce qu'il est étourdi, léger, et qu'il se fait souvent prendre en faute.

Les pédagogues intelligents condamnent aussi : le *pensum*; la dictée monotone, inutile, aussi abrutissante pour le maître qui la scande que pour l'élève qui l'écrit; la copie machinale qui perd à tout jamais l'écriture et serait capable de donner aux enfants la crampe des écrivains, s'il était possible de l'avoir à leur âge : tout cela est condamné en principe. On parle d'une tâche supplémentaire donnée par le professeur, de la réparation du devoir mal fait. Cela va bien pour les punitions infligées en classe, et visant la paresse ou la négligence; mais c'est en étude qu'elles pleuvent, parce que c'est là que la fatigue, l'ennui, l'irritation, due à une immobilité intolérable, arrivent jusqu'à l'exaspération. L'enfant à bout de forces trahit son impatience par quelques mots échangés avec un camarade, par un éclat de rire mal étouffé, par quelque gambade intempestive, quelque espièglerie irrévérencieuse, et alors le pensum s'abat sur la tête du petit délinquant.

Ceux qui sont trop nerveux, trop excitables, et ce sont souvent les plus intelligents, finissent par emmagasiner une telle quantité de pensums, qu'il arrive un moment où ils désespèrent d'en venir jamais à bout. Alors ils se résignent et renoncent aux récréations et aux promenades, sacrifice facile, du reste, étant donné le peu de plaisir qu'elles comportent. Il y en a qui s'en vont du collège en faisant banqueroute à l'établissement. C'est ce qui m'est arrivé. J'avais, pendant ma dernière année d'études, collectionné tant de milliers de vers que je n'en savais plus le compte. Je n'allais plus ni en promenade, ni en récréation, et pendant les retenues, je préparais mon examen de bachelier ès lettres, que j'ai passé avec succès tout de même. Comme ce modeste triomphe remonte au 16 avril 1836, j'aime à croire que les choses ont changé depuis cette époque, et qu'il n'y a plus dans les collèges d'élèves aussi incorrigibles ni de maîtres d'étude aussi passionnés pour les vers.

Je n'ai pas gardé pour cela de rancune aux pensums, et, moins absolu que beaucoup d'hygiénistes, je ne demande pas leur suppression définitive. Lorsque les élèves n'auront plus qu'un nombre d'heures de travail raisonnable, qu'ils jouiront des loisirs et des distractions que la réforme prochaine leur prépare, on pourra, sans inconvénient, prendre, sur le temps consacré aux récréations et aux exercices, une demi-heure ou une heure, pour réparer un devoir mal fait, apprendre une leçon mal sue, ou s'acquitter d'une tâche extraordinairement imposée. Mais nous n'en sommes pas encore là, et tant qu'on maintiendra la distribution du temps, telle qu'elle est aujourd'hui dans les lycées, le pensum et la retenue ne peuvent plus y trouver place.

C'est ce qu'a pensé la troisième sous-commission[1]. Elle a émis l'avis de supprimer les pensums et les retenues quotidiennes. La réparation des devoirs, quand elle est jugée nécessaire, devra se borner à la partie qui a été manquée, se faire à la retenue du jeudi et, dans les cas graves, à celle du dimanche.

Les punitions qu'il me reste à examiner sont d'un autre genre et se rapportent à l'ordre

1. La troisième sous-commission se composait de MM. Boutan, président; Brideau, Buisson, Compayré, Ch. Dupuy, de Galembert, Girard, Godard, Gréard, Jalifier, Lange, Morel, Pécaut, Rabier, Rieder et Marion, rapporteur.

moral. C'est la réprimande d'abord, qui peut être de grand effet lorsqu'on n'en abuse pas, qu'elle n'est pas banale et que celui qui la fait entendre a sur les élèves l'ascendant du caractère et de l'autorité. Les mauvaises notes affichées et communiquées aux parents, les admonestations publiques peuvent aussi produire de bons effets. La sous-commission de la discipline a proposé de donner communication de leurs notes aux élèves réunis par classe, devant tous les maîtres dont ils relèvent, avant de les communiquer aux familles. Cette réunion mensuelle, pour être plus imposante, se tiendrait dans la salle des actes. Le proviseur profiterait de cette occasion pour faire entendre aux élèves les conseils, les exhortations, les réprimandes et les encouragements qu'ils auraient mérités.

Le renvoi de la classe par le professeur est un moyen facile de se débarrasser d'un élève turbulent ou raisonneur; mais il a pour inconvénient de laisser l'enfant livré à lui-même, dans les couloirs et dans les cours, et, en somme, il ne le punit que médiocrement.

La privation de sortie chez les parents atteint plus fortement l'écolier, parce qu'elle porte atteinte à son ombre de liberté; mais elle a les mêmes inconvénients que la retenue. Quant à la mise à l'ordre du jour du lycée et à l'exclusion, ce sont là des moyens tellement graves qu'on ne peut y recourir que très exceptionnellement. L'expulsion cependant est la punition la plus rationnelle et la plus légitime. Plus la règle d'un collège est douce et paternelle, plus il devient juste et nécessaire de renvoyer ceux qui se conduisent mal.

Dans les établissements où la discipline fonctionne à haute pression, où les élèves sont maintenus par une main de fer, on comprend que certaines natures se révoltent, sans être pour cela perverses, et on hésite à chasser un pauvre enfant qui n'a souvent que le tort d'avoir un peu plus de sang dans les veines que les autres et de n'être pas encore suffisamment aplati. Dans les maisons où les écoliers sont traités avec douceur et bienveillance, où l'on fait appel à leur cœur et à leur raison, en s'efforçant de les rendre aussi heureux que le permet la vie scolaire, les fautes sérieuses sont impardonnables, et celui qui les commet n'a droit à aucune indulgence. L'exclusion est la contrepartie nécessaire du système paternel. Pour qu'il soit possible, il faut d'abord séparer l'ivraie du bon grain, et tous les pédagogues de cette école l'ont parfaitement compris.

Thomas Arnold, l'apôtre de la douceur, l'ange de l'enseignement, pratiquait l'expulsion sur une large échelle. Un jour que des troubles avaient nécessité le renvoi de plusieurs élèves et jeté le mécontentement dans les rangs, il prononça, devant toute l'école, les paroles suivantes qui sont demeurées célèbres : « Il n'est pas nécessaire qu'il y ait ici 300, 100, ni même 50 élèves, mais il est nécessaire qu'il n'y ait que des *christian gentlemen* [1] ».

Dans nos lycées, où la présence de quelques élèves de plus ou moins est encore plus indifférente que dans les écoles libres, puisqu'ils sont entretenus par l'État, l'expulsion est une ressource dont il faut user avec discernement, mais avec résolution. Avec les garanties dont j'ai parlé plus haut, et qui sont réglementaires, il n'y a pas à craindre que la sévérité fasse fausse route, et c'est la seule punition que redoutent bien réellement les écoliers, parce qu'elle retombe sur leurs familles. C'était ainsi, du moins, il y a un demi-siècle, et je pense qu'il en

1. Pierre de Coubertin, *l'Éducation en Angleterre*, *loc. cit.*, p. 68.

est encore de même, partout où les enfants ont conservé le respect des parents avec la crainte de leur causer des embarras et des chagrins.

L'expulsion doit être prononcée, à mon sens, toutes les fois qu'un élève devient un danger pour ses camarades : s'il s'agit d'un cas d'immoralité ou d'une faute contre la délicatesse, cela va sans dire, et dans ce cas il faudrait que l'entrée de tous les établissements d'instruction tenus par l'État fût interdite au coupable. Il importe peu que cela brise ou non son avenir; il faut qu'il soit mis dans l'impossibilité de contaminer les autres.

Ceux qui sont un sujet de trouble, qui excitent les autres à la résistance et cherchent à provoquer des révoltes, ceux qui refusent d'obéir ou qui se sont oubliés jusqu'à insulter un maître, doivent être renvoyés de même; seulement, comme ce sont là des fautes qu'une bonne leçon peut corriger, je ne voudrais pas que l'expulsion fût générale et définitive, comme dans le premier cas. Enfin, il me semble absolument inutile de conserver dans un collège un enfant qui n'y travaille pas et n'y apprend rien. Lorsqu'on a épuisé tous les moyens possibles pour stimuler sa paresse, c'est rendre un service à sa famille que de le remettre entre ses mains.

Je n'ai pas la prétention de rédiger un code pénal pour les lycées : je ne m'étendrai donc pas plus longtemps sur la répression comme moyen de discipline. On a eu la pensée de l'améliorer, en la déplaçant, d'y faire intervenir les élèves eux-mêmes, soit en chargeant quelques-uns d'entre eux de la police, soit en instituant une sorte de conseil, de jury si l'on veut, pour que les enfants soient, eux aussi, jugés par leurs pairs.

Le premier système fonctionne en Angleterre. Les *captains* sont des élèves d'élite, choisis parmi les plus âgés et chargés de surveiller les autres, de les réprimander, de les faire punir et fouetter au besoin. Leur autorité n'est pas contestée. Les petits s'y soumettent et ne leur en veulent pas. Ces jeunes Anglais sont des écoliers modèles. Je crois qu'il n'en serait pas de même en France. Ces maîtres d'étude amateurs seraient pris en grippe et mis en quarantaine par leurs camarades s'ils voulaient leur donner des ordres, conspués et honnis par eux s'ils venaient à les dénoncer. En France on a horreur de tout ce qui ressemble à la délation. On a trop longtemps fait aux jésuites un crime de l'encourager, pour verser dans la même ornière.

A l'école Monge il y a des délégués choisis parmi les élèves eux-mêmes et chargés de maintenir le bon ordre, de représenter leurs camarades près du directeur, de lui transmettre leurs demandes et de leur faire connaître ses décisions; mais leur autorité ne s'exerce que pendant les jeux, et je suis convaincu que pas un d'eux ne consentirait à faire punir un camarade. Il aimerait mieux se démettre de ses fonctions. Quant au jury composé d'élèves, pas un proviseur, pas un chef d'institution ne consentirait à l'accepter. Ce serait abdiquer et laisser passer son autorité entre les mains des meneurs. La discipline doit rester dans celle des maîtres; mais il est à désirer qu'ils y participent tous. Les professeurs jusqu'ici y sont demeurés trop étrangers; aussi la troisième sous-commission a-t-elle voulu les y associer, en proposant d'instituer dans chaque lycée un conseil de discipline composé du proviseur président, du censeur membre de droit, de cinq professeurs, d'un surveillant général et d'un maître répétiteur, élus par leurs collègues. Ce conseil se réunirait tous les trois mois, pour prendre connaissance de l'état moral de l'établissement et des incidents sérieux qui s'y seraient produits pendant le trimestre, pour infliger des avertissements aux élèves qui lui seraient déférés, décerner des éloges à ceux qui s'en seraient montrés dignes et donner son avis sur les mesures proposées par le proviseur. Ce dernier pourrait, dans les cas graves, convoquer le conseil extraordinairement et en dehors de ses réunions trimestrielles. Cette innovation me paraît excellente de tout point. C'est le meilleur moyen d'assurer et de rendre évidente pour tous la solidarité étroite qui unit entre eux tous les maîtres d'un lycée et qui fait concourir toutes les forces de la maison à l'exercice de l'action disciplinaire.

II. *Récompenses.* — Le second ordre de moyens à l'aide desquels on peut maintenir l'ordre dans un établissement d'instruction, ce sont les récompenses. C'est une mine toute nouvelle à exploiter. « Elles sont, dit l'inspecteur de l'académie d'Alger, mal entendues, mal réparties, et de peu d'effet dans nos lycées. Il est rare qu'on y ait recours à des récompenses d'une nature morale, parce qu'on n'y envisage que l'intelligence et le talent. Si on s'avisait que le travail, l'assiduité, le patient effort pour se vaincre, ont autant et plus de mérite que les qualités intellectuelles, peut-être alors se déciderait-on à récompenser de telles qualités par l'estime, par l'affection, par la confiance qu'on témoignerait aux enfants, en leur laissant plus d'initiative et partant plus de responsabilité. » La commission de la discipline a émis un avis semblable.

Il est certain que les éloges décernés par le proviseur ou par le conseil de discipline devant les camarades assemblés, que les bonnes notes, que l'inscription au tableau d'honneur, que des exemptions ou des sorties accordées à propos, que des prix spéciaux pour la bonne conduite, constitueraient de puissants moyens d'action sur l'esprit des élèves; mais tout cela suppose, chez le maître, l'ascendant moral qui donne du prix à l'éloge comme au blâme, et cet ascendant n'est possible qu'à la condition de faire cesser l'état de compression, d'antagonisme et de lutte qui est le *modus vivendi* de bien des établissements d'instruction.

Faire appel au bon cœur, à la raison des enfants, au lieu de les dompter par la crainte; punir le moins possible et récompenser fréquemment; se montrer toujours affectueux, équitable, calme et impassible, de façon que jamais l'élève ne puisse attribuer sa punition à un moment de mauvaise humeur; expulser sans pitié les élèves qui gâtent les autres et ceux dont on ne peut rien faire, parce qu'ils donnent le mauvais exemple : voilà les bases sur lesquelles il faut, ce me semble, faire reposer la discipline dans les collèges et les lycées. Cela deviendra de plus en plus facile, à mesure qu'on améliorera les conditions morales et physiques des écoliers; mais de pareilles réformes ne doivent pas être brusquées; elles réclament beaucoup de prudence dans leur application. S'il est permis de les introduire d'emblée dans les nouveaux lycées, on ne peut les faire pénétrer que progressivement dans les anciens, où les esprits ne sont pas encore disposés à les accueillir. C'est par ce conseil que se termine le rapport de la troisième sous-commission auquel j'ai fait de si nombreux emprunts.

CHAPITRE IV

L'ÉDUCATION INTELLECTUELLE

J'aborde la partie la plus délicate de ma tâche, celle qui a suscité le plus de controverses. Je ne mets les pieds sur ce terrain qu'avec une certaine appréhension. Cependant, parmi les questions que soulève l'instruction proprement dite, s'il en est d'absolument techniques et qui sont exclusivement du ressort des hommes d'enseignement, il en est d'autres qui n'ont pas ce caractère et qui peuvent être traitées par toutes les personnes qui s'occupent sérieusement de l'éducation des enfants. Je m'en tiendrai à celles-là, et je tâcherai de mettre un peu de méthode dans mon exposition.

La première question qui se pose est celle de savoir si la nécessité, précédemment démontrée, de réduire le nombre des heures consacrées au travail intellectuel implique celle de diminuer également la somme des connaissances qui composent aujourd'hui le fond de notre enseignement, ou s'il ne suffirait pas d'en modifier les méthodes. Si, comme je l'espère, j'arrive à prouver que nous ne sommes condamnés à retrancher de nos cadres aucune des branches du savoir humain, je rechercherai s'il n'y a pas lieu de changer l'ordre d'importance qui leur a été attribué jusqu'ici, et s'il est convenable, à notre époque, de donner exactement la même éducation à tous les enfants, quelles que soient leur provenance, leur disposition d'esprit, leur valeur intellectuelle et la profession qu'ils comptent embrasser. La question des programmes, des méthodes, du baccalauréat, des écoles spéciales, m'occupera ensuite.

I. — Matières de l'enseignement.

Dans le premier chapitre j'ai établi, d'accord avec tous les hygiénistes et avec la plupart des maîtres de l'enseignement, que le temps accordé au travail intellectuel devait varier entre six et neuf heures par jour, suivant la classe et l'âge des élèves, et ne jamais dépasser cette dernière limite. Or, comme aujourd'hui les petits en ont dix et les grands douze, il y a lieu d'opérer une réduction de quatre heures pour les uns, et de trois pour les autres, sur le temps consacré aux classes et aux études.

Il semble un peu difficile, au premier abord, d'obtenir la même somme de savoir avec un tiers de temps de moins. Il serait en effet impossible d'y songer, si ce temps était bien employé; mais, comme nous l'avons vu plus haut, ce n'est pas du travail qu'on obtient des enfants pendant ces dix ou douze heures, c'est simplement de l'assiduité; c'est leur présence passive en classe et en étude, avec la fatigue, l'ennui, le dégoût et le malaise qui empêchent toute application. Les mêmes enfants en apprendraient davantage en moitié moins de temps s'ils avaient dans l'intervalle quelques distractions de leur âge, et s'ils faisaient de l'exercice en plein air; j'ai déjà traité ce sujet, en rappelant que l'expérience en a été faite en Angleterre dans les écoles de demi-temps et en France à l'école Monge. Il est par conséquent inutile d'y revenir.

Tous les pédagogues sont d'avis d'ailleurs qu'on pourrait économiser un temps considérable en modifiant les méthodes, en supprimant certains exercices surannés, complètement inutiles et qui n'ont l'air d'avoir été imaginés que pour occuper les enfants en classe et en étude, et pour les forcer à se tenir tranquilles, en ayant l'air de faire quelque chose. Il serait également possible d'obtenir un rendement plus fructueux, par une répartition plus favorable des heures de travail. Je reviendrai plus tard sur ces deux questions; je me borne à prendre acte, pour le moment, de ce fait : qu'on pourra obtenir, en suivant un meilleur système, une somme de travail utile au moins aussi grande qu'en continuant à suivre les anciens errements. Il n'est donc nécessaire de rien retrancher de la somme totale des connaissances que doivent acquérir les enfants sur les bancs des collèges.

Il s'agit de rechercher maintenant si toutes celles qu'on leur donne sont nécessaires, ou s'il y a lieu d'en éliminer quelques-unes pour renforcer les autres. En procédant à cet examen, il ne faut pas perdre de vue qu'il ne s'agit pas de faire entrer toutes les connaissances reconnues utiles dans les mêmes têtes, et, pour le dire par avance, le but que la réforme scolaire doit poursuivre me paraît être de partager cet ensemble entre plusieurs cadres d'enseignements appropriés aux aptitudes diverses des enfants ainsi qu'aux exigences de leur carrière à venir.

I. — Enseignement littéraire.

Langues mortes. — Je n'ai pas à démontrer ici l'utilité des études classiques qui ont pour fondement la littérature ancienne d'où la nôtre est sortie. Tous les grands esprits qui ont illustré notre pays se sont formés dans le commerce assidu des auteurs qui ont écrit dans ces langues admirables. Les Grecs et les Romains, qui nous ont laissé tant de merveilles dans le domaine des arts, comme en littérature, ont empreint trop profondément leur trace dans les voies de la civilisation générale, pour que nos enfants ne connaissent pas les trésors qu'ils nous ont légués, et ce n'est pas à nous, races latines, qu'il peut convenir de désapprendre les langues des peuples qui ont été nos initiateurs et dont nous sommes encore les héritiers.

Ces langues nous ont été enseignées de façon à nous les faire prendre en horreur; cela, tout le monde en convient; mais c'est une affaire de méthode, et nous y reviendrons. Toujours est-il qu'il faut les conserver dans le plan d'ensemble de l'enseignement universitaire.

« Ce serait, dit M. Jules Simon, un véritable crime que de les supprimer ou même d'en diminuer l'importance; mais ce n'est pas à titre de curiosité historique et comme objet d'érudition que nous voulons les maintenir dans le programme et en faire la base de toute instruction libérale : c'est parce que les civilisations grecque et romaine sont la forme la plus parfaite du développement de l'esprit humain, et qu'on ne saurait renoncer à les étudier dans leur propre langue et à recevoir directement, de tant de maîtres incomparables, les plus hautes leçons de l'art, de la morale et de la logique [1]. »

Les utilitaires qui veulent chasser les langues mortes de l'éducation, pour les remplacer par l'étude des sciences, mettent en avant deux raisons spécieuses. Ils font observer d'abord que les sciences trouvent plus souvent leur application dans la pratique de la vie, que le latin et le grec, et ensuite que les enfants qui ont passé tout leur temps à apprendre ces deux

1. Circulaire du 27 septembre 1872 (*la Réforme de l'enseignement*, *loc. cit.*, p. 412).

langues sur les bancs du collège, ne les savent pas quand ils en sortent. Ces deux objections ont du vrai, mais il est facile d'y répondre.

D'abord l'utilité n'est pas le dernier mot de toutes choses : sans cela il faudrait proscrire tout ce qui élève l'âme et fait le charme de la vie. Les lettres, les arts, certaines sciences même sont absolument inutiles pour cultiver le sol, exploiter les mines, construire des ponts, tracer des routes, et même pour faire un ingénieur, un receveur des finances, ou un directeur des contributions; mais ces connaissances sont utiles à tous les hommes qui vivent dans un certain milieu social, et elles contribuent puissamment au bonheur de ceux qui les possèdent.

Quant au second argument, il s'adresse, comme je l'ai dit, aux mauvaises méthodes suivies pour enseigner les langues mortes, non à l'étude de ces mêmes langues. L'unique conclusion à en tirer, c'est qu'il faut changer la façon de les enseigner.

Langues vivantes. — Il paraît superflu de placer en première ligne l'étude de la langue française dans le pays où on la parle; mais on l'a si longtemps reléguée au dernier rang, qu'il n'est pas hors de propos d'affirmer la prépondérance dont elle doit jouir. Il faut se rappeler qu'il n'y a pas trois siècles qu'elle est enseignée dans les lycées, que Descartes crut faire acte d'audace en rédigeant en français le *Discours sur la méthode*, qui fut immédiatement traduit en latin. Rollin écrivait beaucoup mieux cette langue que le français, et quand j'ai passé mes examens pour le doctorat en médecine, ils comportaient encore une épreuve en latin. On a tant de peine pour rompre avec la routine! La plupart des hommes qui ont fait leurs études pendant la première moitié du siècle n'ont pas appris le français sur les bancs du collège, et ceux qui ont voulu faire leur chemin dans le monde des sciences ou des lettres, sans avoir à rougir de leur orthographe, ont été obligés de se remettre plus tard à la grammaire.

Le dédain qu'on professait pour cette étude était encore assez prononcé il y a dix-sept ans, pour que M. Jules Simon se crût obligé d'en faire mention dans sa mémorable circulaire, en indiquant, avec sa supériorité habituelle, les modifications que réclamait cet enseignement.

Celui des langues étrangères est de date récente. Il s'est surtout développé à la suite de nos revers. L'opinion publique, affolée, avait, comme je l'ai dit, fait honneur à la pédagogie allemande d'un succès dans lequel elle n'entrait pour rien. Nous avions été frappés, pendant l'invasion, du grand nombre d'officiers et de sous-officiers parlant correctement notre langue, qui se trouvaient dans les rangs de l'ennemi, ainsi que des avantages qu'il en avait retirés; nous résolûmes de ne pas lui laisser cette supériorité dans la prochaine guerre, et depuis cette époque on a fait des efforts sérieux pour répandre le goût de l'allemand et de l'anglais; mais on a délaissé l'étude des langues latines. Nous sommes cependant encore bien inférieurs aux nations du Nord pour la connaissance des langues étrangères. Il est vrai qu'elles parlent toutes le français, ce qui nous permet d'entrer en relation avec elles sans nous donner tant de peine.

M. Jules Simon, lorsqu'il était ministre de l'instruction publique, a déployé, pour vulgariser la littérature étrangère, une activité dont on doit lui savoir le plus grand gré [1]. Il a rendu obligatoire l'étude de l'allemand ou de l'anglais, au choix des familles, à partir de l'entrée au

1. Voir la circulaire du 27 septembre 1872, 6°, Enseignement des langues vivantes (*Réforme de l'enseignement secondaire, loc. cit*, p. 406).

lycée, et leur a donné la même importance qu'aux autres, sous le rapport des points et de l'inscription au tableau d'honneur. Grâce à lui, ces deux langues sont entrées dans l'enseignement secondaire classique et figurent sur ses programmes, depuis la classe préparatoire jusqu'à celle de philosophie inclusivement.

Elles ont également leur place dans les programmes des six années de l'enseignement secondaire spécial, et, dans le cours des trois dernières, l'espagnol et l'italien viennent s'y joindre à titre complémentaire. Enfin l'intérêt qui s'attache aux langues vivantes s'est fait également sentir en dehors de l'enseignement officiel : dans la plupart des familles riches on donne aux enfants une bonne allemande ou une bonne anglaise pour leur apprendre à parler la langue du pays où elles sont nées.

On ne saurait trop encourager cette tendance, car les langues ne s'apprennent facilement que lorsqu'on est très jeune. Elles ne demandent que de la mémoire, et c'est la seule faculté qui soit bien développée chez l'enfant. L'utilité des langues étrangères se fait de plus en plus vivement sentir à mesure que les rapports entre les nations se multiplient par le développement des moyens de communication, par l'échange des livres, des journaux et par les voyages. Leur connaissance est nécessaire dans le commerce comme dans l'industrie, dans la diplomatie comme dans l'armée et la marine. Enfin c'est le complément indispensable de toute éducation libérale. Je fais même des vœux pour qu'on ne s'en tienne pas exclusivement aux langues du Nord, que nous avons tant de peine à apprendre, et pour qu'on ne délaisse pas, comme on le fait, les langues du Midi, qui sont si faciles à parler et à comprendre lorsqu'on sait le latin.

Géographie. — La géographie a également reçu une impulsion puissante sous le ministère de M. Jules Simon. Il a, de plus, imprimé à son étude une direction nouvelle. Autrefois on faisait apprendre la géographie par cœur. A peine les élèves consultaient-ils, à titre de moyen mnémonique, les mauvaises cartes d'un petit atlas. Et puis, on commençait par leur parler du globe, des cinq parties du monde, avant de leur faire connaître leur pays, leur département et encore moins les campagnes voisines de leur ville ou de leur village.

La géographie s'apprend par les yeux. Les cartes et les voyages sont les seuls moyens d'en graver les détails dans la mémoire. M. Jules Simon, pénétré de ces vérités, fit répandre à profusion dans les lycées les globes terrestres, les cartes murales, les atlas. Il recommanda l'emploi d'un système depuis longtemps employé par les compagnies de chemin de fer et que M. Zévort avait introduit dans les lycées de son ressort lorsqu'il était recteur de l'académie de Bordeaux. Il consiste à peindre, sur les murs, des cartes gigantesques qui attirent l'attention et sur lesquelles l'œil saisit, avec la plus grande facilité, la forme et la disposition des pays, la direction des cours d'eau et des voies de communication qui les traversent. Enfin, il prescrivit les promenades topographiques et témoigna le désir qu'on passât du simple au composé, du connu à l'inconnu, dans l'étude de la géographie, comme on le fait en Allemagne, et que l'on commençât par la description de la commune, du canton, de l'arrondissement et du département, pour n'arriver qu'en dernier lieu à la carte de l'Europe et à la mappemonde [1]. Je ne sais pas si cette dernière partie de ses instructions a été suivie à la lettre.

1. Circulaire du 27 septembre 1872, 7°, Histoire et géographie (*Réforme de l'enseignement secondaire, loc. cit.*, p. 407).

Il est inutile d'insister sur les avantages pratiques de cette méthode et sur l'utilité sans cesse croissante des connaissances géographiques. Elles font encore défaut à la majorité des Français arrivés à l'âge adulte, et c'est, sans nul doute, ce qui nuit le plus au succès de notre commerce avec l'étranger.

Histoire. — L'histoire est maintenant enseignée dans toutes les classes. Les programmes sont complets et bien rédigés, mais les résultats obtenus sont très faibles, de l'aveu des pédagogues les plus autorisés. En 1871 M. Jules Simon fit faire une inspection générale de l'histoire et de la géographie dans les lycées, par MM. Levasseur et Himly. Leur rapport est inséré dans le *Bulletin administratif du ministère.* Les conclusions en sont désolantes. Dans certains collèges on a fait prendre à l'enseignement de l'histoire une direction philosophique qui consiste à présenter les faits sous un certain jour, en rapport avec les idées du maître, et qui a plutôt pour but de convertir les élèves à l'opinion politique qu'il professe, que de leur faire connaître les événements avec sincérité, dans leur succession chronologique. Dans d'autres établissements on surcharge leur mémoire de dates insignifiantes et de détails sans intérêt. Les élèves qui se préparent aux concours en ont la tête farcie. Il n'est parenté de princes ou suspension d'armes qu'ils ne connaissent. Ce travail énorme sera perdu au bout de deux ou trois ans; les professeurs le savent bien; mais il aura servi, à un moment donné, à obtenir un prix ou un accessit, et le maître et l'élève n'en demandent pas davantage.

Tout cela ne prouve rien contre l'utilité de l'histoire. Il faut, comme pour les autres branches, modifier les méthodes et conserver l'enseignement.

Philosophie. — C'est la partie du vieil arsenal classique qui a rencontré le plus d'adversaires dans le camp des réformateurs. Certains pédagogues semblent également en faire bon marché. Le recteur de l'académie de Toulouse propose d'en réduire de moitié le programme. Je serais bien disposé à faire comme lui et je sacrifierais la philosophie d'un cœur assez léger, pensant que ce sont là des choses qu'il faut réserver pour l'âge de la raison; mais je suis arrêté par l'opinion contraire de M. Jules Simon, devant la compétence toute spéciale duquel je m'incline. Pour lui, la philosophie est par excellence l'étude de l'homme. Il n'y a pas, dit-il, une connaissance humaine dont elle ne soit le fondement et le but. La philosophie, au collège, est le complément de toute l'éducation qu'on y a reçue auparavant. Inséparablement liée à tout le reste des études, elle reçoit d'elles la plus notable partie de sa force, et leur en donne à son tour une très grande par les liens qu'elle établit entre tant de connaissances diverses et par l'habitude qu'elle donne de tout rapporter aux premiers et immuables principes. Conservons donc la philosophie puisqu'elle a trouvé un pareil défenseur.

II. — Enseignement scientifique.

Cet enseignement tout moderne a le cachet de son époque : il est positif, utilitaire et pratique. Il n'y a pas un siècle qu'il a pris sa place dans l'éducation, et dès le début il a tenté d'en chasser le reste. Tous les projets d'instruction publique qui datent de la Révolution ont pour trait commun l'énorme prépondérance des études scientifiques. Condorcet, dans ses *Instituts*, lui avait déjà fait la part du lion. Sur quatorze cours et sur quatorze professeurs, il leur en accordait libéralement douze. Les auteurs de la loi du 3 brumaire an IV, Lakanal et Daunou, sans professer autant de dédain pour les lettres, avaient pourtant porté un coup fatal aux langues anciennes. Elles ont pris leur revanche ; mais, au fond, la lutte subsiste toujours. Les utilitaires attaquent l'enseignement littéraire comme insuffisant, suranné, et leurs adversaires ne semblent pas plus justes envers l'enseignement scientifique. Il n'a pas la faveur des membres de l'Université, qui sont presque tous sortis de l'École normale.

Il en est qui poussent cette antipathie jusqu'à l'injustice. Ainsi Albert Duruy, qui trouve qu'on les a introduites à trop forte dose dans l'enseignement secondaire classique, se demande à quoi bon toute cette arithmétique, toute cette géométrie, toute cette cosmographie, toute cette géologie et toute cette zoologie, *rudis indigestaque moles*. Quel besoin avait-on d'en bourrer, comme on l'a fait, le plan d'études? Il reconnaît que les mathématiques développent le goût des vérités positives et des démonstrations rigoureuses ; elles donnent à l'esprit des habitudes de précision et de netteté, mais c'est à la condition, dit-il, d'être administrées avec beaucoup de prudence et à doses soigneusement graduées.

« Autrement, dit-il, de deux choses l'une : ou elles rebutent absolument les enfants et les dégoûtent à jamais, ou elles en font de précoces calculateurs, de petits êtres raisonneurs, absolus, tranchants, voyant déjà le monde à travers leurs théorèmes et leurs expériences, n'apercevant que la matière entachée de principes abstraits, et les appliquant à tout, incapables de saisir une nuance et tout prêts à traiter la vie, la société, la politique, par les mêmes procédés que la physique ou la géométrie [1]. » Plus loin, il accuse les sciences de faire taire l'idée de patrie, pour lui substituer le vague et inconsistant amour de l'humanité.

C'est aller un peu loin, et véritablement A. Duruy n'est pas plus juste, dans ce cas, que ne l'était Bastiat lorsqu'il reprochait au latin de former des générations d'émeutiers et de perturbateurs, « en imbibant, en saturant la jeunesse française destinée au travail, à la paix, à la liberté, des sentiments d'un peuple de brigands et d'esclaves [2] ».

Une rivalité qui conduit à de pareilles exagé-

1. Albert Duruy, *l'Instruction publique et la Démocratie*, *loc. cit.*, p. 227.

2. Bastiat, *Baccalauréat et Socialisme*. Guillaumin, édition de 1850, p. 10.

rations ne peut s'expliquer que d'une façon. Elle a sa source dans l'erreur qui a rendu jusqu'ici stériles toutes les tentatives de réforme. Dans les deux camps on a toujours eu en vue l'instruction intégrale, l'unification de l'enseignement. On a persisté à poursuivre la chimère de donner à tous les enfants, sans exception, les mêmes connaissances dans la même proportion, sans tenir compte ni de leurs aptitudes ni de leur carrière future. Alors, comme le cerveau de ces enfants ne peut pas tout contenir, en même temps qu'on le chargeait jusqu'à le faire éclater, chacun s'efforçait de faire la place plus large au genre de connaissances qu'il professait, au détriment de celles du voisin.

Il faut renoncer à cette conception erronée et fatale. Les sciences, les lettres et les arts doivent trouver leur place dans le plan général de l'enseignement. L'utilité de chacune de ces branches n'est ni supérieure, ni inférieure à celle des autres; elle est différente, et voilà tout. Il ne s'agit d'en exclure aucune, mais de les coordonner, de les grouper, pour pouvoir les cultiver avec plus de fruit.

L'enseignement scientifique est plus difficile à généraliser que l'autre, et c'est un point sur lequel l'attention de ceux qui veulent le faire prévaloir ne me paraît pas s'être suffisamment arrêtée. Il est des branches que la plupart des établissements secondaires ne peuvent cultiver avec fruit, faute d'un personnel et d'un matériel convenables.

On trouve partout des professeurs pour enseigner les langues anciennes, parce que toute la génération actuelle a été nourrie de ces études-là. Les professeurs de langues vivantes commencent à se rencontrer assez facilement. Les uns comme les autres n'ont besoin que de livres pour faire leurs leçons. Parmi les sciences, il en est qui ne présentent pas plus de difficultés. Les mathématiques élémentaires sont dans ce cas. On trouve à peu près partout des professeurs suffisants, et il ne faut, pour les démontrer, qu'un tableau noir et de la craie.

Il en est tout autrement des sciences naturelles. Lorsqu'on sait ce que coûtent l'achat et l'entretien d'un cabinet de physique; quand on connaît la peine qu'il faut pour l'entretenir, pour maintenir en bon état de fonctionnement les instruments si nombreux et si délicats dont il se compose, on se rend bien compte de l'impossibilité de doter tous les établissements d'un matériel aussi coûteux.

L'Université a fait depuis quelques années des dépenses considérables pour en pourvoir ses lycées; mais les collèges ne sont pas en mesure de faire de pareils sacrifices. Le plus souvent, le cabinet de physique est représenté par une salle poudreuse, dans laquelle on renferme quelques vieux appareils surannés et hors de service.

La pénurie est la même pour l'enseignement de la chimie et de l'histoire naturelle. Les laboratoires, les musées qu'on vous montre dans les collèges, sont le plus souvent insuffisants et ne peuvent pas être utilisés d'une manière profitable. Cet enseignement se réduit à des leçons orales, et on sait ce qu'elles valent en pareille matière. Ce sont, la plupart du temps, des cours dictés en classe, puis remis en note sur cahier, pendant l'étude, c'est-à-dire du temps de perdu des deux côtés.

Les autres sciences sont plus faciles à enseigner, dans la mesure très bornée où il convient de les faire entrer dans l'éducation des enfants; mais encore faudrait-il renoncer complètement à la façon dont on les démontre. C'est encore en classe que cela se fait. Ainsi, pour la botanique par exemple, on lui consacre une heure par semaine, *pendant toute l'année*. Je me demande ce qu'on peut bien enseigner en botanique pendant l'hiver, et je pressens que c'est encore un cours dicté, recopié et un cahier de plus à joindre à l'inutile fatras dont les pupitres sont encombrés.

Si l'on voulait donner aux enfants quelques notions utiles de botanique, il serait si simple d'installer un petit jardin d'instruction dans une des dépendances du collège. Ne contînt-il qu'un spécimen bien choisi et bien étiqueté des familles et des principaux genres, que cela suffirait pour donner aux enfants quelques principes d'organographie et de taxionomie qui resteraient gravés dans leur mémoire. Si le professeur voulait prendre ensuite la peine d'emmener, dans la belle saison, ses élèves en promenade dans la campagne, il leur donnerait le goût de ces excursions, tant cette étude a de charmes, et, tout en marchant, il leur expliquerait ce qu'ils voient, déterminerait devant eux les plantes trouvées dans les champs, et leur en expliquerait les caractères. Chaque élève rapporterait au lycée sa petite moisson fleurie, et ébaucherait un premier herbier, avec un cahier de papier buvard, deux planches et une grosse pierre. C'est comme cela que nous avons tous commencé.

La géologie, à laquelle on consacre une heure par semaine et pendant un semestre, en quatrième, devrait être professée de la même façon. C'est dans la campagne et le marteau à la main que cela se démontre, et c'est un but tout trouvé pour les longues promenades que réclame l'hygiène.

Enfin la cosmographie, qui fait partie du programme de la rhétorique, au lieu d'être démontrée en classe sur la sphère céleste, le serait bien plus utilement en rase campagne. On se plaint de tous côtés, dit le recteur de l'académie de Toulouse, de l'inattention des élèves pour ces leçons qui ne figurent pas dans le programme du baccalauréat; mais si, d'une part, on les réduisait de moitié et si, de l'autre, on les rendait plus attrayantes, les résultats seraient peut-être plus appréciables. Un professeur qui, à huit heures et demie du soir, au moment où les élèves vont monter au dortoir, arriverait au lycée, par une nuit étoilée, et s'offrirait au proviseur pour les conduire dans la cour et leur apprendre à lire dans la voûte céleste, donnerait à ses leçons un intérêt dont le souvenir serait durable. C'est ce jour-là que la veillée serait autorisée d'avance et de grand cœur.

Ces méthodes si simples en apparence ne sont pas d'une application aussi facile qu'on le croit. Elles ont contre elles la routine d'abord, qui veut que l'instruction se donne en classe, à heure fixe et soit la même partout, la routine qui perpétue l'usage des dictées, des copies et des corrigés, et qui fait fi des démonstrations tangibles; en second lieu, le défaut de bonne volonté et parfois d'aptitude chez les professeurs. Ils sont habitués, depuis des siècles, à tenir leurs classes à heure fixe. Une fois ce temps donné à leurs fonctions, le reste de leur vie leur appartient. Il ne leur vient pas à la pensée d'en distraire une parcelle pour leurs élèves. Le maître de cosmographie qui voudrait conduire ses élèves dans la cour à huit heures et demie du soir serait mal reçu de neuf proviseurs sur dix et considéré comme un novateur dangereux. Le professeur de botanique qui demanderait à emmener ses élèves en promenade dérangerait les habitudes du collège; et la preuve, c'est que les excursions instructives, qui sont cependant inscrites au programme, ne se font presque nulle part.

Enfin, il faut bien le dire, les professeurs de sciences ne sont pas préparés à ce genre d'enseignement. Tout le monde peut faire un cours en chaire, en le préparant à l'avance; mais pour le condenser, pour le mettre à la portée des enfants, le rendre sommaire et fructueux, il faut posséder à fond la science qu'on professe.

Rien n'est plus difficile que de faire un bon cours élémentaire sur de pareils sujets; rien n'est compromettant, comme de montrer les choses et d'expliquer ce qui se passe devant vos yeux. Le professeur peut se trouver dérouté par les questions des élèves. Je connais des gens très forts en botanique et qui ne se hasarderaient pas à diriger une excursion dans un pays qu'ils n'auraient pas pratiqué à l'avance, par la crainte de ne pouvoir dénommer toutes les plantes rencontrées sur le chemin. Pour cela, comme pour beaucoup d'autres choses, il y a un personnel à former, et ce n'est pas aussi facile que de rédiger des programmes.

Il me reste à dire un mot de l'*hygiène*, que M. Jules Simon avait introduite, en 1871[1], dans

1. Circulaire à MM. les proviseurs sur l'enseignement secondaire, du 27 septembre 1872 (*la Réforme de l'enseignement secondaire, loc. cit.*, p. 405.)

le programme des cours de philosophie. Je lui sais, pour ma part, le plus grand gré d'avoir tenté cette innovation. Il a répondu de la manière la plus victorieuse aux critiques des pédagogues. Assurément on n'apprend pas l'hygiène en six leçons[1], mais on en saisit et on en comprend l'importance, on se pénètre du but à atteindre et de sa grandeur, on prend une notion exacte de ses principaux problèmes. Un médecin bien pénétré de son sujet, comme ils le sont tous aujourd'hui, peut, en six leçons, avec des figures faites au tableau, des planches, des dessins de grande dimension, en apprendre beaucoup à des jeunes gens qui sont attentifs, parce que cela les intéresse, et il est impossible de ne pas faire une petite place dans l'enseignement à la science qui s'en est faite une si grande dans la société depuis quelques années. Je regrette donc vivement que l'hygiène ait disparu des programmes prescrits par l'arrêté du 22 janvier 1885.

1. Voir le programme de ces six leçons rédigé par l'Académie de médecine (*la Réforme de l'enseignement secondaire, loc. cit.*, p. 304).

III. — Enseignement artistique.

Les beaux-arts font partie de l'éducation, comme les sciences et comme les lettres. A notre époque, un homme du monde ne peut pas plus être étranger au mouvement artistique qu'au mouvement scientifique ou littéraire.

L'histoire de l'architecture et de ses différents ordres, des phases que la sculpture et la peinture ont traversées, des écoles qui se sont produites et des grands hommes qui les ont illustrées, rentre, il est vrai, dans l'histoire générale; mais il y a un savoir technique qui ne s'acquiert qu'en présence des chefs-d'œuvre de l'art et sous la direction des hommes qui en ont fait une étude spéciale.

C'est pour cela qu'en parlant des promenades instructives, nous avons émis le vœu que, dans les journées d'hiver, lorsque les excursions à la campagne sont impossibles, le professeur de dessin conduisît ses élèves dans les musées, dans les galeries de tableaux, pour les familiariser avec les œuvres des maîtres de tous les temps, pour leur faire apprécier le caractère de chaque école et ses mérites particuliers. Ce sont encore là des leçons démonstratives comme celles que je voudrais voir substituer, partout où cela est possible, aux cours faits en chaire et appris par cœur.

La musique a aussi son histoire, ses écoles, ses chefs-d'œuvre et ses grands hommes, toutes choses auxquelles un homme instruit ne peut plus demeurer étranger; mais cette étude n'est guère possible dans le recueillement du collège; elle exige la fréquentation des théâtres, des salles de concert et des musiciens. On peut, sans inconvénient, la reporter à l'époque où le jeune homme en a fini avec l'existence scolaire.

Indépendamment de ce côté savant et essentiellement théorique, les arts comportent aussi certaines applications pratiques, qui rentrent dans la partie facultative de l'éducation publique, celle qui se donne à l'heure des récréations et aux frais des familles. C'est ce que, dans le langage pédagogique, on appelle les arts d'agrément. Ils comprennent le dessin, la musique et la danse.

Le dessin pouvait être considéré comme un talent d'agrément, alors qu'il consistait dans la reproduction plus ou moins défectueuse d'une tête, d'une académie ou d'un paysage; mais aujourd'hui il est d'une telle nécessité dans une foule de carrières, il tient une telle place dans tous les genres d'enseignement, comme moyen de représenter des faits et des idées, qu'il n'est plus permis de n'y voir qu'un innocent moyen de charmer ses loisirs.

C'est un art utile au premier chef et qui réclame une part de plus en plus large dans l'instruction officielle. Seulement, il exige de la part des proviseurs une sollicitude sans égale pour l'éclairage des salles, de la part des maîtres une surveillance de tous les instants pour que les élèves ne s'approchent pas trop de leur papier, car le dessin et surtout l'exécution des épures sont au nombre des exercices qui contribuent le plus au développement de la myopie dans les écoles.

La musique, comme art pratique, a moins d'utilité, aussi a-t-elle perdu du terrain. Autrefois, dans toutes les familles aisées, on faisait apprendre aux garçons à jouer d'un instrument. De mon temps, c'était le violon et la flûte qui avaient la préférence. Plus tard le piano les a supplantés comme tous les autres. Aujourd'hui on hésite à prendre quelques minutes sur les deux heures qui sont accordées aux enfants pour respirer l'air des cours et se secouer un peu; on fait bien, parce que ce n'est pas avec une leçon ou deux par semaine qu'on apprend à jouer convenablement d'un instrument. Le piano surtout est un tyran bien autrement exigeant que cela. Il impose quatre ou cinq heures d'exercice par jour à celles de ses victimes qui veulent arriver à une certaine force.

Avec le peu de temps accordé aux récréations et l'ennui qui plane sur les colléges, on comprend que la musique instrumentale y soit délaissée; cependant il y a des établissements, comme celui de Laval, où les élèves sont parvenus à s'entendre et donnent de petites séances musicales auxquelles leurs familles sont invitées et y trouvent du plaisir. Lorsqu'on aura fait une part plus large aux distractions dans la distribution du temps, cet usage pourra se généraliser.

La musique vocale s'enseigne à moins de frais, et le chant est un exercice très utile et très hygiénique. J'ai déjà dit que le colonel Amoros, en adoptant la méthode de Pestalozzi, y avait adjoint le chant pour communiquer son entrain aux exercices musculaires, tout en fortifiant les organes de la respiration et de la voix. Dans les écoles mutuelles du commencement du siècle, c'est à l'aide du chant qu'on régularisait, qu'on rythmait tous les mouvements d'ensemble. Les hygiénistes réclament sa réintégration dans les écoles primaires, et la commission instituée pour la revision des programmes lui a fait une petite part dans la distribution du temps. Il serait à désirer qu'on fît de même pour l'enseignement secondaire, et surtout qu'on s'efforçât de faire de cet exercice une distraction, un plaisir et non un cours ajouté aux autres.

Je ne parle de la danse que pour mémoire, parce que ce n'est plus ni un exercice, ni un art d'agrément. C'est à peine si on l'enseigne encore. Le maître à danser a disparu. On en rencontre pourtant encore quelques spécimens assez curieux, surtout en province. Ce sont en général d'aimables sexagénaires qui ont conservé les bons principes et les grâces un peu maniérées du commencement du siècle. Ils apprennent aux jeunes gens à saluer correctement, à se bien tenir, à marcher et à tourner en mesure, suivant qu'il s'agit de la contredanse, de la valse ou de la polka; les novateurs vont jusqu'au menuet ou à la pavane : mais tout cela laisse les jeunes gens indifférents, et pour eux l'art de la danse a vécu. Ils ont tort. Dans le monde qui va s'ouvrir pour eux au sortir du lycée, il faut savoir danser, comme il faut savoir saluer la maîtresse de maison et traverser un salon sans se faire remarquer. Cela fait partie de l'éducation d'un jeune homme bien élevé; mais j'ai fait déjà ressortir assez vivement l'importance du savoir-vivre pour qu'il soit inutile d'y revenir à propos de cet exercice ou de cet art, comme on voudra l'appeler.

II. — L'enseignement intégral et l'instruction spécialisée.

L'examen rapide auquel je viens de me livrer démontre les deux faits suivants : 1° qu'aucune des connaissances qui font partie de l'enseignement ne doit en être retranchée; 2° qu'il est impossible de les faire entrer toutes à la fois dans la tête des mêmes enfants. Ces vérités semblent élémentaires, et pourtant c'est pour les avoir méconnues que, depuis un siècle, l'instruction publique cherche son équilibre, que l'enseignement, ballotté de droite à gauche, a sans cesse penché, tantôt du côté des sciences, tantôt du côté des lettres, pour arriver à leur faire aujourd'hui la part à peu près égale, en surchargeant les programmes à un point tel qu'il est impossible de continuer à les appliquer.

On a cependant, à différentes époques, tenté d'opérer une division afin d'alléger le fardeau en le partageant. Les vices de l'instruction encyclopédique avaient frappé les bons esprits il y a plus de quarante ans. Dans son rapport sur le projet de loi de 1844, Thiers disait déjà : « Nous avons consulté les plus savants professeurs, et ils disent tous qu'aujourd'hui on veut faire entrer trop de connaissances à la fois dans la tête des enfants. Leur esprit plie évidemment sous le faix; ils n'apprennent pas bien ou ils oublient[1] ». Très peu de temps après, Saint-Marc Girardin indiquait le vrai moyen de remédier à cette surcharge : « Le temps est venu, disait-il, d'organiser, dans les collèges, des cadres d'enseignement entre lesquels les élèves pourront se répartir suivant les besoins de leur profession à venir[2]. »

Le principe de la séparation, nettement for-

1. Oct. Gréard, *Éducation et Instruction*, *loc. cit.*, p. 74.
2. Saint-Marc Girardin, *De l'Enseignement intermédiaire*. 1847.

mulé dans les arrêtés des 22 septembre 1847, 7 octobre 1848 et 17 septembre 1849, ne fut appliqué que sous le ministère de M. Fortoul et par le décret du 10 avril 1852. Le système de la *bifurcation*, inauguré par ce décret, consistait à partager les cours en trois divisions. Les deux premières, communes à tous les élèves, les conduisaient jusqu'à la troisième, à partir de laquelle les lettres et les sciences formaient la base de deux enseignements distincts, conduisant l'un au baccalauréat ès lettres, l'autre au baccalauréat ès sciences, et ceux-ci donnaient accès aux cours des facultés et aux écoles du gouvernement.

Ce système ne fut accueilli favorablement ni par les professeurs, ni par les familles. Il se maintint cependant pendant plus de dix années. Le premier coup lui fut porté par l'arrêté du 28 août 1859, et le dernier par le décret du 4 décembre 1864. Peu de temps après, M. V. Duruy organisait de toutes pièces l'*enseignement secondaire spécial*, au profit des jeunes gens qui se destinent aux professions plus particulièrement en rapport avec l'instruction scientifique, telles que l'agriculture, l'industrie et le commerce[1]. Cette inno-

1. L'enseignement secondaire spécial a été organisé par la loi du 21 juin 1865.

vation avait pour but de détourner de l'enseignement classique les jeunes gens qui ne demandent à l'éducation que le moyen de gagner leur vie. En leur donnant des connaissances plus immédiatement utilisables, on devait espérer que le plus grand nombre des élèves s'empresseraient d'entrer dans la voie nouvelle et laisseraient l'enseignement classique à l'élite peu nombreuse des jeunes gens qui recherchent l'instruction pour elle-même, et non pour en tirer un profit. Ce dernier, débarrassé de la foule qui l'encombrait, aurait alors pu restreindre son domaine, se concentrer sur son propre objet et retrouver ainsi la vitalité qu'il a perdue.

L'événement ne répondit pas à ces espérances. M. Duruy, pressé de réaliser sa conception, ne put ni doter l'enseignement spécial assez richement pour le faire vivre, ni lui donner des avantages suffisants pour le faire rechercher : aussi reçut-il de tous les côtés un mauvais accueil. Les administrations locales lui refusèrent leur concours; l'opinion publique ne consentit pas à l'assimiler à l'enseignement classique, et celui-ci repoussa sa confraternité, pendant que l'enseignement primaire le réclamait pour l'absorber. Traité comme un paria dans les colléges, suspect aux maîtres et aux élèves parce qu'il ne semblait vivre que du rebut des classes de latin, il aurait probablement échoué d'une manière complète, sans la réforme de 1880[1].

Lorsque le Conseil supérieur de l'instruction publique eut été reconstitué sur de nouvelles bases[2], l'enseignement secondaire attira tout d'abord son attention. Il fut réorganisé par le décret du 4 août 1881[3]. Celui du 8 août 1886 y apporta quelques modifications et fut suivi d'un arrêté qui institua les programmes encore en vigueur aujourd'hui[4]. Ces programmes sont trop étendus; mais ils n'en ont pas moins réalisé un progrès, et cette réorganisation a sauvé l'enseignement secondaire spécial. Les jeunes professeurs entrent volontiers dans cette voie, et les familles font de même. A la fin de 1883, le

1. L'esprit de cette réforme a été particulièrement établi dans les circulaires du 9 septembre et du 4 novembre 1882, ainsi que dans les rapports présentés par M. Morel au nom de la commission des réformes (juillet 1880) et de celle de l'enseignement spécial (juillet 1881).

2. Le Conseil supérieur de l'instruction publique, jusqu'alors nommé par le ministre, fut rendu électif pour la majorité de ses membres et élevé au chiffre de 58 conseillers.

3. Voir le rapport présenté au nom de la Commission de l'enseignement spécial, par M. Georges Morel, au mois de juillet 1881.

4. *Plan d'études et programmes de l'enseignement secondaire spécial dans les lycées et collèges,* prescrits par arrêté du 10 août 1886.

nombre des élèves suivant cet enseignement s'élevait au quart de la population totale des collèges et des lycées [1]. Toutefois les uns et les autres demandent avec insistance la création d'établissements distincts; le Conseil supérieur de l'instruction publique s'y montre favorable; mais les municipalités ne s'y prêtent pas.

Les sciences tiennent une large place dans cet enseignement et réclament de dispendieuses installations. Les administrations locales ne se soucient pas de se mettre en frais pour créer un enseignement qu'elles considèrent comme d'un ordre inférieur. Il n'existe encore que deux lycées spéciaux, l'un à Tourcoing, l'autre à Alais; il va s'en créer un troisième, à Paris. Les villes qui se décident à des sacrifices pour créer un lycée tiennent à ce que tout y soit enseigné.

Un exemple tout récent en a fourni la preuve. La ville d'Alais demandait la transformation de son collège en lycée. L'administration centrale accorda l'autorisation, mais à la condition que le nouvel établissement ne fît pas concurrence à

1. Le recensement des lycées et collèges du 1er novembre 1883 donne pour leur population totale 90 583 élèves, dont 66 649 suivant l'enseignement classique, et 23 934 l'enseignement spécial; ce dernier entre donc pour 26 p. 100 dans le chiffre total.

ceux de Nîmes et de Montpellier, et ne fût qu'un lycée d'enseignement spécial. La municipalité accepta cette clause et se mit immédiatement à construire. Elle fit largement les choses : la dépense s'éleva à trois ou quatre millions, ce qui était beaucoup pour une ville de 20 000 âmes. Laboratoires de chimie et de physique, jardin botanique, collections minéralogiques et autres, ateliers pour le travail du fer et du bois : rien n'y manquait; mais la première chose que la municipalité d'Alais a faite a été de détourner immédiatement le lycée de sa destination primitive et d'y introduire des professeurs de latin pour pouvoir y accueillir les élèves de la région qui se préparent au baccalauréat ès lettres; elle a même demandé l'autorisation d'y instituer des classes régulières de langues anciennes; mais l'administration s'y est sagement refusée. Sans cela, le lycée d'Alais, devenu semblable à ceux de Nîmes et de Montpellier, aurait été condamné à végéter misérablement, avec un petit nombre d'élèves, dans d'immenses bâtiments ayant coûté plus de trois millions.

L'enseignement secondaire spécial n'a pas encore pris, comme on le voit, l'importance qu'il aurait dû acquérir. Il devrait être la règle, il n'est encore que l'exception. Les études classiques conservent la faveur des familles. Le vieil édifice a résisté, sans faire une concession. Les nouveaux programmes prescrits par l'arrêté du 22 janvier 1885 englobent, comme par le passé, toute la somme des connaissances humaines. On n'en a rien retranché, on n'a pas allégé le fardeau qui pèse sur nos enfants et qui les écrase, et tous vont se placer sous ce joug.

Ils ne peuvent pas faire autrement. L'enseignement classique seul prépare aux deux baccalauréats qui ouvrent la porte des facultés et des écoles du gouvernement; il faut par conséquent le subir. C'est à l'Université qu'il appartient de le modifier. Elle reconnaît qu'il n'est plus en rapport avec les besoins de notre époque et qu'il est inapplicable. « L'unité absolue du type classique, dit M. Gréard, non pas seulement tel que l'ont connu le XVIIe et le XVIIIe siècle, mais tel que l'ont appliqué les générations qui nous ont précédés, ne répond plus au développement du savoir et des idées. La diversité s'impose aujourd'hui à notre éducation, si l'on veut éviter qu'à force de vouloir tout étreindre, elle n'arrive à n'embrasser plus rien. En outre, cette uniformité de programmes court le risque de laisser sans satisfaction réelle un grand nombre de besoins[1]. »

Plusieurs plans d'éducation ont été proposés pour répondre à ce besoin que tout le monde ressent. L'un des plus séduisants est celui qui a été exposé par M. Th. Ferneuil. Il voudrait qu'on adoptât, pour tous les établissements d'instruction secondaire, un plan d'études à deux degrés ou, comme il dit, à deux assises. Le premier degré, commun à tous les enfants, comprendrait les premiers éléments des sciences, la langue maternelle, les langues vivantes, l'histoire, la géographie et le dessin. Il durerait cinq années et conduirait l'élève jusqu'à quatorze ou quinze ans. Le second degré renfermerait trois sections spéciales : l'une pour les jeunes gens qui se préparent aux écoles du gouvernement; l'autre pour ceux qui se destinent à l'industrie ou au commerce; le troisième pour les élèves qui aspirent aux carrières dites libérales : barreau, médecine, professorat, etc. Dans la première section on poursuivrait l'étude des sciences mathématiques; dans la seconde, celle de la littérature nationale, des langues

1. Oct. Gréard, *Éducation et Instruction. Question des programmes*, p. 119.

vivantes, des sciences naturelles, économiques et sociales; la troisième aurait pour objet l'étude du grec et du latin, l'explication des textes, la philologie comparée, etc.

Ce système, auquel on pourrait donner le nom de *trifurcation*, se rapproche de celui que la loi du 1er juin 1880 a établi dans les *Athénées belges*.

On lui a reproché de forcer l'enfant à prendre de trop bonne heure son parti sur la direction définitive de ses études, ou de l'engager, lorsque ce parti est pris à l'avance, à négliger, dans la période de l'instruction générale, tout ce qui ne lui paraît pas utile au but qu'il se propose. Il me semble que cette accusation tombe à faux; car enfin, puisque tout le monde reconnaît la nécessité de spécialiser l'enseignement, il faudra bien, quand ce sera fait, que les parents choisissent la direction à imprimer à leurs enfants dès le début de leurs études; tandis que le système de M. Ferneuil retarde de cinq ans le parti à prendre et le reporte à un âge où l'enfant commence à savoir ce qu'il veut.

Un plan d'éducation reposant sur les mêmes bases, c'est-à-dire sur l'uniformité des études jusqu'à un certain âge, sur leur division en trois branches en approchant de la fin, a été également proposé par M. Édouard Maneuvrier, dans un ouvrage récent et qui a eu un retentissement mérité [1]; mais la réforme qu'il préconise est beaucoup plus radicale. Elle comprend les trois ordres de l'enseignement et en fait un tout continu, embrassant toute la période comprise entre la sixième année et la vingt-troisième.

A la base, l'enseignement élémentaire commun à tous les enfants sans exception, comprenant tout ce qu'il est nécessaire et suffisant à un citoyen de savoir, constitue le fondement de l'unité intellectuelle et morale du pays. Ce premier degré occupe les enfants pendant les six premières années. Il représente l'enseignement primaire d'aujourd'hui et a pour sanction un certificat d'études primaires indispensable pour être admis aux études du second degré.

Celles-ci commencent à quatorze ans et représentent l'enseignement secondaire actuel. Comme elles ne répondent pas à une nécessité sociale, elles ne sont ni uniformes, ni obligatoires. Elles se dédoublent pour former l'enseignement clas-

1. Édouard Maneuvrier, *l'Éducation de la bourgeoisie sous la République*, 3e édition. Paris, 1888.

sique et l'enseignement professionnel. Le premier prépare aux carrières libérales; le second aux diverses professions industrielles. Tous deux ont une durée égale et s'étendent de la quatorzième à la dix-neuvième année. Là commence l'enseignement supérieur, qui se trifurque. Les jeunes gens qui se destinent à l'enseignement des lettres, au journalisme, au barreau, à l'administration, à la magistrature, aux consulats, à la diplomatie, au négoce, etc., se perfectionnent dans l'étude des langues, et suivent un cours d'économie politique et sociale. Ceux qui aspirent aux carrières industrielles, c'est-à-dire qui veulent devenir professeurs de sciences, ingénieurs, officiers, industriels, etc., etc., étudient plus particulièrement les sciences mathématiques et physiques. Enfin les élèves qui désirent se consacrer à l'enseignement des sciences naturelles, à l'exercice de la médecine et de l'art vétérinaire, à la pharmacie, à l'agriculture, etc., etc., se livrent à l'étude approfondie des sciences naturelles.

M. Maneuvrier propose une autre réforme presque aussi radicale : c'est la suppression des *classes*. Il voudrait appliquer à l'enseignement secondaire le système qui a été trouvé le meilleur pour l'enseignement supérieur, celui des *cours*, avec des professeurs spéciaux et compétents pour chacun d'eux.

Avec la méthode actuelle, les écoliers sont rivés à la même chaîne pour tout le cours de leurs études. Quels que soient leurs aptitudes particulières, leur degré d'intelligence et la somme de travail qu'ils ont développée, ils marchent tous d'un pas égal, de la huitième à la philosophie, en franchissant un degré tous les ans. Qu'un élève soit complètement dépourvu de moyens pour les lettres et qu'il ait, au contraire, des dispositions admirables pour les sciences, il faudra qu'il suive la file, avec ceux qui ont des aptitudes opposées.

Avec le système des cours, rien de pareil. Si l'enfant n'a pas pu suivre une partie du programme, il la recommencera l'année suivante; mais il suivra ses compagnons pour les études dont il a profité, et s'il avait des dispositions extraordinaires, il pourrait même franchir deux pas dans la même année; les professeurs, de leur côté, chargés d'enseigner exclusivement une spécialité, s'y attacheraient et deviendraient ainsi d'excellents maîtres; tels sont du moins les avantages que M. Maneuvrier fait ressortir avec une verve entraînante dans son intéressant ouvrage[1].

Ce plan d'éducation est séduisant et complet; il répond à la nécessité démontrée plus haut de diviser l'enseignement, sans supprimer aucune de ses branches; il est toutefois passible de plusieurs objections : ainsi la durée des études me paraît exagérée; elle embrasse près de la moitié de la vie moyenne et le quart de la vie normale[2]. Il n'est pas naturel de maintenir si longtemps les hommes dans une situation improductive et par conséquent dispendieuse pour leurs familles. Et puis cette organisation de cours à tiroirs, que les uns suivent et dont les autres s'abstiennent, doit nuire quelque peu à l'esprit de suite et de méthode qui est la première condition d'une éducation bien dirigée. J'avoue que cette réflexion que je hasarde est purement théorique et que la substitution des *cours* aux *classes* me paraît digne d'être méditée. Il me semble qu'on pourrait tenter un essai.

1. Édouard Maneuvrier, *l'Éducation de la bourgeoisie sous la République*, chap. x, p. 89.

2. D'après les recherches les plus récentes de M. Jacques Bertillon, la durée de la vie moyenne en France est aujourd'hui de quarante ans, celle de la vie normale de soixante-douze.

Ce ne sont là, du reste, que des objections de peu de valeur; la principale réside, à mon sens, dans la difficulté pratique d'une réforme aussi radicale.

Le plan de M. Maneuvrier renverse de fond en comble le vieil édifice universitaire. L'auteur ne cherche pas à le dissimuler. Il commence par en changer la tête. « Puisque nous en sommes aux vœux difficiles à réaliser, dit-il, nous demanderions un grand maître de l'Université, affranchi de la servitude politique, ayant devant lui un avenir sûr, pour préparer de longue main et exécuter sans précipitation, avec le concours de ses inspecteurs, de ses recteurs, de ses proviseurs, etc., les améliorations pédagogiques si difficiles, si délicates, jamais achevées, qui doivent tantôt suivre, tantôt précéder les progrès de la société [1]. »

Ces ministres d'affaires indépendants des fluctuations de la politique et n'étant pas susceptibles d'être renversés par un vote des Chambres, sur une question complètement étrangère à leur spécialité, tout le monde les a rêvés, tout le monde les appelle à notre époque d'instabilité gouver-

1. Édouard Maneuvrier, *loc cit.*, p. 78.

nementale ; mais pour réaliser une conception semblable, il faudrait changer nos mœurs parlementaires, ou modifier la constitution, et c'est une bien grosse entreprise à propos d'une simple question pédagogique.

Je me défie, du reste, de ces bouleversements toujours séduisants en théorie, mais le plus souvent irréalisables dans la pratique.

Lorsqu'on a assisté à toutes les réorganisations que l'enseignement secondaire a subies depuis un demi-siècle, à toutes les réformes qui ont été infligées aux programmes, et qu'on est au courant des discussions que ces problèmes ont soulevées, le sentiment qu'on éprouve est celui d'une lassitude profonde, en présence de tant d'efforts qui sont demeurés stériles, ou qui n'ont fait qu'aggraver la situation ; on se dit que la solution du problème n'est pas dans une réglementation nouvelle, et l'on hésite devant des tentatives qui ont bien des chances de rester stériles comme les autres. Une réforme radicale de notre enseignement secondaire, si on la tentait immédiatement, aurait les plus grandes chances d'échouer, parce que rien n'est préparé pour en assurer le succès et qu'elle rencontrerait tout contre elle : l'insuffisance absolue des établissements d'instruction, celle du personnel élevé dans d'autres idées et qui ne pourrait pas se métamorphoser du jour au lendemain, l'inertie malveillante des municipalités et l'esprit de routine des familles.

Cela ne veut pas dire qu'il n'y ait rien à faire, tant s'en faut; mais il faut progresser sans brusquerie et ne pas abattre sa vieille maison avant d'en avoir construit une nouvelle.

Nous avons fait un premier pas dans la voie de la séparation. Nous avons conquis l'enseignement secondaire spécial. Il répond à un besoin réel, il est l'œuvre d'un de nos plus éminents pédagogues, et ce sont les représentants de la pure tradition littéraire qui en ont jeté les premiers fondements. Les nations voisines qui en ont compris l'importance font effort pour l'acclimater chez elles; il faut donc le conserver, le perfectionner, le faire accepter par les familles en lui conférant des avantages plus sérieux, et par les municipalités en lui venant en aide.

M. Maneuvrier, dans le livre dont je parle plus haut, propose de le remplacer par l'enseignement secondaire professionnel.

Pour lui, on n'a fait qu'une œuvre bâtarde. On a rajeuni le vieux programme classique en y infusant des connaissances modernes; mais c'est toujours le même type d'enseignement, la même surcharge et surtout le même défaut d'utilité pratique. Ce qu'il faut créer à ses yeux, c'est l'enseignement technique, commercial et industriel, faisant suite à l'enseignement primaire, et concentrant dans son unité les écoles professionnelles qui ont été créées çà et là, au hasard des circonstances, sans ensemble, sans logique, dont les unes appartiennent à l'État et dépendent de ministères différents (agriculture, commerce, travaux publics, instruction publique), dont les autres sont entretenues par les départements ou les communes, dont quelques-unes ont été fondées par des sociétés particulières ou par des individus. Dans cet ensemble on pourrait faire trois grandes sections : industrie, commerce, agriculture, y établir les divisions nécessaires, et cet enseignement serait, comme tous les autres, placé dans les attributions du ministère de l'instruction publique.

Cette idée mérite réflexion. Elle répond à un des grands besoins de notre époque. Si l'éducation professionnelle était organisée sur les larges bases que lui donne son auteur, elle contribuerait puissamment au progrès de nos industries; seulement il me semble que sa place n'est pas dans l'enseignement secondaire ; c'est à l'enseignement primaire qu'il conviendrait de la rattacher. Je ne suis pas seul de cet avis. Il a été exprimé par tous les recteurs d'académie, lorsqu'ils ont été récemment consultés par le ministre au sujet de la revision des programmes des écoles primaires. L'éducation professionnelle pourrait y remplacer avec avantage l'enseignement primaire supérieur, et dès lors celui-ci ne ferait pas double emploi avec l'enseignement secondaire spécial.

Quant à l'instruction classique rendue à sa destination première, pour lui donner son véritable caractère, pour en faire un enseignement de lettres, il ne faut pas hésiter à y porter courageusement la cognée et à abattre tout ce qui n'a plus sa raison d'être, étant donné l'enseignement spécial. On constituera ainsi des écoles d'érudits qui pourront ultérieurement poursuivre leurs études librement choisies et qui n'offriront plus à la France instruite et savante le triste spectacle de nos modernes bacheliers.

Dans cet enseignement limité on pourra, si le besoin l'exige, établir des divisions pour que les élèves puissent, suivant leurs aptitudes et leurs projets d'avenir, se consacrer plus spécialement à l'étude des langues mortes ou des langues vivantes, à celle de l'histoire ou de la géographie; ce sont là des points sur lesquels l'expérience prononcera. L'essentiel, l'urgent, c'est de procéder à un sérieux élagage, pour que le fardeau de l'instruction ne dépasse pas la mesure des forces de ceux qui sont condamnés à le porter. Il est probable qu'il faudra, dans l'avenir, aller plus loin dans la voie de la spécialisation : mais chaque jour suffit à sa tâche, et nous aurons bien rempli la nôtre si nous parvenons à organiser d'une manière convenable, au personnel comme au matériel, le double enseignement déjà fondé par les lois.

III. — Les méthodes d'enseignement.

La séparation, dont j'ai montré l'utilité dans le précédent paragraphe, en répartissant la somme des connaissances sur les deux ordres d'enseignement, diminuerait sensiblement la surcharge; mais on la réduirait bien davantage encore en modifiant les méthodes actuellement en usage, et on réaliserait ainsi l'économie de temps nécessaire pour pouvoir faire à l'éducation physique la part qui lui revient. C'est le sentiment qui domine au sein de l'Université. On s'y montre, en général, peu favorable à une refonte nouvelle des programmes, et cela se comprend sans peine, en présence des résultats négatifs produits par celles qu'on a opérées jusqu'ici; mais tous les recteurs d'académie sont d'accord avec l'opinion publique pour condamner les méthodes que la routine a conservées.

Une expérience séculaire en a fait justice. Un nombre incalculable de générations a passé sur les bancs du collège huit ou neuf ans à étudier le latin et en est sorti sans le savoir. Cette langue est-elle donc tellement difficile qu'il faille lui consacrer tout le temps de la scolarité? Ce serait véritablement à l'abandonner; mais il n'en est rien. Le latin n'est pas plus difficile que l'anglais ou l'allemand, dont on vient à bout sans tant de peine et qu'on arrive à parler couramment.

Lorsque les enfants ont la bonne fortune de tomber sur un précepteur intelligent qui, au lieu de les accabler de devoirs, leur fait lire et traduire avec lui les auteurs latins, ils prennent goût à cette étude, s'intéressent au sujet et apprennent, en peu de temps, à lire à livre ouvert. De temps en temps, le maître leur donne la signification d'un mot, le sens d'une phrase ou l'explication d'une règle, et cela suffit. Cette façon de procéder est difficilement applicable dans une classe de 40 à 50 élèves. On pourrait toutefois faire traduire successivement une phrase à chacun d'eux. Il serait sans doute à craindre que les autres ne prêtassent pas aux explications l'attention nécessaire; mais ce serait toujours moins défectueux que les dictées, que les analyses grammaticales ou logiques, que les traductions mot à mot, que les devoirs sur cahier et sur copie qui prennent un temps considérable, ne leur apprennent rien et leur inspirent une antipathie profonde pour la langue au nom de laquelle on leur inflige une aussi fastidieuse besogne.

« Les élèves, dit M. le proviseur d'Alger, passent le temps de la classe à écrire mécaniquement des choses qu'ils ne comprennent pas, et le temps de l'étude se perd à mettre au net des textes inintelligibles. » — « Il faudrait, dit celui de Constantine, supprimer d'une manière absolue le devoir mot à mot. Les analyses pour le français, les thèmes pour les langues mortes, devraient être faits en classe et au tableau noir. »

Le véritable moyen de gagner du temps consisterait à supprimer tous les exercices qui ne développent pas l'activité d'esprit de l'élève et qui n'ont pas d'autres effets que de le condamner à l'immobilité ou à un travail machinal, au détriment de la santé de son esprit et de son corps [1]. On fait beaucoup trop apprendre par cœur dans les collèges. On fait la part beaucoup trop large aux procédés mnémoniques, sous prétexte de ménager l'intelligence de l'enfant. Au lieu de mettre en jeu sa mémoire, à l'exclusion de ses autres facultés, par ces récitations éternelles, il faudrait faire appel à son intelligence et provoquer la réflexion. Ce sont là les observations qu'on rencontre à chaque page dans le document précieux auquel j'ai déjà fait tant d'emprunts. M. Jules Simon les avait formulées le premier dans sa circulaire du 27 septembre 1872.

Cet acte mémorable a été le premier pas fait dans la voie des réformes. Il a porté un coup mortel à l'un des exercices favoris de la routine, en supprimant les compositions et les prix de vers latins. La peine que son auteur s'est donnée pour justifier un acte si simple et si raisonnable, donne la mesure des résistances aux-

1. Extraits des rapports des recteurs, *loc cit.*, p. 5.

quelles il faut s'attendre quand on touche à cette arche sainte qui n'a pourtant jamais opéré de miracles.

La circulaire de 1872 a refréné également les sévices du thème latin, des versions dictées, des corrigés et de tout le vieil arsenal de la latinité classique. Elle marquera une époque dans l'évolution de la pédagogie française, comme affirmation d'une méthode nouvelle plutôt que comme le point de départ d'un progrès accompli. Les réformes scolaires ne demandent pas seulement une volonté ferme chez un ministre, il lui faut encore le temps nécessaire pour que cette volonté puisse produire ses effets. Il a besoin surtout de compter d'une manière absolue sur le concours de ses collaborateurs immédiats. Or, dans le cas qui nous occupe, il est permis de se demander si les inspecteurs généraux de l'instruction publique étaient bien pénétrés de la pensée de M. Jules Simon et s'ils étaient fermement résolus à faire prévaloir ses idées de réforme.

Cette suite dans les projets, cette collaboration active et convaincue des subalternes est incompatible avec l'instabilité ministérielle. Les proviseurs, comme les professeurs des lycées, ne prêtent qu'un concours apparent aux mesures qui dérangent leurs habitudes. Ils laissent passer la bourrasque et tomber les ministres réformateurs. Ils savent qu'en France ce qui est durable c'est la routine, et que la force d'inertie finit toujours par triompher. Toutefois les idées justes finissent, elles aussi, par faire leur chemin. L'esprit de la circulaire de 1872 et des réformes de 1880 anime aujourd'hui tous les recteurs d'académie, et leurs récents rapports en font foi. L'état-major de l'Université est conquis; c'est à lui à convertir le reste.

Je sais parfaitement bien qu'on ne pourra pas contraindre les vieux professeurs à changer de méthode; mais les jeunes, ceux qui sortent des écoles et entrent en fonction, ceux-là sont imbus des idées qui sont aujourd'hui dans l'air et tout prêts à suivre l'impulsion qui leur viendra d'en haut. « Si le ministre de l'instruction publique déclarait hautement qu'il a maintenant en vue, dans l'enseignement secondaire, les améliorations pédagogiques; s'il faisait de ce point de vue un système; s'il donnait des instructions précises, dans ce sens, aux inspecteurs généraux, comme aux recteurs; s'il parvenait à convaincre les professeurs qu'ils seront jugés par là, plus que par une leçon faite avec élégance, ou une correction de devoir faite avec exactitude, de grands progrès seraient promptement réalisés dans nos lycées et nos collèges [1]. » Ne désespérons donc pas de l'avenir : tout porte à penser qu'il n'y aura plus que quelques générations de sacrifiées à la routine.

La circulaire de M. Jules Simon a signalé avec la même netteté et la même sagesse les modifications à introduire dans les autres branches de l'enseignement classique : « Quand nous aurons, dit-il, réduit les leçons, diminué les devoirs écrits, réduit à l'indispensable l'emploi du thème, espacé la version, supprimé les vers latins, restitué à l'explication des textes la première place, il nous restera peut-être quelques instants pour étudier le français. On veut, ajoute-t-il, que les écoliers apprennent à écrire, qu'ils se forment le goût et le jugement, et l'on semble redouter pour eux l'emploi prématuré de la langue maternelle. On a soutenu longtemps que les versions et les rédactions d'histoire suffisaient, et qu'avant la rhétorique il y aurait imprudence à livrer le français à ces jeunes

1. Extraits des rapports des recteurs, *loc. cit.*, p. 12.

esprits, comme s'il s'agissait d'une arme dangereuse. Ce n'est pas là une des moindres singularités de notre éducation classique. »

Après ces réflexions si justes, il indique la façon dont il convient de diriger cette étude. Il recommande de multiplier les exercices en français, sans s'astreindre aux sujets pompeux qui défrayent les discours académiques, mais en les faisant porter sur des détails pratiques usuels, comme ceux dont ils auront à s'occuper quand ils seront sortis du collège, où l'occasion de faire parler les héros et les rois se rencontrera rarement pour eux. Il prescrit de faire aux exercices français une part judicieusement mesurée, depuis les classes les plus élémentaires, et d'encourager la lecture et la fréquentation des bibliothèques, choses qu'on voit souvent d'un mauvais œil dans les établissements d'instruction publique.

Sous ce dernier rapport, la circulaire a porté ses fruits. L'enseignement de la langue et de la littérature françaises est maintenant donné dans toutes les classes. Les programmes rédigés en exécution de la loi du 27 février 1880 lui ont accordé une prépondérance rationnelle. Ce fut même là leur trait dominant. Elle leur a été conservée. Dans les programmes prescrits par l'arrêté du 22 janvier 1885, l'enseignement de la littérature française est celui qui absorbe le plus de temps. En faisant le calcul du nombre d'heures accordé à chacune des connaissances qui font l'objet de ces programmes, pendant les dix années qu'ils embrassent, la classe préparatoire et la philosophie comprises, on trouve que le français en absorbe le quart. On lui consacre, en moyenne, dans toute la durée des études, cinq heures douze minutes par semaine, tandis que le latin n'a plus que trois heures cinquante-cinq, le grec deux heures quinze, les langues vivantes deux heures trente, l'histoire et la géographie réunies deux heures cinquante-quatre, les sciences deux heures trente-cinq.

On ne peut véritablement pas en demander davantage, et nous pouvons espérer que nos petits-fils, plus heureux que leurs grands-pères, sauront parler leur langue en sortant du collège.

Le choix des auteurs mis entre les mains des élèves est fait avec plus de discernement que par le passé. Je regrette seulement qu'on ait fait si peu de place, dans les programmes de l'enseignement classique, aux écrivains du XIXe siècle. Ils n'y figurent qu'à partir de la troisième et sous la rubrique suivante qui n'engage à rien : *Morceaux choisis de prosateurs et de poètes des* XVIe, XVIIe, XVIIIe *et* XIXe *siècles*, tandis que les écrivains de la grande époque y sont tous mentionnés nominativement et avec la désignation de leurs œuvres principales, à partir de la sixième. On dirait que, depuis Voltaire, la langue française n'a pas produit un seul chef-d'œuvre digne d'être connu de nos enfants. L'enseignement secondaire spécial a été moins exclusif. Michelet et Thiers y sont entrés sous leur nom. Espérons que cette innovation hardie ne corrompra pas le goût des générations de l'avenir.

J'ai déjà fait connaître les modifications que réclame, aux yeux de tous, l'enseignement de l'histoire et de la géographie; j'ai indiqué les méthodes pratiques et démonstratives auxquelles il faut recourir pour donner aux enfants quelques notions utiles sur les sciences naturelles et les moyens matériels qu'il faut mettre pour cela entre les mains des professeurs; je n'y reviendrai donc pas. Je n'ai pas, d'ailleurs, la prétention d'ébaucher un programme. Je tiens simplement à montrer qu'il suffirait d'améliorer les méthodes de l'enseignement, pour le rendre plus fructueux, moins fatigant, et pour réaliser une économie considérable sur le temps consacré à l'étude, qu'on a jusqu'ici gaspillé comme à plaisir.

IV. — Les baccalauréats.

Aucune institution n'a subi plus de changements que celle du baccalauréat; aucune n'a été en butte à de plus rudes attaques. Tous les dix ans, pour faire droit aux réclamations du public, on modifie les conditions des examens, on les rend plus ou moins sévères; mais le dilemme reste toujours le même. Si toutes les matières de l'enseignement sont représentées à l'examen, il devient inabordable; si l'on fait des réductions, c'est en réalité comme si l'on supprimait une partie des études. L'Université demeure hésitante en face de cet obstacle. Les familles continuent à se plaindre et les élèves à se voir refuser [1]. Personne cependant, si ce n'est Bastiat, n'a proposé de supprimer complètement cette épreuve. Il faut, en effet, une sanction aux études; il faut qu'on puisse dis-

1. Pour l'historique du baccalauréat, voir J. Simon, *la Réforme de l'enseignement secondaire*, p. 67.

tinguer, à sa sortie du lycée, l'élève laborieux et instruit de celui qui n'a été ni l'un ni l'autre. Il est même naturel que l'État demande une garantie aux jeunes gens qu'il admet dans les carrières dont il est le maître, et à ceux qui veulent suivre les cours des facultés. Cette garantie ne peut être qu'un diplôme délivré à la suite d'un examen de capacité. Le baccalauréat a donc sa raison d'être, et du moment où on ne peut être ni médecin, ni avocat, ni professeur, sans avoir rempli cette condition, où on ne peut entrer ni à Saint-Cyr, ni à l'école Polytechnique, ni dans la magistrature, ni dans un ministère, sans produire un diplôme, il n'est pas surprenant que les pères sans fortune, voulant donner à leurs fils une carrière qui les fasse vivre, les engagent à tout faire pour obtenir le titre qui doit leur en faciliter l'entrée, et à négliger les études qui ne peuvent pas contribuer au succès de leur examen.

Cette direction fâcheuse donnée à l'éducation et contre laquelle s'élèvent tous les hommes de bon sens, est fatale dans un pays où les fonctions publiques sont recherchées par tout le monde et constituent une aristocratie, où les carrières libérales sont les seules qui offrent de l'attrait à la grande majorité des jeunes gens. Il est cependant possible d'en atténuer les inconvénients.

M. Duruy a fait un premier pas en supprimant le programme de l'examen oral. Cette mesure aurait pu donner à l'enseignement des coudées plus franches; mais il n'a pas pu en profiter. Les programmes de 1885 sont tellement complexes, tellement touffus, que force est bien aux professeurs d'éparpiller le temps et de tout effleurer comme par le passé. Les examinateurs, d'un autre côté, ne peuvent pas faire autrement que d'interroger les élèves sur ces programmes, et alors c'est exactement la même chose qu'au temps où ils avaient entre les mains le questionnaire en 69 articles, ou celui qui en contenait 400. D'un autre côté, ils ne peuvent faire appel qu'à la mémoire des élèves, pendant le peu de temps que dure l'examen et avec la nécessité de le faire porter sur tant de matières différentes; il n'est donc pas étonnant que les professeurs s'efforcent de faire entrer dans cette mémoire tout ce qui peut y tenir.

Cette façon de procéder a même fait naître une industrie scolaire fort intéressante. Il s'est formé des usines dans lesquelles on fabrique des bacheliers à des prix modérés. En six mois on s'engage à faire d'un ignorant fieffé un candidat présentable. Dans ces établissements on s'est mis au courant des questions que les examinateurs posent d'habitude et de la façon dont ils désirent qu'on les résolve; on fait apprendre par cœur des réponses toutes faites au candidat et il réussit le plus souvent. S'il tombe sur des questions qu'il ne sait pas, c'est partie remise, et il recommence à la session suivante; mais assurément il a moins de chance d'être désarçonné qu'un élève laborieux, instruit, mais qui, n'ayant pas passé par le régime spécial de la *boîte*, peut être souvent pris au dépourvu.

On pourrait, ce me semble, remédier à cette fraude en se faisant remettre par l'élève un relevé des notes qui lui ont été données dans les dernières années de ses études, des places qu'il a obtenues dans les compositions, et des prix ou des accessits qui lui ont été décernés, et cet élément d'appréciation corrigerait ce que les examens ont de trop aléatoire, en diminuant la part du hasard. Il permettrait au juge de savoir si le candidat a fait de bonnes études et dans quelles parties il a excellé. Le bon élève, sachant que ses précédents sont connus, se présenterait avec moins de frayeur et donnerait mieux la mesure de ce qu'il sait. Les examinateurs pour l'admission à l'école Navale se font remettre des notes détaillées par les proviseurs des lycées et en tiennent grand compte. La remise de ces notes est facultative pour le baccalauréat; elle devrait être obligatoire, et il faudrait, de toute nécessité, comprendre dans ces renseignements l'habileté acquise dans les exercices de corps, afin d'encourager les élèves à s'y livrer avec ardeur.

Les examens de passage fournissent un moyen encore plus sûr de diminuer tout à la fois la part du hasard et le nombre des candidats au baccalauréat. Ils permettent d'opérer l'élimination progressive et périodique des non-valeurs. Sans ce moyen d'épuration, un élève paresseux ou inintelligent peut passer ses neuf ans sur les bancs du collège, s'élever successivement de la huitième à la philosophie sans avoir rien appris, et arriver à l'épreuve finale avec une ignorance absolue.

Le résultat est déplorable : pour l'enfant qui a perdu neuf ans de sa vie, pour la famille qui n'a pas été prévenue à temps et qui s'est imposé d'inutiles sacrifices, pour le collège où ce paresseux a donné le mauvais exemple, et pour la société, à laquelle il apporte un déclassé, c'est-à-dire un élément de désordre. Ces neuf années de fainéantise ont augmenté ses exigences avec son incapacité. Il est trop vieux pour se remettre au travail, trop vain pour accepter des occupations matérielles. S'il avait été arrêté à temps, il aurait pu prendre une autre direction et devenir un homme utile. En le laissant aller, on l'a trompé et on a induit sa famille en erreur.

En laissant vieillir ces incapacités dans les collèges, on nuit aux progrès des bons élèves. Les classes sont trop nombreuses; le professeur ne peut pas s'occuper de tout le monde. Ses leçons seraient bien plus profitables s'il était débarrassé des désœuvrés et des malfaisants.

Les examens de passage sont faits pour opérer ce triage. Ils sont prescrits par le règlement; mais pendant longtemps ils n'ont constitué qu'une vaine formalité. On commence à les prendre au sérieux, et, tous les ans, plusieurs centaines d'élèves sont refoulés, par ces épreuves, dans la classe qu'ils viennent de quitter. Il faudrait se montrer plus rigoureux encore, car le nombre des jeunes gens incapables qui se présentent au baccalauréat continue à être considérable. On en refuse plus de la moitié, et on en repousserait bien davantage encore si l'on voulait se montrer juste[1].

L'Université, pour diminuer le nombre des évincés et pour rendre les examens plus faciles, a inauguré, en 1874[2], un système préparé par M. Jules Simon dans les derniers temps de son administration et qui complète celui des examens de passage. Il consiste à diviser en deux l'examen de bachelier ès lettres et à faire passer chacune des deux parties à un an d'intervalle. Le candidat subit, en sortant de rhétorique, une première épreuve qui sert de couronnement à ses études littéraires; puis, après une année nouvelle, consacrée aux sciences et à la philosophie, il doit, dans une seconde épreuve, prouver qu'il a acquis les connaissances spéciales.

Ce changement a reçu l'approbation de tous les hommes raisonnables. Avec des examens de passage sévères, il suffit pour remédier, dans la mesure du possible, aux inconvénients du baccalauréat. Dans le système de M. Maneuvrier, on

1. Sur 17 295 candidats à la session de juillet-août 1886, on n'en a admis que 7 067 (40 p. 100).

2. Le principe du baccalauréat scindé a été établi par le décret du 9 avril 1874. Un décret portant règlement d'administration publique, paru le 25 juillet de la même année, en a déterminé les conditions.

va plus loin. Le baccalauréat y est divisé en trois étapes échelonnées de deux ans en deux ans, et placées à la fin de chacune des périodes élémentaire, moyenne et supérieure de l'enseignement secondaire. Il demande également, pour alléger le baccalauréat et diminuer le nombre de ceux qui s'y présentent, qu'on cesse de l'exiger pour les carrières où il est manifestement inutile, comme l'administration des contributions directes et indirectes, celle de l'enregistrement ou des domaines.

La suppression du baccalauréat ès sciences a été demandée par beaucoup de membres de l'enseignement. On trouve ce vœu mentionné dans les rapports des recteurs d'académie[1]. Il faut convenir que, dans l'état actuel de l'instruction secondaire, il n'a pas sa raison d'être. Puisqu'il n'y a qu'un enseignement secondaire classique, pourquoi deux diplômes? Si l'on adoptait les idées que j'ai émises plus haut, il serait logique de ne plus conserver que deux baccalauréats, correspondant aux deux grandes divisions de l'enseignement secondaire, jouissant de prérogatives équivalentes, et ouvrant l'accès des carrières en

1. Extraits des rapports, *loc cit.*, p. 5.

rapport avec les études particulières qui forment la base de chacune d'elles.

Je dois, avant de terminer, mentionner une opinion qui commence à se répandre parmi les universitaires et qui consisterait à remplacer les baccalauréats par des examens de fin d'études, que les élèves passeraient dans leur lycée ou leur collège, devant un jury composé de professeurs de l'établissement et présidé par un professeur de faculté armé du droit de veto. C'est le système suivi en Allemagne. Je n'en vois pas bien clairement les avantages : jusqu'ici aucune réclamation ne s'est élevée contre les jurys d'examens. Ils se composent de professeurs de facultés, inamovibles et par conséquent indépendants. Leur impartialité, leur savoir, n'ont jamais été suspectés. Ils ont passé par l'ordre d'enseignement qu'ils sont appelés à juger, mais ils ne lui appartiennent plus. Ils ne connaissent en aucune façon les candidats et ne se préoccupent ni de leurs antécédents, ni de leur provenance scolaire. Ils offrent donc à l'État, aux familles, aux élèves, toutes les garanties désirables, et il me semble qu'il faudrait des motifs bien sérieux pour toucher à ce rouage important de la grande machine universitaire.

V. — Les écoles spéciales.

Les écoles de l'État ont occupé de tout temps, en France, une situation importante dans l'instruction. Ce sont elles qui ont toujours imprimé leur direction aux études, par la tyrannie de leurs programmes et de leur limite d'âge. C'est pour que les enfants puissent arriver à temps aux examens d'admission, en ayant devant eux plusieurs années pour s'y présenter successivement, qu'on leur donne une instruction hâtive et mal digérée, qu'on en fait de petits prodiges et qu'on les élève dans les serres chaudes de l'enseignement. C'est un des inconvénients les plus graves de notre organisation scolaire, et il faut y insister.

L'enseignement secondaire commence et finit trop tôt. Pendant tout le cours de leur scolarité, les enfants sont assujettis à un travail prématuré, à des études qui ne sont pas de leur compétence. On leur enseigne des choses qu'ils ne sont pas encore en état de comprendre. On les exerce sur des situations dont leur âge ne leur fournit pas la clef et qui ne leur offrent aucun intérêt. Les auteurs qu'ils étudient ne sont pas à la portée de leur inexpérience. Leur intelligence se meut ainsi dans un milieu factice, avec lequel ils cherchent vainement à se familiariser. Elle y prendrait un faux pli s'ils s'obstinaient à comprendre; mais ils se gardent bien de s'imposer cette fatigue. Ils se bornent à faire fonctionner leur mémoire et ne retiennent que des mots.

Cela suffit pour les examens, et les parents n'en demandent pas davantage; mais, une fois l'épreuve subie, tout est bientôt oublié, et il ne reste plus rien que la suffisance que donne le faux savoir.

Pour les écoles spéciales, le travail est également trop hâtif, il est exagéré, mais il n'est pas stérile. Cependant cette éducation surchauffée donnerait de meilleurs résultats si les élèves étaient plus âgés et par conséquent plus mûrs pour la recevoir. Il n'y a pas une bonne raison à donner pour justifier cette précipitation. Les parents tiennent à faire entrer leurs enfants au collège le plus tôt possible parce que cela flatte leur amour-propre. C'est un petit triomphe qu'ils leur procurent sur leurs camarades attardés, et puis cela leur donne de l'avance sur les autres pour les diplômes et les écoles spéciales. Les ministres desquels dépendent ces écoles, sur l'avis de leur conseil de perfectionnement, abaissent la limite d'âge pour se débarrasser d'un certain nombre de candidats et dégager un peu les avenues encombrées par la foule.

C'est à la même cause qu'est due la rigueur croissante des programmes. Plus il se présente de compétiteurs, et plus on multiplie les difficultés sur leur route. Ils arrivent épuisés, abrutis par l'effort trop prolongé qu'ils ont imposé à un cerveau trop jeune, la mémoire farcie de chiffres, de formules qui se heurtent dans leur tête. Ceux qui l'emportent sont souvent fourbus. Je ne parle pas de ceux qui restent en route. Dans les batailles de la vie comme dans les autres, il faut bien qu'il y ait des vaincus.

Cette nécessité d'entrer en lutte avant l'âge, lorsqu'il s'agit des écoles militaires, a un autre inconvénient. Elle force à quitter trop tôt l'enseignement général pour les classes préparatoires. Il en résulte un défaut de maturité qui s'accuse dans le cours de la vie. Certaines personnes reprochent aux mathématiques de fausser l'esprit, parce qu'elles voient souvent les hommes qui s'en occupent d'une manière spéciale donner dans des systèmes absurdes que condamnent l'histoire et l'expérience; elles se trompent sur la cause de cet égarement ; ce n'est ni l'algèbre, ni l'analyse qu'il faut en accuser, c'est l'abandon prématuré des études générales.

Il n'y a que des inconvénients à ouvrir trop tôt les portes des écoles spéciales. Il n'y a pas de carrière dans laquelle il soit nécessaire d'entrer si tôt, pas même la marine, qu'on a l'habitude de mettre en avant en pareille circonstance. Autrefois, à l'époque de la navigation à voiles, des navires en bois, des longues traversées, des campagnes interminables, des privations de tout genre, la profession maritime était une carrière à part, où la somme des dangers, des souffrances, des privations et des ennuis dépassait de beaucoup la mesure de ce qu'on avait à endurer dans les autres. C'était une vie de sacrifices. Il fallait s'y consacrer de bonne heure pour n'avoir pas de terme de comparaison. En sortant des prisons que représentaient alors les collèges, les jeunes gens passaient, en rade de Brest, sur le ponton qui sert d'école navale. C'était déjà un progrès; puis on embarquait sur un vrai navire, et alors les espérances, les grands horizons, le mirage des pays lointains, faisaient oublier les rigueurs du quart de nuit, les corvées d'embarcations, les vivres avariés et l'atmosphère méphitique du poste étroit et sombre dans lequel les aspirants étaient entassés. On finissait par s'habituer à tout cela, et, chose étrange, on aimait ce rude métier.

Aujourd'hui la navigation a complètement changé de caractère. Les souffrances et les privations ont considérablement diminué; mais la carrière a perdu ce qu'elle avait d'exceptionnel, d'imprévu, de chevaleresque : c'est toujours un noble métier, parce qu'il est plus dangereux et plus pénible que les autres, mais il n'a plus les charmes austères d'autrefois; personne ne s'y attache plus, et ce n'est pas la peine de le commencer de si bonne heure.

On peut en dire autant de la profession militaire. Si des nécessités sociales forcent à appeler sous les drapeaux des soldats trop jeunes pour supporter les rudes fatigues de la guerre, cette raison n'existe pas pour les officiers. Ils peuvent, sans inconvénient, arriver dans les régiments un peu plus tard que leurs hommes, puisqu'ils doivent y rester beaucoup plus longtemps.

Dans les carrières civiles il est encore plus superflu d'avoir de trop jeunes gens. A quoi bon finir à vingt-deux ou vingt-trois ans les études de droit et de médecine, quand il est notoire qu'on ne peut tirer aucun profit de son diplôme?

Quel est le malade qui appellera au pied de son lit un médecin de vingt-trois ans? Quel est le plaideur qui remettra sa cause entre les mains d'un avocat imberbe, le propriétaire qui fera bâtir sa maison par un architecte ayant encore l'air d'un enfant? Il y a là une période de huit ou dix ans pendant laquelle les jeunes gens ne savent que faire, et ce n'est véritablement pas la peine de commencer sitôt pour en arriver là. Le service militaire vient encore rendre cet empressement plus inutile, en coupant en deux les études prématurées de ces jeunes gens trop pressés. Le temps de service obligatoire serait assurément mieux placé entre l'enseignement secondaire et l'enseignement supérieur. Si les jeunes gens sortaient plus tard du collège, ils pourraient, par un engagement, devancer l'appel et payer leur dette à l'armée. La vie militaire serait pour eux un supplément d'éducation, en leur apprenant l'obéissance, l'exactitude et la patience. En quittant les drapeaux, après un temps de service qu'on finira par abréger pour eux, je n'en doute pas, ils pourraient alors aborder l'enseignement supérieur, sans être obligés de l'interrompre, et lorsque ces études nouvelles seraient terminées, ils seraient arrivés à l'âge où on peut les appliquer utilement.

Il serait donc à désirer d'abord qu'on entrât plus tard dans les lycée, et pour cela qu'on fixât pour chaque classe un âge au-dessous duquel les enfants ne pourraient pas y être admis; en second lieu, qu'on reculât la limite d'âge pour l'obtention des diplômes et surtout pour l'entrée dans les écoles spéciales. Si cette dernière mesure avait pour conséquence d'augmenter le nombre des candidats, il y aurait un moyen de remédier à l'obstination des médiocrités, ce serait de limiter le nombre des épreuves. Si les candidats savaient qu'ils ne peuvent s'y présenter que deux fois par exemple, ils ne viendraient pas fatiguer inutilement l'attention des juges pour s'exercer ou pour acquérir des titres à l'ancienneté.

L'admission aux écoles spéciales appelle encore d'autres réformes. Dans le premier chapitre j'ai parlé du surmenage auquel sont soumis les candidats et j'ai eu surtout en vue l'école Polytechnique. Tout le monde reconnaît les inconvénients de ces excès de travail, au point de vue physique comme au point de vue intellectuel. Personne ne conteste que la carrière s'en ressente et que les jeunes gens, fatigués par cet effort, ne rendent pas ultérieurement au pays les services qu'il serait en droit d'en attendre; mais il est difficile d'y mettre un terme.

Les programmes sont assurément trop touffus et il faudrait les élaguer comme les autres. Les jeunes gens acquerraient ainsi une instruction plus sérieuse, mais ils ne s'en surmèneraient pas moins. Tant qu'il y aura beaucoup de candidats pour peu de places, et dans les carrières militaires l'affluence ne fera qu'augmenter, l'effort produit sera le même. Les compétiteurs travailleront avec le même acharnement pour devancer les autres, quelque restreint que soit le terrain de la lutte. Ils emploieront à pousser jusqu'à la perfection la préparation de leurs programmes réduits, les veilles qu'ils consacrent aujourd'hui à parcourir en entier le cercle démesuré de connaissances dans lequel ils sont forcés de se mouvoir.

Pour diminuer la somme de travail intellectuel qu'ils s'imposent, il faut les mettre dans l'obligation de consacrer une portion de leur temps aux exercices de corps. Pour corriger les inconvénients du séjour trop prolongé dans les études, il faut les contraindre à vivre quelques heures par jour au grand air. Le moyen d'y arriver consiste à rendre les exercices de corps obligatoires dans les écoles, et à les faire entrer comme élément dans les examens d'admission, en leur donnant des coefficients assez élevés pour que les candidats aient intérêt à s'y rendre habiles; lorsque l'escrime, le tir, l'équitation et la gymnastique feront partie des épreuves probatoires et y tiendront une place suffisante, les élèves seront bien forcés, sous peine de courir à un échec certain, de passer dans les gymnases, les manèges et les salles d'armes le temps nécessaire pour s'y exercer convenablement. Ils y trouveront la vigueur et la santé qui leur manquent, et compléteront leur éducation en acquérant des talents qui sont de première nécessité dans les carrières militaires.

Cette idée, que j'ai formulée il y a deux ans déjà [1], a été favorablement accueillie lorsque je l'ai émise au sein des commissions dont j'ai fait

1. Jules Rochard, *l'Éducation hygiénique et le Surmenage intellectuel* (*Revue des Deux Mondes*, n° du 15 mai 1887).

récemment partie. Elle est cependant passible d'une objection dont je ne chercherai pas à dissimuler la valeur. Si l'on contraint ces pauvres jeunes gens, en proie au vertige du concours, à quitter leurs mathématiques, leur craie et leur tableau noir pour faire des armes ou monter à cheval, ils n'auront qu'un but : celui de n'accorder à ce sport que le temps strictement nécessaire pour y acquérir une capacité suffisante. Ce ne sera pour eux ni une distraction, ni un repos, mais une nouvelle étude, et ils s'y livreront avec le même acharnement qu'à l'autre, pour en finir plus vite. Or le surmenage physique ne repose pas de l'autre, il s'y surajoute, comme je l'ai dit plus haut.

L'exercice physique et le travail intellectuel ont entre eux la plus grande analogie sous tous les rapports, et M. Lagrange l'a fait ressortir avec une grande précision dans le livre que j'ai déjà cité. Le travail du corps ne saurait être, dit-il, un dérivatif pour la fatigue de l'esprit. L'exercice musculaire peut assurément remédier à la sédentarité excessive; mais il ne peut pas constituer un remède contre l'excès de travail intellectuel. Dans beaucoup d'exercices de corps, les facultés de l'esprit sont obligées d'entrer en jeu, et le cerveau travaille autant que les muscles [1].

Ces considérations, bien qu'un peu théoriques, sont du plus haut intérêt. Il vaudrait assurément mieux donner à ces jeunes gens quelques heures de repos au grand air ou de promenade tranquille, que de les envoyer au gymnase, au manège ou à la salle d'armes ; mais ce repos, ils ne s'y résoudront jamais, et il faut absolument les arracher de l'étude. Seulement il faut les empêcher de se fatiguer, et rien n'est plus facile. Les exercices de corps ont toujours lieu en présence de maîtres qui les règlent, qui prescrivent les suspensions et les repos. Les élèves ne sont pas libres de se ruer sur les appareils et de se livrer, sur les trapèzes, à des voltiges vertigineuses, pas plus qu'à des assauts effrénés dans les salles d'armes, ou à des courses folles sur les chevaux des manèges. Les maîtres sont là, et les jeunes gens, quels que soient leur ardeur et leur empressement d'en finir, sont bien forcés de suivre la marche et de prendre les allures qui leur sont imposées. Ils sont, du reste, à un âge où quelques heures d'exercice physique, fût-

1. Fr. Lagrange, *Physiologie des exercices du corps*. Paris, 1888, p. 314.

il intense, ne peuvent faire que du bien. Je crois donc qu'il n'y a pas à craindre de superposer deux surmenages, et que les exercices physiques bien entendus profiteront à la santé, à la vigueur des élèves et indirectement à leurs études.

Cette obligation a encore un autre avantage à mes yeux, c'est qu'elle permet d'opérer une sélection des plus utiles parmi les candidats, en éloignant les enfants chétifs, mal venus et impropres aux carrières actives. Ceux-là peuvent, comme d'autres, s'instruire et passer de bons examens; mais il leur est impossible de réussir dans les exercices qui demandent de l'agilité, de la force et de la souplesse. Leur infériorité saute aux yeux et assure leur échec aux épreuves finales.

Le tir, en sachant l'utiliser, permettra, si l'on veut, d'éloigner tous les myopes des carrières dans lesquelles leur infirmité est si dangereuse. On y perdra sans doute des sujets de valeur; mais ils trouveront leur emploi dans d'autres carrières; le pays n'y perdra rien. Pour la marine, comme pour l'armée, mieux vaut moins d'algèbre, plus de force et d'agilité. Que nos officiers soient en état de supporter la fatigue, les longues marches, les privations; qu'ils aient une bonne vue, qu'ils puissent distinguer au loin l'escadron qui passe ou le navire qui apparaît à l'horizon, et cela vaudra beaucoup mieux que d'être ferré sur le calcul différentiel et intégral.

CONCLUSION

I

Après avoir parcouru le cercle de l'éducation tout entier, il me reste à résumer, sous forme de conclusions, les opinions que j'ai tâché de faire prévaloir et qui sont, comme on l'a vu, généralement admises aujourd'hui.

Le premier fait qui ressort de cette étude, celui sur lequel tout le monde est d'accord, c'est la nécessité d'une réforme scolaire dans laquelle une part plus large sera faite à l'éducation physique, trop négligée jusqu'ici. Il faudra pour cela diminuer la durée des classes et des études, augmenter celle des récréations, encourager les jeux, développer les exercices de corps, imposer les promenades quotidiennes, et instituer des excursions scientifiques; faire prévaloir, en un mot, la vie au grand air sur l'existence claustrale, et l'exercice sur la sédentarité.

L'éducation morale doit également appeler l'attention des réformateurs. Le lycée doit être l'image de la famille : le pédagogue doit remplacer le père pour tout ce qui concerne l'éducation des enfants. L'élévation de leurs sentiments, la rectitude de leur jugement, la droiture de leur caractère, la pureté de leurs mœurs et la distinction de leurs manières doivent être l'objet de sa préoccupation constante, et pour rendre ce rôle possible il faut que les établissements d'instruction soient moins nombreux, que les maîtres soient mieux choisis et mieux traités.

Il faut arriver peu à peu, et par des transitions habilement ménagées, à remplacer le système de compression sur lequel repose l'éducation actuelle, par un régime où la persuasion, la douceur alliées à la fermeté, l'indulgence unie à la justice, se substitueront à la défiance, à l'hostilité qui séparent aujourd'hui les maîtres des élèves dans un grand nombre d'établissements. Sans affaiblir les ressorts de la discipline, il faut mettre fin à l'abus des punitions, en utilisant mieux les récompenses.

Dans le cercle des connaissances qu'embrasse l'enseignement secondaire, il n'y a rien à retrancher; mais il faut y établir des séparations et développer parallèlement l'enseignement classique et l'enseignement spécial que nous possédons déjà, en se réservant de pousser plus loin les divisions, si l'expérience en démontre la nécessité.

Il est nécessaire de modifier profondément les méthodes d'enseignement, de renoncer aux exercices inutiles qui gaspillent le temps des enfants et les fatiguent sans aucun profit. Pour les sciences, comme pour les arts, il est indispensable de substituer, partout où la chose est possible, les leçons démonstratives aux cours théoriques.

Il y a lieu de conserver les baccalauréats; mais il faut en améliorer le mode par des examens sévères de fin d'année.

Les enfants entrent trop tôt dans les lycées. Il faut fixer une limite d'âge pour les différentes classes et reculer celle de l'admission aux écoles spéciales. Pour celles-ci il est indispensable d'alléger leurs programmes, d'y comprendre les exercices de corps et de les faire entrer comme élément dans les concours, avec des coefficients suffisamment élevés, pour que les candidats soient forcés de les cultiver.

Ces mesures ne sont assurément pas le dernier mot de la réforme pédagogique; mais elles sont simples, facilement applicables; elles n'impliquent pas la nécessité de bouleverser de fond en comble l'édifice scolaire; elles ont, par conséquent, plus de chances de réussir dans la pratique que les mesures radicales, et je crois qu'il est sage de s'en contenter pour le moment.

FIN

TABLE DES MATIÈRES

CHAPITRE III

L'ÉDUCATION MORALE

CHAPITRE IV

L'ÉDUCATION INTELLECTUELLE

COULOMMIERS. — Typ. P. BRODARD et GALLOIS.

LIBRAIRIE HACHETTE ET Cie

BOULEVARD SAINT-GERMAIN, 79, A PARIS

1889

ROMANS, NOUVELLES

ŒUVRES DIVERSES

Format in-16.

1re SÉRIE, A 3 FR. 50 LE VOLUME

About (Edm.) : *Alsace* (1871-1872); 5e édition. 1 vol.
— *La Grèce contemporaine*; 9e édit. 1 vol.
— *Le progrès*; 4e édit. 1 vol.
— *Le turco.* — *Le bal des artistes.* — *Le poivre.* — *L'ouverture au château.* — *Tout Paris.* — *La chambre d'ami.* — *Chasse allemande.* — *L'inspection générale.* — *Les cinq perles*; 5e édit. 1 vol.
— *Madelon*; 10e édit. 1 vol.
— *Théâtre impossible*; 2e édit. 1 vol.
— *L'ABC du travailleur*; 4e édit. 1 vol.
— *Les mariages de province*; 7e édit. 1 vol.
— *La vieille roche* :
1re partie : *Le mari imprévu*; 5e édit. 1 vol.
2e partie : *Les vacances de la comtesse*; 4e édit. 1 vol.
3e partie : *Le marquis de Lanrose*; 3e édit. 1 vol.
— *Le fellah*; 4e édit. 1 vol.
— *L'infâme*; 3e édit. 1 vol.
— *Le roman d'un brave homme*; 40e mille. 1 vol.
— *De Pontoise à Stamboul.* — *Le grain de plomb.* — *Dans les ruines.* — *Les œufs de Pâques.* — *Le jardin de mon grand-père.* — *Au petit Trianon.* — *Quatre discours.* 1 vol.

Amicis (de) : *Souvenirs de Paris et de Londres*, traduit de l'italien par Mme J. Colomb. 1 vol.

Barine (Arvède) : *Portraits de femmes* (Mme Carlyle. — George Eliot. — Une détraquée. — Un couvent de femmes en Italie au XVIe siècle. — Psychologie d'une sainte). 1 vol.
Ouvrage couronné par l'Académie française.
— *Essais et fantaisies.* 1 vol.

Charton (E.) : *Le tableau de Cébès*; souvenirs de mon arrivée à Paris. 1 vol.

Cherbuliez (V.), de l'Académie française : *Le comte Kostia*; 12e édit. 1 v.
— *Prosper Randoce*; 4e édit. 1 vol.
— *Paule Méré*; 6e édit. 1 vol.
— *Le roman d'une honnête femme*; 11e édit. 1 vol.
— *Le grand œuvre*; 3e édit. 1 vol.
— *L'aventure de Ladislas Bolski*; 7e éd. 1 vol.
— *La revanche de Joseph Noirel*; 4e édit. 1 vol.
— *Meta Holdenis*; 6e édit. 1 vol.
— *Miss Rovell*; 9e édit. 1 vol.
— *Le fiancé de Mlle Saint-Maur*; 5e éd. 1 vol.
— *Samuel Brohl et Cie*; 6e édit. 1 vol.
— *L'idée de Jean Têterol*; 6e édit. 1 vol.
— *Olivier Maugant*; 6e édit. 1 vol.
— *Amours fragiles*; 3e édit. 1 vol.
— *Noirs et Rouges*; 7e édit. 1 vol.
— *La ferme du Choquard*; 8e édit. 1 v.
— *La bête*; 7e édit. 1 vol.
— *La vocation du comte Ghislain*; 6e édit. 1 vol.
— *Profils étrangers.* 1 vol.
— *L'Espagne politique* (1868-1873). 1 v.
— *Études de littérature et d'art.* 1 vol.

Du Camp (M.), de l'Académie française : *Paris, ses organes, ses fonctions, sa vie*; 7e édit. 6 vol.
— *Les convulsions de Paris*; 6e édit. 4 vol.
— *La charité privée à Paris*; 3e édit. 1 vol.
— *La croix rouge de France.* 1 vol.

Duruy (G.) : *Andrée*; 9e mille. 1 vol.
— *Le garde du corps*; 9e mille. 1 vol.
— *L'unisson.* 12e mille. 1 vol.
— *Victoire d'âme.* 7e mille. 1 vol.

Énault (L.) : *Le châtiment*; 2e édit. 1 vol.
— *Valneige*; 2e édit. 1 vol.
— *Le château des anges*. 1 vol.
Ferry (G.) : *Le coureur des bois*; 10e éd. 2 vol.
— *Costal l'Indien*; 4e édit. 1 vol.
Filon (A.) : *Amours anglais*. 1 vol.
Goumy (E.) : *La France du centenaire*. 1 vol.
Grad (F.) : *Le peuple allemand*. 1 vol.
Houssaye (A.) : *Le violon de Franjolé*. 1 vol.
— *Voyages humoristiques*. 1 vol.
Kœcklin-Schwartz : *Un touriste en Laponie*. 1 vol.
Larchey (Lorédan) : *Les cahiers du capitaine Coignet* (1799-1815), publiés d'après le manuscrit original; nouvelle édition. 1 vol.
Lemaître : *La comédie après Molière et le théâtre de Dancourt*. 1 vol.
Marbeau (E.) : *Slaves et Teutons*, notes et impressions de voyage. 1 vol.
Marmier (X.), de l'Académie française : *En Alsace*. 1 vol.
— *Gazida*, fiction et réalité. 1 vol.
Ouvrage couronné par l'Académie française.
— *Hélène et Suzanne*. 1 vol.
— *Le roman d'un héritier*; 2e édit. 1 vol.
— *Les fiancés du Spitzberg*; 4e édit. 1 vol.
Ouvrage couronné par l'Académie française.
— *Lettres sur le Nord*; 5e édit. 1 vol.
— *Mémoires d'un orphelin*. 1 vol.
— *Sous les sapins*, nouvelles du Nord. 1 vol.
— *De l'est à l'ouest*. 1 vol.
— *Les voyages de Nils à la recherche de l'idéal*. 1 vol.
— *Robert Bruce*; comment on reconquiert un royaume; 2e édit. 1 vol.
— *Les âmes en peine*, contes d'un voyageur. 1 vol.
— *En pays lointains*. 1 vol.
— *Les hasards de la vie*; 2e édit. 1 vol.
Marmier (suite) : *Un été au bord de la Baltique*; 2e édit. 1 vol.
— *Histoire d'un pauvre musicien*. 1 vol.
— *Nouveaux récits de voyage*. 1 vol.
— *Contes populaires de différents pays*, recueillis et traduits. 2 vol.
— *Nouvelles du Nord*. 1 vol.
— *Légendes des plantes et des oiseaux*. 1 vol.
— *A la maison*. 1 vol.
— *A la ville et à la campagne*. 1 vol.
— *Passé et Présent*. 1 vol.
— *Voyages et littérature*. 1 vol.
Mézières (A.), de l'Académie française : *Hors de France*. 1 vol.
— *En France*. 1 vol.
Michelet (J.) : *L'insecte*; 10e édit. 1 vol.
— *L'oiseau*; 15e édit. 1 vol.
Millet (P.) : *La France provinciale*. Vie sociale. — Mœurs administratives. 1 vol.
Mistral : *Mireille*, poème provençal, traduit en vers français, par E. Rigaud, avec le texte en regard. 1 vol.
Poradowska (Mme) : *Demoiselle Micia*. 1 vol.
Ralston : *Contes populaires de la Russie*. 1 vol.
Saintine (X.-B.) : *Le chemin des écoliers*; 4e édit. 1 vol.
— *Picciola*; 51e édit. 1 vol.
— *Seul!* 6e édit. 1 vol.
Topffer (R.) : *Nouvelles genevoises*. 1 v.
— *Rosa et Gertrude*. 1 vol.
— *Le presbytère*. 1 vol.
— *Réflexions et menus propos d'un peintre genevois*, ou Essai sur le beau dans les arts. 1 vol.
Valbert : *Hommes et choses d'Allemagne*. 1 vol.
— *Hommes et choses du temps présent*. 1 vol.
Vercousin : *Saynètes et comédies*. 1 vol.
Wey (Fr.) : *Chronique du siège de Paris* (1870-1871). 1 vol.
— *Les Anglais chez eux*; 7e édit. 1 vol.
— *Petits romans*. 1 vol.

2e SÉRIE, A 3 FR. LE VOLUME

Deltuf (P.) : *L'ordonnance de non-lieu*. 1 vol.
Erckmann-Chatrian : *L'ami Fritz*; 10e édition. 1 vol.
La Cottière (Jacob de) : *Mes semblables*. 1 vol.
Ouida : *Umilta*. — *La récompense du vétéran*. — *Les oiseaux dans la neige*. — *La dernière des Castlemaine*. — *L'assiette de mariage*. Nouvelles traduites de l'anglais. 1 vol.
— *La princesse Zouroff*, traduit par J. Girardin; 2e édit. 1 vol.
— *Les fresques*. — *Au palais Pitti*. — *Après-midi*. — *A Camaldoli*. Nouvelles traduites par Hephell. 1 vol.

Ouida (suite) : *Musa*, imité par J. Girardin. 1 vol.
— *Wanda*, traduit par Bernard. 2 vol.
— *Les Napraxine*, traduit par Hephell. 2 vol.
— *Othmar*, traduit par le même. 2 vol.
— *Don Gesualdo. — Une rose de Provence. — Pepistrello.* Nouvelles traduites par Bernard. 1 vol.
Ouida (suite) : *Scènes de la vie de château*, traduites par Fr. Bernard. 1 vol.
Tolstoï (comte) : *La guerre et la paix* (1805-1820). Roman historique traduit par une Russe; 5e édit. 3 vol.
— *Anna Karénine*. Roman traduit du russe; 5e édit. 2 vol.
— *Les Cosaques. — Souvenirs du siège de Sébastopol*, traduit du russe; 2e édit. 1 vol.
— *Souvenirs*. 1 vol.

3e SÉRIE, A 2 FR. LE VOLUME

About (Edm.) : *Germaine*; 60e mille. 1 vol.
— *Le roi des montagnes*; 72e mille. 1 v.
— *Les mariages de Paris*; 80e mille. 1 v.
— *L'homme à l'oreille cassée*; 43e mille. 1 vol.
— *Maître Pierre*; 10e édit. 1 vol.
— *Tolla*; 50e mille. 1 vol.
— *Trente et quarante. — Sans dot. — Les parents de Bernard*; 44e mille. 1 vol.
Bombonnel (C.) : *Le tueur de panthères*; 4e édit. 1 vol.
Énault (L.) : *Histoire d'amour*. 1 vol.
Erckmann-Chatrian : *Contes fantastiques*; 4e édit. 1 vol.
Gérard (J.) : *Le tueur de lions*; 12e édit. 1 vol.
Joliet (Ch.) : *Mille jeux d'esprit*; 2e édit. 1 vol.
Méry : *Contes et nouvelles*; 2e édit. 1 vol.
Wey (Francis) : *Trop heureux*. 1 vol.
Zaccone : *Nouveau langage des fleurs*, avec 12 gravures en couleurs. 1 vol.

4e SÉRIE, A 1 FR. 25 LE VOLUME

Achard (A.) : *Les vocations*. 1 vol.
— *La chasse à l'idéal*. 1 vol.
— *Le journal d'une héritière*; 2e édit. 1 vol.
— *Les chaînes de fer*. 1 vol.
— *Les fourches caudines*. 1 vol.
— *Maxence Humbert*. 1 vol.
— *Le serment d'Hedwige. — Madame de Mailhac*. 1 vol.
— *Olympe de Mézières. — Le mari de Delphine*. 1 vol.
— *Verta Slovoda*. 1 vol.
Ancelot (Mme) : *Antonia Vernon*. 1 vol.
Araquy (E. d') : *Galienne*. 1 vol.
Arnould (A.) : *Les trois poètes*. 1 vol.
Bernardin de Saint-Pierre : *Paul et Virginie*. 1 vol.
Berthet (Élie) : *Les houilleurs de Polignies*; 4e édit. 1 vol.
Bertrand (L.) : *Au fond de mon carnier*. 1 vol.
Chapus (E.) : *Le turf*; 2e édit. 1 vol.
Deschanel : *Physiologie des écrivains et des artistes*, ou Essai de critique naturelle. 1 vol.
Énault (L.) : *Christine*; 10e édit. 1 vol.
Énault (L.) (suite) : *Pêle-Mêle*, nouvelles; 2e édit. 1 vol.
— *Histoire d'une femme*; 6e édit. 2 vol.
— *Alba*; 7e édit. 1 vol.
— *Hermine*; 7e édit. 1 vol.
— *En province*; 2e édit. 1 vol.
— *Olga*; 3e édit. 1 vol.
— *Un drame intime*; 2e édit. 1 vol.
— *Le roman d'une veuve*; 4e édit. 1 vol.
— *La pupille de la Légion d'honneur*; 3e édit. 2 vol.
— *La destinée*; 3e édit. 1 vol.
— *Le baptême du sang*; 2e édit. 2 vol.
— *Le secret de la confession*; 3e édit. 2 vol.
— *Irène*. 1 vol.
— *La veuve*; 2e édit. 1 vol.
— *L'amour et la guerre*. 2 vol.
— *L'amour en voyage*; 5e édit. 1 vol.
— *Nadège*; 6e édit. 1 vol.
— *Stella*; 5e édition. 1 vol.
— *Un amour en Laponie*; 2e édit. 1 vol.
— *La vierge du Liban*; 5e édit. 2 vol.
— *La vie à deux*; 4e édit. 1 vol.
— *Cordoval*. 1 vol.
— *Les perles noires*; 3e édit. 2 vol.
— *La rose blanche*; 6e édit. 1 vol.

Féval (P.) : *Cœur d'acier.* 2 vol.
— *Le mari embaumé.* 2 vol.

Figuier (Mme L.) : *Nouvelles languedociennes.* 1 vol.

Guizot (F.) : *L'amour dans le mariage* ; 12e édit. 1 vol.

Houssaye (Arsène) : *Galerie de portraits du dix-huitième siècle.* 5 vol.

Les deux premières séries sont épuisées.
On vend séparément :
3e série : *Poètes. — Romanciers. — Philosophes.*
4e série : *Hommes et femmes de cour.*
5e série : *Sculpteurs. — Peintres. — Musiciens.*

Jacques : *Contes et causeries.* 1 vol.

Joanne (Ad.) : *Albert Fleurier.* 1 vol.

Lamartine (A. de) : *Graziella.* 1 vol.
— *Raphaël.* 1 vol.
— *Le tailleur de pierres de Saint-Point.* 1 vol.

Laprade (J. de) : *En France et en Turquie,* nouvelles. 1 vol.

Lasteyrie (F. de) : *Causeries artistiques.* 1 vol.

Laurent de Rillé : *Olivier l'orphéoniste.* 1 vol.

Marchand-Gerin (Eug.) : *La nuit de la Toussaint.* — *Il cantatore.* 1 vol.

Marco de Saint-Hilaire (E.) : *Anecdotes du temps de Napoléon Ier.* 1 vol.

Michelet (Mme) : *Mémoires d'une enfant.* 1 vol.

Prévost (l'abbé) : *La colonie rocheloise,* nouvelle extraite de l'Histoire de Cleveland. 1 vol.

Renaut (E.) : *La perle creuse.* 1 vol.

Reybaud (Mme Charles) : *Misè Brun* ; 2e édit. 1 vol.
— *Espagnoles et Françaises.* 1 vol.

Viardot (L.) : *Souvenirs de chasse* ; 7e édit. 1 vol.

Viennet : *Épîtres et satires.* 1 vol.

Wailly (Léon de) : *Angelica Kauffmann.* 2 vol.

5e SÉRIE

PETITE BIBLIOTHÈQUE DE LA FAMILLE

Format petit in-16.

A 2 FR. LE VOLUME

La reliure en percaline gris perle, tranches rouges, se paye en sus 50 c.

Fleuriot (Mlle Z.) : *Tombée du nid.* 1 vol.
— *Raoul Daubry,* chef de famille. 1 vol.
— *L'héritier de Kerguignon.* 1 vol.
— *Réséda* ; 9e édit. 1 vol.
— *Ces bons Rosaëc !* 1 vol.
— *La vie en famille* ; 8e édit. 1 vol.
— *Le cœur et la tête.* 1 vol.
— *Au Galadoc.* 1 vol.
— *De trop.* 1 vol.
— *Le théâtre chez soi.* Comédies et proverbes. 1 vol.

Fleuriot-Kérinou. *De fil en aiguille.* 1 vol.

Girardin (J.) : *Le locataire des demoiselles Rocher.* 1 vol.
— *Les théories du docteur Wurtz.* 1 vol.

Girardin (J.) : *Miss Sans-Cœur.* 1 vol.
— *Les épreuves d'Étienne.* 1 vol.
— *Les braves gens.* 1 vol.

Marcel (Mme J.) : *Le Clos Chantereine.* 1 vol.

Wiele (Mme Van de) : *Filleul du roi !* mœurs bruxelloises. 1 vol.

Witt (Mme de), née Guizot : *Tout simplement* ; 2e édit. 1 vol.
— *Reine et maîtresse.* 1 vol.
— *Un héritage.* 1 vol.
— *Ceux qui nous aiment et ceux que nous aimons.* 1 vol.
— *Sous tous les cieux.* 1 vol.

D'autres volumes sont en préparation.

Coulommiers. — Typog. P. BRODARD et GALLOIS.

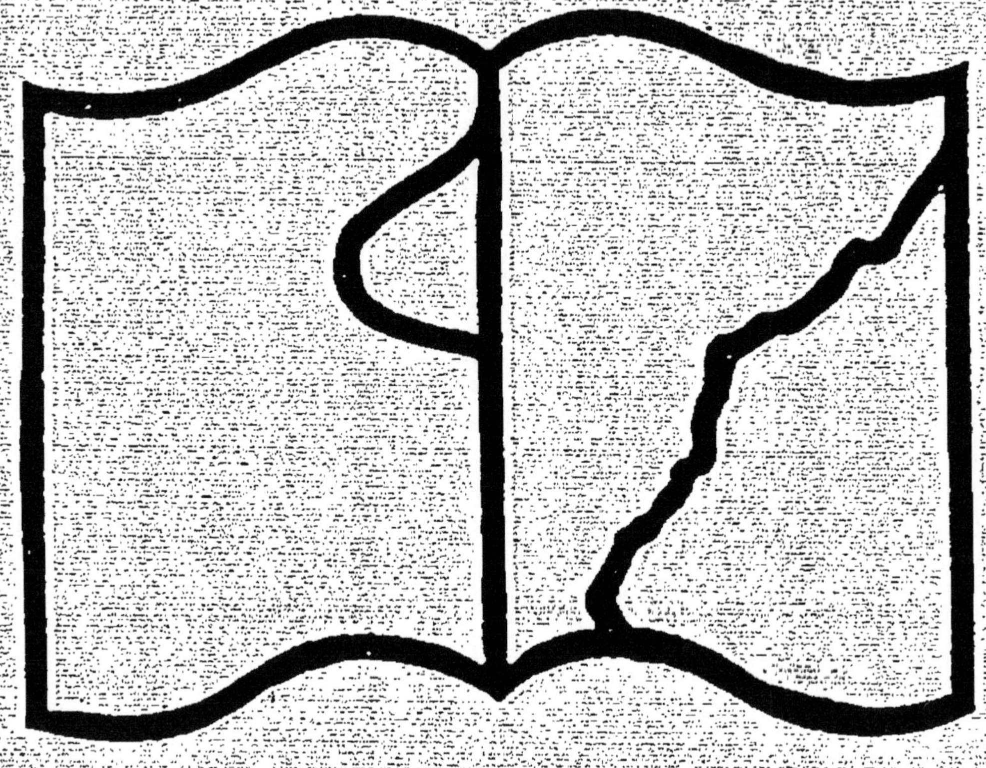

Texte détérioré — reliure défectueuse

NF Z 43-120-11

BIBLIOTHÈQUE VARIÉE A 3 FR. 50 LE VOLUM

FORMAT IN-16

Études littéraires.

Albert (Paul) : *La poésie*, études sur les chefs-d'œuvre des poètes de tous les temps et de tous les pays. 1 vol.
— *La prose*, études sur les chefs-d'œuvre des prosateurs de tous les temps et de tous les pays. 1 vol.
— *La littérature française des origines à la fin du XVIe siècle*. 1 vol.
— *La littérature française au XVIIe siècle.*
— *La littérature française au XVIIIe siècle*. 1 vol.
— *La littérature française au XIXe siècle*. 2 vol.
— *Variétés morales et littéraires*. 1 vol.
— *Poètes et poésies*. 1 vol.

Berger (Adolphe) : *Histoire de l'éloquence latine*, depuis l'origine de Rome jusqu'à Cicéron, publiée par M. V. Cucheval. 2 vol.
Ouvrage couronné par l'Académie française.

Bersot : *Un moraliste; études et pensées.*

Bossert : *La littérature allemande au moyen âge*. 1 vol.
— *Gœthe, ses précurseurs et ses contemporains*. 1 vol.
— *Gœthe et Schiller*. 1 vol.
Ouvrage couronné par l'Académie française.

Brunetière : *Études critiques sur l'histoire de la littérature française*. 2 vol.

Caro : *La fin du XVIIIe siècle; études et portraits*. 2 vol.

Deltour : *Les ennemis de Racine au XVIIe siècle*. 1 vol.
Ouvrage couronné par l'Académie française.

Deschanel : *Études sur Aristophane*. 1 vol.

Despois (E.) : *Le théâtre français sous Louis XIV*. 1 vol.

Gebhart (E.) : *De l'Italie*, essais de critique et d'histoire. 1 vol.
— *Rabelais, la Renaissance et la Réforme.*
Ouvrage couronné par l'Académie française.
— *Les origines de la Renaissance en Italie.*
Ouvrage couronné par l'Académie française.

Girard (J.), de l'Institut : *Études sur l'éloquence attique* (Lysias, — Hypéride, — Démosthène). 1 vol.
— *Le sentiment religieux en Grèce*. 1 vol.
Ouvrage couronné par l'Académie française.

Janin (Jules) : *Variétés littéraires*. 1 vol.

Laveleye (E. de) : *Études et essais*. 1 vo

Lenient : *La satire en France au moyen âge*. 1 vol.
— *La satire en France, ou la littérature militante au XVIe siècle*. 2 vol.

Lichtenberger : *Études sur les poésie lyriques de Gœthe*. 1 vol.
Ouvrage couronné par l'Académie française.

Martha (C.), de l'Institut : *Les moraliste sous l'empire romain*. 1 vol.
Ouvrage couronné par l'Académie française.
— *Le poème de Lucrèce*. 1 vol.
— *Études morales sur l'antiquité*. 1 vol.

Mayrargues (A.) : *Rabelais*. 1 vol.

Mézières (A.), de l'Académie française *Shakespeare, ses œuvres et ses critique*
— *Prédécesseurs et contemporains de Shakespeare*. 1 vol.
— *Contemporains et successeurs de Shakespeare*. 1 vol.
Ouvrages couronnés par l'Académie française
— *Hors de France*. 1 vol.
— *En France*. 1 vol.

Montégut (E.) : *Poètes et artistes de l'Italie*. 1 vol.
— *Types littéraires et fantaisies esthétiques*. 1 vol.
— *Essais sur la littérature anglaise*. 1 vo

Nisard (Désiré), de l'Académie française *Études de mœurs et de critique sur le poètes latins de la décadence*. 2 vol.

Patin : *Études sur les tragiques grecs*. 4 vol.
— *Études sur la poésie latine*. 2 vol.
— *Discours et mélanges littéraires*. 1 vol.

Pey : *L'Allemagne d'aujourd'hui*. 1 vol.

Prévost-Paradol : *Études sur les moraliste français*. 1 vol.

Sainte-Beuve : *Port-Royal*. 7 vol.

Taine (H.), de l'Académie française : *Essai sur Tite-Live*. 1 vol.
Ouvrage couronné par l'Académie française.
— *Essais de critique et d'histoire*. 2 vol.
— *Histoire de la littérature anglaise*. 5 vol
— *La Fontaine et ses fables*. 1 vol.

Tréverret (de) : *L'Italie au XVIe siècle* 2 vol.

Wallon : *Éloges académiques*. 2 vol.

Chefs-d'œuvre des littératures étrangères.

Byron (lord) : *Œuvres complètes*, traduites de l'anglais par M. Benjamin Laroche. 4 vol.

Cervantès : *Don Quichotte*, traduit de l'espagnol par M. L. Viardot. 2 vol.

Dante : *La divine comédie*, traduite de l'italien par P. A. Fiorentino. 1 vol.

Ossian : *Poèmes gaéliques*, recueillis par Mac-Pherson, traduits de l'anglais par P. Christian. 1 vol.

Shakespeare : *Œuvres complètes*, traduites de l'anglais par M. E. Montégut. 10 vo
Ouvrage couronné par l'Académie française.
Chaque volume se vend séparément.

Coulommiers. — Imp. P. Brodard et Gallois.

www.ingramcontent.com/pod-product-compliance
Ingram Content Group UK Ltd.
Pitfield, Milton Keynes, MK11 3LW, UK
UKHW020302230726
13925UKWH00001B/180

9 782013 681124